성경 해석은 논리나 신학으로 하는 것이 아니다. 예수님은 "나를 사랑하는 자에게 나를 계시하겠다"(요 14:21)고 약속하셨다. 사랑이 바로 성경 해석의 열쇠다. 이 책의 저자들은 이 사랑의 열쇠를 가지고 평생 사랑의 삶을 살아온 의료선교사들이다. 이들이 주님께 드렸던 사랑에 대한 응답으로 주님은 성경을 열어 주셨다. 그 고백과 체험이 이 책에 가득하다. 말씀에 대한 첫사랑과 열정이 식어 가는 오늘의 한국교회에 이 책은 가히 '필독서'다. 특히 그리스도인 의대생들, 의료선교 지망생들에게는 의술이라는 전문성(speciality) 위에 말씀의 영성(spirituality)이 더해지는 전환적 계기가 될 것이다.

이문식 광교산울교회 담임목사, 인터서브코리아 이사장

의료선교사들의 눈물겨운 이야기가 담긴 이 책을 읽는 동안 하나님의 거룩한 시선을 느꼈다. 이들은 하나님의 눈길이 머무는 곳을 찾아간 의사들이다. 이 책은 거룩한 부담감에서 시작되었다. 잃어버린 영혼을 향한 거룩한 부담감이 거룩한 열정을 품게 했고, 거룩한 열정은 거룩한 눈물과 더불어 강렬해졌다. 또한 영혼을 사랑하여 흘린 거룩한 눈물이 씨앗이 되어 풍성한 열매를 맺게 했다. 안락한 삶을 내려놓은 의사들이 거룩한 사랑으로 낯선 땅에 가서 환자들을 치유하고, 사람들을 키우는 모습이 큰 감동을 주며 큰 울림으로 다가온다. 이 책은 헌신된 의사들을 쓰시는 하나님의 선교 이야기다. 이 책은 지금도 진행 중이다. 그래서 거룩한 전율이 느껴진다. 의료선교에 헌신하기 원하는 이들뿐 아니라 하나님의 선교 역사에 동참하기 원하는 모든 이들에게 추천한다.

강준민 L.A. 새생명비전교회 담임목사, 『독서와 영적 성숙』 저자

지난 2013년 새로남교회에서 열린 제13차 의료선교대회의 열매로 이 책이 나오게 되어 매우 기쁘게 생각한다. 이후 계속 이어서 열릴 의료선교대회에서도 많은 열매가 맺히기를 기도한다. 은자의 나라 조선에 의료라는 도구로 복음을 전해 준 알렌, 에비슨, 홀 등 수많은 의료선교사들에게 진 생명의 빛을 이제는 우리 대한민국의 의료선교사들이 갚고 있다는 사실에 가슴이 벅차다. 이 책이 의료선교사 지망생들뿐 아니라 많은 성도들에게도 큰 도전과 감동을 줄 것이라 확신하며, 감사의 마음을 담아 일독을 권한다.

오정호 대전새로남교회 담임목사, 미래목회포럼 이사장

26년간 의료선교대회를 진행하면서도 참가하는 학생들에게 권할 만한 선배 의료선교사의 책이 없다는 현실에 안타까워하던 기획자가 의료선교사 지망생에게 좋은 본보기가 될 만한 책을 내놓았다. 의료선교의 길로 들어설 때 갖게 되는 고민과 갈등, 가족과의 관계, 포기해야 할 것에 대한 미련 등 의료선교사 지망생이 부딪치는 문제를 우리나라 의료선교사들의 이야기로 직접 들어보기로 한 것이다. 이 책을 통해 의료선교사를 꿈꾸는 많은 청년의 꿈이 현실과 더 가까워지리라 생각한다. 아울러 복음을 전할 기회, 일할 기회만 있다면 부르심에 순종하여 어디든 달려가는 의료선교사들을 위한 중보기도가 하늘의 문을 활짝 열리라 확신한다.

김병삼 만나교회 담임목사, 사단법인 월드휴먼브리지 대표이사

의사가 되는 일은 쉽지 않다. 그 쉽지 않은 길을 걸어 의사가 된 후에 그에 따르는 특권과 보상을 내려놓는 것은 더 어려운 일이다. 세계 선교에서 의료선교사의 역할은 대단히 중요하다. 영과 육의 아픔과 고통을 함께 돌보는 독특한 역할은 복음의 통전성을 증거하는 것이기 때문이다. 육의 문제를 도외시한 영혼 구원이 선교인 것처럼 주장하는 한국교회의 풍토를 생각할 때 이 네 명의 선교사의 역할은 참으로 귀하다. 묵묵히 이 길을 걸어온 이들의 삶과 사역, 그리고 때마다 신실하게 인도하신 주님의 손길을 이 책에서 느껴 보라. 어려움이 있더라도 언제나 풍성하고 나누어 줄 것이 있는 주님 안에서 아름다운 삶의 향기를 듬뿍 느끼게 될 것이다.

김동화 사단법인 한국해외선교회(GMF) 대표

제1회 의료선교대회가 열리기 전에는 선교가 무엇인지, 의료선교가 무엇인지, 누가 선교사가 될 수 있는지, 어떻게 훈련받을 수 있는지 등을 가르쳐 주는 사람이 없었다. 하지만 지금은 한인 의료선교사들이 지구촌 구석구석을 누비며 복음의 불모지를 개간하고 있다. 그러나 점점 의료선교 헌신자가 감소하고 있어서 두려움으로 하나님께 기도하며 그 이유를 묻고 있었다. 이러한 때 의료선교 헌신자들에게 큰 도움이 될 『의료선교의 길을 묻다』가 발간되어 참으로 기쁘다. 저자들이 선교의 부르심과 이끌림, 헌신과 사역의 열매를 속살 드러내듯 진솔하게 고백하는 이 책은 차기 의료선교 헌신자들에게 좋은 길라잡이가 될 것이 자명하다. 이 책을 읽고 제2, 제3의 의료선교사들이 일어나 헌신하기를 기도한다.

이건오 한국대학생선교회 의료선교부 고문, 세계한인의료선교연합 회장

우리는 누구나 롤모델이 필요하다. 이 책에 실린 네 명의 의료선교사의 삶은 배울 것이 많은 롤모델이다. 이 책이 한국 의료선교의 지난날을 돌아보고 앞으로 나아갈 방향을 분명히 제시하며 의료선교에 헌신하는 이들이 많아지게 하는 데 크게 이바지하리라 믿는다. 의료선교의 실제보다는 의료선교사의 길을 걷기로 결정하는 과정과 삶에 큰 도전이 될 것이다. 이 책을 통해 모든 그리스도인이 그리스도께 헌신하게 되는 귀한 일들이 있기를 기도한다.

전희근 미주 기독의료선교협의회 초대회장

하나님의 부르심은 너무나 독특하다. 광주민주화항쟁 기간 중 이불 속에서 드린 기도에 호스텔 사역으로 응답하셨고, 대학 시위 현장에서 노동운동을 꿈꾸던 형제를 사회주의 극단인 모스크바로 이끄셨으며, 갑작스런 환자의 사망을 접하며 의료선교의 비전을 기억하게 하셨고, 외과의사로서 수술을 많이 하고 싶어하는 꿈을 네팔 탄센병원에서 원없이 수술하게 하여 이루시는 기묘한 하나님이시다. 장기려, 배도선, 모신희, 윤종하, 송인규……. 도저히 닮기 쉽지 않아 보이던 그들이었다. 하지만 큰 바위 얼굴을 보며 지낸 네 명의 선교사는 어느새 큰 바위 얼굴이 되어 있었다. 이 한 권의 책으로 그들을 보며 함께 큰 바위 얼굴이 되기를 소망한다.

박상은 샘병원 의료원장, 한국기독교의료선교협회 회장

미전도 종족이었던 우리가 130년 전에 서양 선교사들로부터 복음을 받아 오늘날 선교대국이 된 것은 하나님의 특별하신 은혜요 기적이라고 생각한다. 주님의 지상명령에 순종하여 목숨을 걸고 이 나라에 와서 복음을 전한 서양 선교사들을 본받아 세계 복음화를 위해 선교 현장으로 나간 우리나라 선교사들이 170개국에 26,677명이고 그중 의료선교사가 673명이다. 최근까지도 의료선교사의 모델은 서양 선교사들을 예로 들었는데, 이제는 우리나라 의료선교사들 중에도 세계에 내놓을 이가 많아졌다. 이 책의 저자들은 정말 자랑스러운 분들이다. 이들이 살아온 삶은 드라마처럼 우리에게 감동과 도전을 준다. 더구나 내가 외과전문의 교육을 담당했던 제자 양승봉, 민요셉 선교사가 소개되어 무척 자랑스럽고 영광스럽다. 신자라면 누구나 반드시 한 번은 읽어 보기를 강력하게 추천한다.

이승도 부산의료선교회 세계로병원 이사장

『의료선교의 길을 묻다』는 의료인의 길을 준비하며 세계 선교를 꿈꾸는 모든 이들에게 좋은 교과서가 될 것이다. 이 책은 오래전 선교사들의 전설 같은 얘기가 아니라, 현지에서 사역하는 선교사들의 생생한 기록이다. 선교사로 나가기 위한 준비 과정부터 현재 사역하고 있는 경험들까지 구체적으로 드러나 있기에 의료선교사의 길을 준비하는 이들에게 실제적인 도움이 될 것이다. 또한 일반 성도들도 이 책을 통해 믿음을 더욱 굳건히 하고, 자신이 속한 지역을 넘어서 세계 여러 민족을 위한 기도와 사역, 후원을 시작하게 되리라 믿는다. 이 책을 통해 많은 이들이 선교에 동참하고 특히 의료선교사로 헌신하는 역사가 있기를 기원한다.

김태우 서울대학교 치의학대학원 교수

어느 선교사가 말하기를, "선교란 경계를 넘어 약함에 던져지는 것"이라 했다. 주님께서 이 땅에 그렇게 오셔서, 병들고 상처받은 육신과 영혼을 위해 사셨다. 길이요 진리요 생명 되신 주님께서 가시는 그 길을 당신의 제자들이라면 안다고 하셨다(요 14:4). 누군가가 "의료선교의 길"이 무엇인지 묻는다면, 이 시대에 예수님의 제자의 길을 걸어온 저자들을 소개하고 싶다. 안락과 안전의 울타리를 넘어 가난과 질병과 죽음의 현장으로 던져져, 예수님의 제자로 살아온 저자들의 진솔한 삶을 통해, 또 다른 이들이 그 길을 찾는 데 좋은 길잡이가 될 것을 확실히 믿기에!

손영규 건양대학교대학원 치유선교학과 주임교수, C국 의료선교사

복음은 가장 외면당하는 사람에게 기쁜 소식이다. 성경은 하나님이 중동에서 헤매는 피난민 아브라함을 이끌어 타국에서 정착하도록 인도하신 이야기로 시작한다. 하나님은 이집트에서 노예로 고통받는 아브라함의 후손을 모세를 보내 건져 주신다. 또한 예수님은 맹인과 한센 병으로 고통받는 환자와 변두리로 쫓겨난 사람을 찾아가셨다. 이처럼 선교는 언제나 가장 억눌리고 사정이 딱한 사람부터 돌봐 주어야 한다. 한국의 선교 사역도 이렇기를 바라며, 기쁜 마음으로 이 책을 추천한다.

변조은(Jone P. Brown) 한국에서 사역한(1960-1972) 호주 출신 선교사

의료선교의 길을 묻다

의료선교의 길을 묻다

의료선교사 4인이 들려주는 우리 시대 복음행전

민요셉 + 최정규 + 심재두 + 양승봉 지음 | 이종훈 엮음

좋은씨앗

의료선교의 길을 묻다

초판 1쇄 발행 | 2015년 10월 7일
초판 3쇄 발행 | 2016년 9월 12일

지은이 | 민요셉·최정규·심재두·양승봉
엮은이 | 이종훈
펴낸이 | 신은철
펴낸곳 | 좋은씨앗
출판등록 제4-385호(1999. 12. 21)
주소 | (137-886) 서울시 서초구 효령로 77길 20, 212호
주문전화 | (02) 2057-3041 주문팩스 | (02) 2057-3042
홈페이지 | www.gsbooks.org

ISBN 978-89-5874-246-3   03230

이 책의 저작권은 〈좋은씨앗〉에 있습니다.
신저작권법에 의하여 보호를 받는 저작물이므로 무단 전재와 복제를 금합니다.

부모와 함께 헌신한 이 땅의 선교사 자녀들에게
이 책을 바칩니다.

차례

이 책이 나오기까지 _ 이종훈 • 12

1장 100년 전 한국 땅을 밟은 선교사들처럼 • 17
P국에서 보내온 편지 / 민요셉 + 윤룻

Letter from Overseas _ 우리의 어깨를 밟고 더 높은 곳으로
가야 할 길을 알고 떠나는 삶이 있으랴
수레의 뒷바퀴가 앞바퀴를 따르듯
초보 선교사의 첫 3년
타르, 나의 참 사명
맺음말 _ 이 길이 맞지요?

2장 치료하며, 가르치며, 복음을 전하며 • 91
캄보디아에서 보내온 편지 / 최정규 + 김성녀

Letter from Overseas _ 남의 산에 있는 작은 돌멩이를 반면교사로
진리에 나를 바치고 싶었다
모스크바에서 자란 믿음
여성 의료선교사의 길
선교사라는 이름
맺음말 _ 의료선교의 의미를 되짚어 본다

3장 예비한 선교의 길로 인도하신 하나님 • 167
알바니아에서 보내온 편지 / 심재두 + 유소연

Letter from Overseas _ 눈물을 흘리며 씨를 뿌리는 자
몸이 살아도 영혼이 살지 못하면
주님의 음성을 따라
나의 사랑하는 알바니아
샬롬, 이 땅에 평화가
맺음말 _ 언더우드 선교상을 받으며

4장 나는 구멍 난 곳을 메우는 사람 • 241
네팔에서 보내온 편지 / 양승봉 + 신경희

Letter from Overseas _ 나무로 바위를 깨는 법
칼을 놓기 싫었다
수술이 많을수록 힘이 솟는 의사
나를 지탱해 준 것들
선교는 하나님이 하시는 일
맺음말 _ 네팔에서 베트남으로

의료선교사들의 헌신과 기여에 감사하며 _ 이상규 • 315

이 책이 나오기까지

의료인을 꿈꾸는 청년 그리스도인이라면 누구나 한 번쯤은 슈바이처를 동경했을 것이다. 나 역시 예외는 아니었다. 요즘도 시간을 내어 의료 도구를 챙겨 들고 각국의 선교사들을 찾아다닌다. 짧은 시간이나마 선교에 도움이 되었다는 사실에 작은 위안을 얻곤 한다. 그러나 내가 차마 가지 못한 길을 걷고 있는 전임 의료선교사들을 바라볼 때면 존경심을 감출 길이 없다. 2013년 대전 새로남교회에서 열린 제13차 의료선교대회에서 나는 한국이 낳은 수많은 슈바이처를 만났다. 그토록 존경받을 이들이 우리나라에 이토록 많을 줄이야.

선교대회는 아침부터 저녁까지 이어졌고 의료선교사들의 간증은 말할 수 없을 정도로 아름다웠다. 그 무렵 나는 의료선교사 지망생을 위한 책이 필요하다는 데 마음이 쏠려 있었다. 의료선교대회가 26년간 진행되었는데 참가하는 학생들에게 권할 만한 선배의 책이 없다는 현실이 안타까웠다.

물론 책이 없었던 건 아니다. 그러나 선교지에서의 사역 활동을 중심으로 풀어낸 이야기가 대부분이었다. 의료선교의 길로 들어설 때 갖게 되는 많은 고민과 갈등, 가족과의 관계, 포기해야 할 것들에 대한 미련 등 의료선교사 지망생이 부딪치게 되는 문제를 언급하는 내용은 드물었다.

당시 나는 대회가 열렸던 새로남교회에서 월간지 편집장을 맡고 있었고, 의대 지망생을 위한 책도 한 권 발간한 경험이 있었다. 의료선교대회 집행부는 해외에서 사역하는 우리나라 의료선교사들의 이야기를 책으로 내보자는 내 제안을 좋게 받아들였다. 나는 몇몇 의료선교사들에게 원고 집필을 의뢰하게 되었다.

선교사들과 연락을 주고받는 가운데 그동안 왜 의료선교사들의 책이 드물었는지 조금은 이해할 수 있었다. 모두 자신을 드러내길 원치 않는 분들이라 막상 책을 내자고 하니 거듭 사양의 뜻을 보내왔다. 또한 아직 사역이 진행 중이라 책을 내기가 겸연쩍다는 분들도 많았다. 그리고 무엇보다 의료 사역이 너무 바빠서 짬을 내는 일이 쉽지 않았던 점도 책 출간을 어렵게 만드는 요인이었다.

하지만 의료선교사들의 책을 내는 게 내 사명처럼 느껴져 쉽게 포기가 되지 않았다. 현시점에서 의료선교사 지망생의 롤모델인 선배 선교사들의 책 출간을 더 이상 미뤄서는 안 된다는 설득과 책의 필요성에 몇 분이 공감하게 되었고 어렵사리 글을 모을 수 있었다. 그분들의 용기와 결단에 진심으로 감사드린다.

초보의사 시절, 『닥터 홀의 조선회상』을 읽으며 느꼈던 감동이 지금도 생생하다. 그 감동으로 인해 2006년에 병원을 개원하며 '닥터 홀 기념 병원'이라는 이름을 붙였고, 그를 기념하는 작은 공간도 만들었다. 그리고 그 감동으로 이 책을 기획하게 되었는지도 모른다. 책 한 권의 위력은 그런 것이리라.

이 책을 계기로 우리나라에도 슈바이처나 닥터 홀 같은 의료선교사가 많다는 것이 알려지기 바란다. 그리고 의료선교사를 꿈꾸는 많은 청년들의 꿈이 보다 현실에 가까워지기 소망한다. 나아가 청년 시절에 품었던 의료선교사의 꿈을 가슴에 간직한 채 멀리서나마 의료선교에 도움이 되고자 고민하는 나 같은 사람에게도 또 하나의 자극이 되기를 기도한다.

마지막으로 추천의 글을 써 주신 귀한 분들과 '의료선교사들의 헌신과 기여에 감사하며'라는 글로 마무리해 주신 이상규 목사님께 감사드리며, 『닥터 홀의 조선회상』에 이어 이 책이 출간될 수 있게 힘써 준 도서출판 좋은씨앗에 감사드린다.

닥터 홀 기념 성모 안과 진료실에서
기획자 이종훈

민요셉 선교사는 고신대학교 의과대학을 졸업하고, 고신의료원에서 일반외과 수련을 마쳤다. 의과대학 시절 한국대학생선교회(CCC)에서 훈련받으며 의료선교의 꿈을 키웠다. 1991년 장기려 선생의 주례로 간호사 출신 윤룻과 결혼하여 두 딸 예지, 예은과 막내아들 성을 두었다. 민요셉 선교사 부부는 부산 한소망교회와 한국대학생선교회의 파송을 받아 P국에서 15년째 사역하고 있다. 어린이 호스텔, 학교, 병원 사역을 통해 P국 T지역 복음화에 힘쓰고 있다.

01

100년 전
한국 땅을 밟은
선교사들처럼

민요셉 + 윤룻

Letter from Overseas

우리의 어깨를 밟고 더 높은 곳으로

이 글을 의뢰받고 고민이 많았습니다. 의료선교사의 간증이 장래에 이 길을 걸어갈 젊은이들에게 도움이 될 거라는 말에는 십분 공감했습니다. 제가 의료선교사가 될 때만 해도 이 길을 먼저 걸어간 선배의 삶을 담은 책은 없었던 것으로 기억합니다. 그만큼 국내 의료선교의 역사가 짧고, 사역자도 드문 시절이었습니다. 지금은 세상이 많이 변했습니다. 하나님의 은혜로 많은 의료선교사가 현장에 투입되었고 10년 내지 20년의 귀중한 경험이 쌓였습니다. 이런 호시절을 맞아, 귀한 책을 출간하는 데 참여하여 하나님이 그동안 행하신 일을 증언하게 되었습니다.

하지만 약(藥)이란 것이 때로는 없던 병도 만들듯, 글을 쓰는 동안 제 자신을 점검해야 할 일도 많았습니다. 하나님 앞에 섰을 때 제 모습과 글에 투영된 제 모습이 혹시 달라져 하나님께 죄를 짓고 싶지 않았습니다. 제 안에 선한 것이 생길 수 없는 철저히 죄인 된 자의 모습과 그런 저를 용서하시고 그분의 일에 쓰기 위해 이끄시는 하나님의 은혜를 잘 표현할 수 있을까요? 자신이 없었습니다. 너무 서툴고 자만한 나머지 사람의 영광을 취하는 우를 범할지 모른다는 생각도 들었습니다.

글을 적어 가는 내내 제 자신을 경계했습니다. 그리고 때로 착각에 빠진 순간도 있었음을 고백합니다. 하지만 제가 돌부리에 걸려 넘어질 때마다 하나님은 늘 저를 붙들어 주셨습니다. "여호와께서 사람의 걸음을 정하시고 그 길을 기뻐하시나니 그는 넘어지나 아주 엎드러지지 아니함은 여호와께서 그의 손으로 붙드심이로다"(시 37:23-24).

이 글을 통해 제 행적 가운데 뭔가 드러나는 역사가 있다면, 그건 제가 한 것이 아닙니다. 은혜로 말미암아 이루어진 일이므로 오직 하나님께 영광을 돌릴 뿐입니다. 제 남은 인생도 하나님이 신실하게 인도하실 것을 알고 있습니다. 하나님은 제가 걸어갈 길을 예비하고 계십니다. 그분이 인도하신 길을 따라 뚜벅뚜벅 걸어간 후에 이번과는 또 다른 하나의 간증을 남길 수 있기를 소망합니다.

이 책이 의료선교사를 지망하는 후배들에게 도움이 되기를 바랍니다. 부디 제가 저지른 실수를 되풀이하지 않고, 하나님 나라를 빛내며 사십시오. 기꺼이 우리 어깨를 여러분의 디딤돌로 내어 드리니 우리보다 더 큰일을 담당하는 의료선교사가 되기를 두 손 모아 기도합니다.

✚
가야 할 길을 알고 떠나는 삶이 있으랴
문과대학 지망생에서 의료선교사로

"바람이 임의로 불매 네가 그 소리는 들어도 어디서 와서 어디로 가는지 알지 못하나니 성령으로 난 사람도 다 그러하니라"(요 3:8).

처음 듣는
낯선 음악 소리

일곱 살, 그날의 기억은 아직도 눈에 선하다.

마당을 빠져나와 고불고불 황톳길을 달려가면 잎사귀 무성한 높다란 나무 옆으로 김매는 어머니와 아버지가 보였다. 허리 숙인 아버지와 이마 훔치는 어머니는 뜨거운 햇살을 이고 논과 씨름하고 계셨다.

풀숲으로 걸음을 옮기면 풀벌레가 사방으로 뛰어올랐다. 발걸음을 멈추고 벌레를 잡으려고 손을 내밀다가도 어머니의 손짓을 보고 다시

가던 길을 재촉했다. 논밭에 들어서면 아버지, 어머니 흉내 낸다고 논물에 손 담그고 키 자란 잡풀을 손으로 뜯었다. 그날도 풀 하나 뽑고 하늘한 번 보고, 풀 하나 뽑고 손바닥 한 번 들여다보다가 문득 낯선 음악 소리에 나도 모르게 고개를 들었다. 풀벌레 소리를 헤집고 귓가에 다다른 소리는 마을 어디에서도 들어 본 적이 없는 낯선 음색이었다. 뭔가 이야기가 있고, 뭔가 사연이 있는 소리 같았다. 때로는 노랫소리와 함께 대문이 열리며 사람들이 우르르 쏟아져 나왔다가 우르르 사라지기도 했다. 일곱 살에 만난 내 인생의 첫 교회였다.

내 어린 시절은 교회에 관심을 가질 만한 가정환경이 아니었다. 아버지는 제사 때만 되면 두루마기를 꺼내 입으시고 축문을 읽고 절을 하셨다. 어머니는 잿빛 승복을 입은 사람들 틈에서 합장을 한 채 꾸벅 허리를 숙이셨다. 그런데 유독 나만이 호기심 어린 눈빛으로 교회 주위를 배회했다. 교회는 어린 내가 즐겨 찾는 놀이터요, 그러면서도 낯설기만 한 신비로운 곳이었다.

초등학교 4학년 때 어머니의 품을 떠나 큰누나가 사는 광주로 전학을 갔다. 광주에서 사귄 친구의 아버지는 교회 집사님이셨다. 그분은 따뜻한 음성으로 내게 교회에 가자고 권하셨다. 친구의 손을 잡고 들어선 예배당에서 나는 하나님과 예수님의 이야기에 푹 빠져들었다. 난생처음 듣는 이야기들이었지만 아버지와 외아들의 이야기는 내 마음 깊은 곳에 둥지를 틀었다.

나는 예수님을 자랑하고 싶었다. 틈틈이 모아 놓은 용돈을 탈탈 털어서 연필 한 다스를 샀다. 하교 종이 울리자 가장 먼저 교실을 빠져나왔다. 교문 앞에 자리를 잡고 서서 운동장을 빠져나오는 아이들을 한 명씩 불러 세웠다.

"얘들아, 우리 같이 교회 가지 않을래?"

간신히 말이 되어 나온 음성은 떨리고 있었다. 부끄럽고 쑥스러웠지만 전도하고 싶은 마음이 들었다. 대다수 아이들은 본척만척 내 곁을 지나갔지만 연필에 끌렸는지, 아니면 나처럼 끌림이 있었는지 두 명의 아이가 돌아오는 일요일에 교회에 나가겠다고 했다. 며칠 뒤 주일 아침, 새벽 6시에 일어나 그 아이들의 집으로 달려갔다. 다행히 아이들은 약속을 지켰고, 내 인생 처음으로 전도를 했다.

신앙의 강물이 깊어지다

내 나이의 사람이 광주에서 고등학교를 나왔다고 하면, 씻지 못할 충격을 가슴에 안고 있을 가능성이 크다. 광주민주화운동이 발발하던 그해, 나는 총성보다도 먼저, 피 흘린 채 길바닥에 쓰러져 있는 사람들의 모습을 보았다. 큰누나는 절대 집 밖으로 못 나가게 했지만 내 뜻과 상관

없이 죽은 사람들의 시체를 보고야 말았다.

허공을 찢는 듯한 총소리가 사방에 메아리를 치면 골목마다 살 길을 찾아 달아나는 사람들로 붐볐다. 발자국 소리와 함께 괴성이 연이어 터져 나왔고, 성난 군중은 죽은 시체를 리어카에 싣고 다니며 공포에 질식하지 않기 위해 목청이 터져라 고함을 쳤다.

"무슨 소리가 들려도 절대 문 열어 주면 안 되어."

큰누나는 내 얼굴을 들여다보며 무섭게 말했다. 몇 날 며칠이 지나도록 죽음의 그림자는 마을을 떠날 줄 몰랐다.

광주가 온통 피비린내로 진동하던 시절, 나는 까닭 없이 슬퍼서 방 안에 틀어박힌 채 생각에 잠겼다.

"나는 생각한다……."

당시 내 머리를 지배하고 있던 문장은 데카르트의 코기토숨(cogito sum, 나는 생각한다 나는 존재한다)이었다. 하지만 다음 문장인 '존재한다'는 말은 차마 입 밖으로 나오지 못했다.

생사를 가르는 총소리가 창문을 뒤흔들 때마다 '존재'라는 말은 어둠 속으로 희미하게 사라져 갔다. 방금 전까지 땀을 흘리며 사방을 미친 듯이 돌아다니던 사람이 날카로운 총성과 함께 털썩 쓰러지며 '존재'를 박탈당하는 장면이 자꾸 눈앞을 스쳤다. 널브러진 이것은 과연 방금 전까지 살아 있던 그 무엇이 맞는가. 쓰러진 이것은 볼 수도 없고, 들을 수도 없으며, 잠결처럼 의식할 수도 없는 길가의 돌맹이와 무엇이 다른가.

'생각'을 통해 '존재'에 이르려고 했던 나의 모든 시도는 무위에 그치고 말았다. 둘 사이에는 건널 수 없는 허무의 강이 존재하는 것만 같았다. 그러다 문득 눈물이 흐르곤 했다. 까닭 없이 흐르는 눈물을 닦으며 나는 둘 사이를 잇는 가교가 있다는 막연한 생각이 들었다.

'나의 이 작은 생각으로는 도저히 존재의 환희까지 도달할 수 없습니다. 나는 어떤 삶을 살아야 하며, 또 어떤 존재가 되어야 합니까?'

밤이 지고 새벽이 오고, 다시 낮이 저물도록 생각은 맴돌기만 했다. 하지만 돌 틈에 자라는 민들레처럼 뭔가 사이를 비집고 자라는 게 느껴졌다. 내 한 걸음으로는 결코 건널 수 없는 강물이었지만 나보다 더 큰 존재는 이 낭떠러지를 용감하게 건널 수 있을 것 같았다. 죄 지은 인간과 그를 용서하시는 하나님, 사죄를 위해 보냄받은 어린 양 예수님의 이야기가 내 가슴을 뭉클하게 적셨다. 그 밤이 지나기 전, 나는 신앙이라는 나보다 더 큰 다리를 통해 '생각'에서 '존재'로 걸어가는 나 자신을 보았다. 사람의 생각은 이보다 작을 수 없으며, 구원의 손길은 이보다 따뜻할 수 없었다.

미로를 헤매던 여러 달 사이, 내 신앙의 키는 한 뼘 자라 있었다. 어떻게 살아야 하는지 자문했던 것에 대한 답이 분명해졌다.

"하나님, 저는 평생 전도하며 살겠습니다."

이불 속에서 낮은 숨결처럼 읊조렸다.

문과생의 마음에 심긴
의료선교의 씨앗

전도의 삶에 방점을 찍은 그날부터 내 가슴에는 시골 영어 선생님의 꿈이 자라기 시작했다. 낮에는 학생들을 가르치고, 밤에는 사람들을 하나님께로 인도하는 삶이 내가 꿈꾸는 전부가 되었다. 그러나 하나님은 내 뜻과는 다른 길을 보여 주셨다.

대학 진학의 고배를 마시고 재수하던 시절이었다. 하루는 한국대학생선교회(CCC)에서 개최한 '의료선교의 밤' 행사에 참석했다. 그날 초빙된 강사는 연세대학교 보건대학원 2대원장 김명호 교수님이었다. 교수님은 귀에 쏙쏙 들어오는 흥미롭고 즐거운 말씀으로 마음을 사로잡았다. 하지만 내 마음을 끌어당긴 건 따로 있었다. '의료선교'라는 네 글자였다.

의사는 내 꿈의 목록에서는 찾아볼 수 없는 단어였다. 붉은색 피만 봐도 뒷걸음질 치는 아이였으니 의사는 내게 너무 먼 당신이었다. 그러나 김명호 교수님의 강의는 순식간에 내 인생 항로를 바꾸어 놓았다.

두 번째 대입 시험을 마치고 연세대학교를 찾았다. 김명호 교수님의 비서가 나를 맞았다.

"무슨 중요한 일이 있나 보군요. 잠깐만 기다리세요."

비서는 예고 없이 불쑥 찾아온 나를 위해 교수님 접견을 알아봤다.

응낙이 떨어졌다.

궁금해하시는 교수님께 내가 누구인지 밝혔다. 오늘까지 재수생이었고, 이제 막 시험을 치르고 왔다고 말씀드렸다.

"그날 교수님의 강의를 듣고 의료선교의 꿈을 갖게 되었습니다. 앞으로 저는 어떻게 살아야 합니까?"

마음에 품고 있던 말을 꺼냈다. 그런데 교수님은 따뜻한 미소도, 격려의 말씀도, 즐거운 이야기도 건네지 않았다. 한참을 내 얼굴만 들여다보시더니 이렇게 한마디 던지셨다.

"열심히 공부하게."

숨 막힐 듯 짧은 답변이었다.

원장실 문을 닫고 교정을 지나 학교를 빠져나오는 내내, 나는 뭔가 두고 온 사람처럼 자꾸 고개를 돌려 뒤를 바라보고, 우두커니 서서 허공을 응시하기도 했다. '힘이 되는 말씀을 한마디라도 듣고 싶었는데' 하며 교수님을 원망하는 마음도 일었다.

차가운 저녁 바람을 맞으며 집으로 돌아왔다. 듣고 싶은 위로와 격려는 받지 못했지만 교수님이 짧은 말씀 안에 숨겨 둔 의미는 분명히 알았다. 열심히 공부할 것, 걷기도 전에 뛰려고 하지 말 것……. 때로는 따뜻한 위로의 말 한마디보다, 차가운 채찍이 더 보약이 된다.

다음 날부터 나는 의대에 합격하려면 어떻게 해야 하는지 알아보았다. 당시만 해도 문과생이 이과 계열로 옮겨 지원하면 30점을 깎는 제도가 있었다. 1점도 아쉬운 마당에 30점이라니. 대입 실패의 쓰라림보다 더 암담한 조건이었다. 달리 방법은 없었다. 1차 원서를 냈다. 예상을 벗어나지 않았다. 낙방. 오기가 발동했다. 삼수를 해서라도 꼭 가고야 말겠다고 결심했다.

그러다 2차 전형이 가능한 의대가 있다는 정보를 입수했다. 심지어 문과생 페널티 점수가 10점에 불과했다. 해를 넘겨서 기다릴 필요가 없었다. 원서 접수를 마치고 며칠 뒤에 기다리던 합격 통지서가 도착했다. 마음속으로 하나님께 감사 기도를 드렸다. 또한 나를 뒷바라지해 준 이들과 김명호 교수님께 감사했다.

✟
수레의 뒷바퀴가 앞바퀴를 따르듯

내게 힘을 준 스승들, 그리고 순장의 경험

"또 이튿날 요한이 자기 제자 중 두 사람과 함께 섰다가 예수께서 거니심을 보고 말하되 보라 하나님의 어린 양이로다 두 제자가 그의 말을 듣고 예수를 따르거늘 예수께서 돌이켜 그 따르는 것을 보시고 물어 이르시되 무엇을 구하느냐 이르되 랍비여 어디 계시오니이까 하니 (랍비는 번역하면 선생이라) 예수께서 이르시되 와서 보라 그리므로 그들이 가서 계신 데를 보고 그날 함께 거하니 때가 열 시쯤 되었더라"(요 1:35-39).

작은 목소리로 크게 말씀하시는 분, 김준곤 목사님

작은 목소리로 크게 말하는 사람이 있다. 섬세한 감성으로 묵직한 감동을 주는 사람이 있다. 재수 시절 매주 뵈었던 김준곤 목사님이 그랬다. 그분은 타고난 시인이자 비전가였다. 시인처럼 아름다운 말들을 멘토처럼 내 마음에 알알이 심어 놓으셨다.

김준곤 목사님의 설교에는 안타까움이 담겨 있었다. 믿음으로부터 멀어진 우리 이웃에 대한 숨길 수 없는 애정과, 잃어버린 자녀를 그리는 아버지의 아픈 마음을 노래했다. 임종의 그날까지 신앙의 언저리를 배회하는 사람들을 긍휼히 여기시다가 하나님 우편으로 가셨다.

목사님은 생전에 '민족'에 뜻을 두셨다. 한번은 여의도 광장에 수십만 명이 운집했다. 김준곤 목사님의 뜻을 따라 여의도 광장에 모인 이들은 저마다 손에 전도 책자를 들고 있었다. 사람들은 비가 내리치는 천막 안에 모여서 함께 기도하고 전도 교육을 받으며 강도 높은 훈련을 했다. 목사님은 대규모 집회에서 늘 선두에 서 계셨다. 1974년 '엑스 폴로 74대회', 1980년 '세계복음화대성회', 1984년 '한국기독교100주년선교대회' 등 국내의 크고 작은 교회가 전부 참여한 행사는 목사님의 지도 아래 진행되었다. 한국의 기독교 신자가 수백만 명에서 천만 명으로 성장한 배경에는 김준곤이라는 이름이 거목처럼 우뚝 서 있었다.

가슴속에 아로새겨진 그분의 구호가 있다. 지금도 이 구호를 외칠 때마다 심장은 요동친다.

"민족의 가슴마다 피 묻은 그리스도를 심어 이 땅에 푸르고 푸른 그리스도의 계절이 오게 하자."

늘 먼발치에서 뵙던 목사님을 가까이에서 뵐 기회가 있었다. 의대생들로 구성된 우리 사랑방으로 예고 없이 찾아오셨다. 우리 학교에 설교하러 오셨다가 교수님의 소개로 누추하고 보잘것없는 사랑방까지 방문하신 것이다. 목사님은 제자 된 사람의 정신적 성장을 돕는 좋은 방법은 공동체 생활이라고 늘 강조하셨다. 우리는 사랑방에서 공동체 생활을 하며 제자로 훈련받고 있었다. 수십만 명의 가슴에 신앙의 파문을 던지는 분이 이 작은 훈련 공동체를 위해 시간을 내신 것에 감동을 받았다.

"여러분, 겨자씨는 씨 중에서 가장 작습니다. 하지만 세상 그 어떤 나무보다도 큰 나무로 자랍니다. 여러분을 위해 늘 기도하겠습니다."

훗날 2000년에 목사님은 나를 P국 의료선교사로 친히 파송해 주셨다. 이후 어렵게 한 번씩 뵐 기회가 있었는데 그때마다 어린이 사역(호스텔 사역)에 대해 말씀드리면 아이처럼 기뻐하셨다.

"그렇지, 바로 그렇게 해야지."

그렇게 말씀하시던 목사님의 모습이 지금도 마음속에 떠오른다. 혹시 내가 틀린 길을 걷는 게 아닐까 의심하고 회의에 빠질 때마다 아주 큰 힘이 된다.

부산이 사랑한 성자,
장기려 선생님

말씀으로 인도해 주시는 분이 있고, 행동으로 이끄시는 분이 있다. 장기려 선생님은 서울대학교 의과대학 전신인 경성의학전문학교 출신이다.

6.25 전쟁이 발발하기 전에는 평양의과대학에서 외과 교수로 재직하셨다. 전쟁이 터지자 가족과 헤어져 천막을 치고 난민을 돌보기 시작한 게 복음병원의 효시가 되었다. 이 복음병원을 모태로 고신대학교 의과대학이 탄생했다. 나는 그곳에서 의대 수업을 마쳤다. 한국 의학사에서 그분의 족적은 뚜렷이 남아 있다. 당시만 해도 간은 출혈의 위험성 때문에 외과 의사들이 수술을 꺼리는 분야였다. 그런데 장기려 선생님은 국내 최초로 간의 대량 절제술에 성공했다.

선생님은 실력만큼이나 인품도 뛰어났다. 치료비가 없어 쩔쩔 매는 환자는 손수 병원 뒷문을 열어 몰래 빠져나갈 수 있게 했고, 길을 걷다가 가난한 이웃을 만나면 손에 잡히는 대로 적선을 베풀었다. 한번은 걸인에게 십만 원짜리 수표를 줘서 은행으로부터 문의를 받기도 했다. 복음병원은 가난하고 지친 환자들의 안식처였으며, 부산 시민들은 장기려 선생님을 사랑했다.

선생님은 돌아가시는 그날까지 나누는 삶을 실천했다. 몸을 누일 집 한 채 없었다. 병원 옥상에 마련한 작은 공간이 그의 유일한 쉼터였다. 복음병원은 일반 외과 환자로 늘 붐볐고, 수술 일정도 늘 꽉 차 있었다. 선생님이 회진하는 토요일만 되면 회진에 참가하는 인원이 평소보다 두 배는 많았다. 환자를 어루만지며 그들의 이야기에 귀 기울이던 다정다감한 모습을 지금도 잊을 수 없다. 외과 교수님들 역시 장기려 선생님을 마음으로 따랐다. 그중 이승도 교수님이 계셨는데 레지던트 수련하는 4년 동안 한 번도 화내시는 모습을 본 일이 없다. 한번은 의사 경력에 치명적인 실수를 저질렀는데도 나를 용서하시고 대신 책임을 지셨다.

장기려 선생님은 지금 우리 곁에 안 계시지만 내 마음속에 살아 계신다. 살면서 몇 차례 선한 일을 할 기회가 있었는데 종종 나 자신이 자랑스럽게 여겨지곤 했다. 그럴 때면 잊고 있던 사진첩마냥 선생님의 모습이 떠올랐다. 자신이 잘나서 베푼 게 아니라 베풀게 해줘서 고맙다고 여기시는 그 모습이 생각나 우쭐거리던 내 자신이 부끄러웠던 적이 한두 번이 아니다. 선교사가 되고 나서 어느 새벽 기도회 시간에 갑자기 선생님이 그리워서 많이 울었던 기억도 난다.

선생님이 뿌려 놓은 씨앗은 지금 타르 사막에서 병원을 꾸리는 내게서 작은 꽃으로 피어났다. 이 땅의 가난한 이들을 위해 우리는 아이들을 무료로 진료하고, 일반 환자는 70퍼센트 할인된 비용으로 진료한다. 이 일을 내가 했다고 믿지 않는다. 김준곤 목사님이나 장기려 선생님 같은 분의 가르침이나 모범이 없었다면 과연 내가 이 일을 할 수 있었을까.

공부가 먼저인가, 신앙이 먼저인가

포르말린 냄새가 진동하는 카데바(시신)를 두 손으로 처음 옮기면서 나의 본과 생활이 시작되었다. 포르말린의 독한 냄새는 최루가스처럼 눈알을 파고들었다.

본과생의 하루하루는 전쟁터였다. 실습은 기본이고, 수시로 치르는 시험과 엄청난 분량의 시험 범위에 밤잠을 잊었다. 본과 1학년생 88명 가운데 33명이 2학년 진급에서 떨어질 정도였다. 시험은 주로 토요일에 치렀다. 하루 전인 금요일은 잠을 잘 수 없는 시간, 즉 의사가 되느냐 되지 못하느냐를 판가름하는 시간이었다.

그런데 문제가 있었다. 금요일에는 또 다른 스케줄이 있었다. 나는 한국대학생선교회에서 훈련받고 있었는데, 금요일은 모든 순장과 순원이 한곳에 모여 예배드리는 날이었다. 나는 순원들을 이끄는 순장이었다.

'순'이라는 말은 뿌리로 번져 울창한 대숲을 이루는 대나무 순에서 차용한 단어다. 순은 나와 같이 제자로서 훈련받기 원하는 사람들의 작은 모임을 일컫는 말이다. 가르치는 사람은 순장이라 불렀고 배우는 사람을 순원이라 불렀다.

순장으로 섬기던 내게 금요일은 신앙과 공부 사이에서 갈등하는 시간이었다. 순의 정기 모임은 금요일 오후였고, 토요일에는 수시로 치르는 시험이 기다리고 있었다. 시험 준비 때문에 모임에 못 간다고 해도 누가 뭐라고 할 사람은 없었다. 의사가 못 되면 선교도 없다는 사실도 잘 알고 있었다. 어쩌면 공부에 더 많은 시간을 투자해야 옳았을지 모른다. 하지만 나는 차마 모임을 저버릴 수 없었다. 순장으로서 모범을 보여야 한다고 믿었고, 그래야 순원들이 현실의 벽 앞에서도 물러서지 않고 전도하는 제자로 성장할 수 있다고 믿었다.

금요일 밤늦게 모임을 마치고 학교로 돌아오면 몸은 천근만근이었다. 늦은 밤 불을 켜고 서둘러서 시험 공부를 했다. 눈꺼풀은 중력을 이기지 못하고 자꾸만 감겼다. 밤새 몸부림을 치며 잠과 사투를 벌였고, 왜 하필 토요일에만 시험을 보는지 교수님이 원망스럽기도 했다.

하나를 갖기 위해 다른 하나를 포기해야 하는 것. 어쩌면 이것이 우리가 사는 세상을 힘들게 하는 일인지 모른다. 하나만 하기에도 벅차다는 마음으로 쉽게 포기하는 대신, 몸이 힘들고 정신이 고통스럽더라도 양쪽을 모두 붙들고 있다는 건 그만큼 우리를 단련하는 일이 될 것이고 나중에 크게 쓰이는 바탕이 될 것이라고 믿는다.

무슨 일이 있어도 금요일 모임에 참석하는 것은 우리 순의 전통이 되었다. 어린 순원들이 나중에 순장이 되면 그들 역시 금요일 모임을 최우선으로 여기고 적극적으로 참석했다.

감사하게도, 금요일 모임 참석률이 높을수록 장학금을 받는 순원들이 많아졌다. 현재 우리 순원들은 각자 분야에서 실력 있는 의사로 활동하고 있다. 또 이때 인연을 맺은 순원들 중에는 몸은 한국에 있지만 세계 선교에 뜻을 두고 사는 이들도 있다. 이들은 미전도 종족의 어린이 전도 사업을 적극 후원하며 현재 10개 나라에서 어린이 사역을 진행하고 있다. 현지 선교사와 협력하여 물심양면으로 선교를 돕고 있다. 의료선교에서 '의료'는 그 자체로 목적이 될 때가 있지만, '선교' 준비 없이 '의료'만으로는 이 사역을 완성할 수 없다고 생각한다.

나는 매해마다 목표를 갖고 살았다. 본과 1학년 때는 3명의 순원을 달라고 기도했다. 그해 나는 소중한 순원을 1명 얻었다. 본과 2학년 때는 불신자를 전도하고 싶었다. 훗날 안과 전문의가 된 순원이 있는데, 불신자였던 그는 사영리 전도로 예수님을 영접하고 그리스도인이 되었다. 본과 4학년 때는 숙원이던 사랑방을 마련하여 공동체 생활을 시작했다. 양말을 빨지 않고 며칠씩 묵히는 사람도 있었고, 고추장으로 김치를 담근 웃지 못 할 일도 있었지만 사랑방은 제자들이 모여 영적 훈련을 할 수 있는 최적의 장소였다. 김준곤 목사님이 다녀가신 곳도, 사랑하는 아내를 만난 곳도 이 사랑방이었다. 당시 간호사였던 아내는 종종 사랑방에 와서 요리를 해주었다.

사랑방이 생긴 뒤 순장으로서의 내 삶은 더욱 적극적으로 변했다. 현실의 무게 앞에서 주저앉거나 신앙의 기반이 약해진 순원들을 찾아다니며 함께 이야기를 나누고 설득했다. 그해 아버지가 폐암 진단을 받아 휴학계를 제출하게 되었다. 1년간 광주에서 부모님을 모시는 동안에도 어린 순원들이 눈에 밟혀 왕복 10시간이 걸리는 부산행을 포기할 수 없었다. 단 한두 시간을 위해 하루를 전부 썼지만 그때 나는 '10시간을 기다려 1시간의 소중한 시간을 얻을 수 있다'는 기다림을 배웠다. 한 생명을 꽃피우기까지 얼마나 많은 양분과 시간이 필요하던가. 하나님은 내게 인내와 그 대가를 가르치셨다. 의대를 졸업한 날까지 그렇게 살았다. 의대를 졸업하던 해, 나는 수십 명의 순원들에게 둘러싸여 있었다.

네팔에서
용기를 얻다

시작이 반이라고 한다. 왜일까? 우리가 멈춰 있는 물체를 움직이려면 정지마찰력을 이겨 내야 한다. 그러려면 큰 힘이 필요하다. 그러나 한 번 움직이기 시작한 물체는 작은 힘으로도 쉽게 밀 수가 있다. 그래서 시작이 반인 것이다.

수련의 4년차일 때 내과 내시경 교육을 위해 두 달간 실습을 해야 했다. 네팔에서 선교 사역을 하고 있는 의국 선배에게 가 보고 싶은 마음이 들었다. 네팔에 다녀와도 괜찮은지 병원에 허가를 구하자 '좋다'는 답변이 돌아왔다.

해외는 처음이었고, 영어가 서툴러 무사히 도착할 수 있을지 걱정이 앞섰다. 한국에서 방콕을 거쳐 네팔행 비행기로 갈아타는 여정이었다. 방콕에 도착했는데 네팔 비행기가 결항이었다. 항공사는 언제 비행기가 운항될지 모른다며 호텔 방을 잡아 주었다. 들리는 소문에 따르면, 운항되던 3대의 비행기 가운데 1대의 운항이 중단되었다고 했다. 이틀 뒤 타이항공을 배정받아 가까스로 카트만두에 도착했다. 비로소 마음이 놓였다.

네팔은 신비롭고 경이로운 나라였다. 거리는 지저분하고 먼지투성이였지만 사람들은 개의치 않는 눈치였다. 특이하게 생긴 나무들도 많았다. 인산인해를 이루던 카트만두와 달리 탄센으로 가는 길에는 또 다른 풍경이 펼쳐졌다. 해발 1,400미터의 도시 카트만두를 벗어나자 내리막길이 이어졌다. 가파른 능선을 타고 아찔한 계곡을 가로지른 끝에 이윽고 평지에 도착했다. 산꼭대기에는 외딴 촌가들이 자리 잡고 있었다.

탄센병원에 도착하자 양승봉 선생님 내외분이 반갑게 맞아 주었다. 일반외과 의국 선배인 그는 일찍이 네팔에서 의료선교 사역을 하고 있었다. 탄센병원에는 외국 선교사도 몇 분 있었다. 인적이 드문 시골 마을이라 병원도 한가할 거라 생각했는데 막상 문을 열고 들어서니 대학병원처럼 환자들로 북적였다. 탄센병원에서 두 달 가까이 지내는 동안 연신 감탄사가 흘러 나왔다. 환자가 정말 많았고 시설이 잘 갖춰진 병원이었다. 현지인들 사이에서 양승봉 선생님이 실력 있는 의사로 인정받고 있는 점도 인상적이었다.

탄센병원에는 뒤퐉이라는 네팔 의대생과 씽이라는 스리랑카계 영국 인턴 의사가 있었다. 그들 역시 나처럼 선교에 관심을 갖고 경험을 쌓기 위해 방문한 사람들이었다. 그들의 존재는 내게 큰 힘이 되었다. 우리 세 사람은 포카라를 3일간 여행하면서 해발 8,000미터가 넘는 안나푸르나를 가까이에서 보고 오기도 했다. 훗날 정형외과 의사가 되어 탄센병원으로 온 뒤곽은 현재까지 정형외과 과장으로 일하고 있다.

탄센에서의 생활은 즐거웠다. 매일 일기를 썼다. 그리고 처음으로 돈의 위력을 맛보았다. 한국에서는 작은 돈이 이곳에서는 큰돈이 될 정도로 화폐 가치의 차이가 심했다. 그래서 선교사들을 모두 초청하여 좋은 식당에서 음식을 대접한 적도 있다. 탄센병원 병원장은 한국으로 돌아간 내게 크리스마스카드를 보내기도 했다. 아마 내가 탄센병원으로 오리라고 믿고 있었던 듯하다.

네팔을 방문하기 전부터 나는 진로를 두고 고민이 많았다. 병원을 개업하든지 지금 일하고 있는 병원에 남든지 혹은 선교사가 되든지 한 가지를 결정해야 했다. 그런데 네팔에서 두 달을 지내는 동안 선교에 대한 막연한 불안감이 눈 녹듯이 사라졌다. 사실, 의료선교를 꿈꿨지만 막상 행동으로 옮길 시점이 되자 막연한 불안감이 있었다. 그런데 현지 선교사들의 모습을 본 이후로 사라진 것이다. 경험은 두려움을 자신감으로 바꾸어 놓는다.

해외 선교란 뭔가 색다른 미션이 아니었다. '내가 감당할 수 있을까'라는 떨치기 어려웠던 의구심은 어느덧 사라지고 한국에서처럼 여기서도 열과 성을 다하면 될 것 같았다. '나도 할 수 있겠구나'라는 생각이 들자 마음이 평안해졌다. 선교지를 새로 찾을 필요도 없을 것 같았다. 네팔의 탄센병원이면 최적의 선택지였다. 그런데 카트만두에 갔다가 허인

석 목사님을 만나 뜻밖의 제안을 받게 되었다. P국에 가면 한국대학생 선교회에서 세운 GS병원이 있는데 무비자 입국이 가능하니 한번 다녀오라는 제안이었다. 주머니 사정이 나쁘지 않았고, 귀국 날짜까지 여유도 있어서 5일간 P국을 방문하게 되었다. 그 5일이 내 인생의 항로를 완전히 바꾸었다!

P국에
야자수를 심다

P국에서 처음 경험한 것은 사기였다. 공항 직원이 비자를 받게 해준다며 내게서 50달러를 챙겨 도망갔다. 반 달치 월급에 해당하는 돈이었다.

    P국 K시는 네팔과 달리 도로가 널찍하고 교통도 복잡했다. 네팔이 흥부네 집이라면 P국은 놀부네 집 같았다. 두 나라가 세계적으로 가난한 나라에 속하지만, P국은 평지가 많아서인지 네팔에 비해 더 발전한 듯이 보였다. 힌두교의 나라 네팔과 무슬림 사회 P국은 종교적 차이만큼이나 도시 분위기도 달랐다. P국에서는 때만 되면 확성기를 통해 아잔(기도 시간을 알리는 나팔 소리)이 울렸다. 고막이 찢어질 것 같은 나팔 소리에 한동안 잠자리도 뒤숭숭했다. 하늘을 찌를 듯 높이 솟은 야자수의 낯선 풍경과 숨이 턱턱 막히는 무더위는 도무지 적응하기 어려워 보였다.

GS병원에서 나를 반겨 준 이는 노제현 선생님이었다. 그는 쌍둥이 자녀를 둔 가장으로 고려대학교 의과대학을 나왔고 안과를 전공했다. 그는 GS병원과 약속한 3년을 충실히 채우고 후임자를 물색하고 있었다.

"민 선생님은 이곳이 어떠세요?"

조심스런 제안이었다.

"음, 글쎄요."

노제현 선생님이 눈동자를 맞춰 왔다. 나는 시선을 피했다. 네팔에서 만난 사람들과 주고받았던 이야기들이 떠올랐다. 그래서 아무것도 확답할 수 없었다.

나는 GS병원 안에 어린 야자수 한 그루를 심었다.

"만일 이 나무가 산다면 내가 올 것이요, 이 나무가 죽는다면 나는 여기 오지 않을 것입니다."

이 말을 한 지 2년 만에 선교사가 되어 다시 P국을 찾았다. 병원에 도착하자마자 내가 심었던 나무를 찾아보았다. 하늘 높이 쑥쑥 자랐으리라 믿었던 나무는 아예 흔적조차 없었다. 결국 나의 진로와 내가 심은 야자수의 생존 여부는 아무 상관이 없었던 것이다.

P국에 온 이후에도 네팔에 미련이 남아서 몇 번이나 문을 두드렸다. 매번 길이 막혔다. 이런 일련의 사건을 통해 하나님의 뜻을 알게 되었다. 그분은 내가 네팔보다는 P국에서 일하기를 원하셨다.

농부에게
농사 기술이 필요하듯

2000년에 전문의 과정을 마치고 파송을 서둘렀다. 현장에서 의료 경험을 더 쌓은 뒤에 떠나라는 조언을 들었지만 지금이 아니면 떨치고 갈 힘이 없을 것 같았다.

한국대학생선교회와 부산 한소망교회의 파송을 받고 1년간 선교 훈련을 하기 위해 미국으로 출국했다. 선교 훈련은 두 가지 면에서 받을 필요가 있었다. 하나는 자녀들의 선교지 적응 문제였다. 영어를 조금이라도 배워 둔 아이들은 현지 영어학교에 적응이 빨랐다. 다른 하나는 효과적인 선교 활동 문제였다. 우리는 미국에서 GCTC(Great Commission Training Center) 훈련을 받았다. 이 훈련은 본래 캠퍼스 사역을 앞둔 간사를 위한 프로그램이지만 선교사에게도 여러모로 유용했다. 물론 당시에는 잘 몰랐지만 말이다.

우리는 GCTC에서 기본적인 훈련을 받고 매주 2차례에 걸쳐 캠퍼스 전도를 했다. 대학 캠퍼스에 전도하러 가는 날에는 밤 10시가 넘어서 집에 돌아왔고, 전체 모임이 있는 금요일에는 다음 날 새벽 2-3시가 되어서야 집에 돌아왔다. 아이들을 아르바이트 학생에게 맡기는 날이 많았고, 학교에 늦게 데리러 가는 바람에 선생님에게 주의를 듣기도 했다. 그리고 아내는 유산을 경험했다.

당시 우리 부부는 인근에 있는 로고스교회에 출석했다. 그곳에서 강준민 목사님을 만났다. 목사님이 전해 주시는 말씀의 깊이에 늘 감동받았는데 나중에서야 유명 저자라는 사실을 알게 되었다. 목사님은 주일예배만큼이나 새벽 기도회를 충실히 준비하셨다. 우리는 매일 그분의 말씀을 듣기 위해 새벽 5시에 열리는 기도회에 참석했다. 아내는 내 어깨에 손을 올리며 이렇게 말했다.

"여보, 우리 늙어서도 이렇게 새벽을 살자."

이곳 선교지에서도 우리는 새벽을 살고 있다. 우리 호스텔 아이들도 새벽에 일어난다. 일곱 살짜리 꼬마들도 졸린 눈을 비비고 언니 형들 틈에 끼여 새벽을 배워 나간다. 하루 이틀이 지나 10년이 흐르니 새벽의 삶이 몸에 배었다. 방학을 맞아 집으로 돌아간 호스텔 아이들도 새벽같이 일어나 집 안을 돌아다닌다는 이야기를 들었다. 새벽은 새벽이슬을 만든다. 그리고 훈련은 아이들을 새벽이슬같이 아름다운 청년으로 만든다.

어느 날 강준민 목사님께 후원 요청을 드렸다. GCTC에서 훈련을 담당한 간사는 선교 비용을 모으는 법도 가르쳤다. 목사님은 못 들었다는 듯 아무 말씀이 없으셨다. 그리고 6개월이 지난 후 나를 부르셨다. 목사님의 얼굴에 설교 때와 같은 미소가 가득했다.

"교회에서 선교비를 책정하기로 했습니다."

아마도 그 6개월 동안 나를 관찰하신 건지도 모른다. 목사님은 사역지를 옮긴 후에도 변함없는 사랑을 베풀어 주셨다. 옮긴 교회에서도 선교비를 책정하여 지금까지 돕고 계신다. 또한 선교 멘토로서 P국 사역의 길을 함께 고민해 주셨다.

초보 선교사의 첫 3년

P국 사역 적응기

"예수께서 또 이르시되 너희에게 평강이 있을지어다 아버지께서 나를 보내신 것같이 나도 너희를 보내노라"(요 20:21).

살인 더위와
불안한 치안

아내와 아이들의 손을 잡고 K시 국제공항에 내렸다. 우리를 가장 먼저 마중 나온 것은 무더위였다. 환영하는 사람들과 일일이 인사를 나누고 나자 견디기 힘든 뜨거운 공기가 숨구멍을 가로막았다. 아내는 더위에 적응하지 못해 1년간 시름시름 앓았다. 큰딸은 초등학교 1학년, 둘째 딸은 유치원생이었다. 아이들은 생각보다 잘 견뎠다. 어른은 힘들다고 낑낑거려도 아이들은 잘 받아들인다.

우리가 도착한 6월은 P국이 가장 무더울 때였다. 5-6월이 가장 덥다고 한다. 온도가 섭씨 40-50도를 육박하는 날이 연일 이어졌다. 태양이 작열할 때는 무조건 그늘로 가야 했다. 한국은 교통 사고로 많은 사람이 죽고 다친다. 그런데 이곳은 더위로 죽는 사람이 많다. 살인 더위로 어느 지방에서 50여 명이 사망했다는 보도를 접한 적도 있다.

시골로 옮겨 오자 두세 시간 간격으로 전기가 끊겼다. 전기가 두 시간 들어오고 두 시간 나간다. 끊겼던 전기가 들어오면 누구 할 것 없이 "할렐루야"를 외친다.

더위말고도 우리를 힘들게 하는 것이 있었다. 치안이었다. 늘 테러나 강도의 위협이 존재한다. 외국인이라고 봐주는 건 없다. 선교사와 의료인도 목숨을 내걸어야 한다. 목에 총상을 입은 어느 목사님은 수차례 수술을 받았다. 아마 총알이 조금만 옆으로 날아들었어도 신경이나 혈관을 다쳐 생명을 건지기 힘들었을 것이다. 단기로 방문한 어느 자매는 1년간 두 번이나 강도를 만나고 한 번은 성추행까지 당하자 다시는 이곳에 오지 않겠다며 떠났다.

원치 않는 더위나 안전에 대한 위협은 선교사에게 괴로운 것임에 틀림없다. 그럼에도 불구하고 하나님의 사랑은 사역자를 강권한다. 지나고 보니, 명하신 분이 넉넉히 이길 힘도 주셨음을 깨닫게 된다.

무슬림 사회에서
기독 병원이 자리를 잡으려면

우리가 P국에 온 지 세 달이 조금 지났을 무렵 911 테러가 발생했다. 미국에서 벌어진 이 사건은 P국에 엄청난 파문을 몰고 왔다. 미국의 아프가니스탄 침공이 무슬림 국가를 자극한 것이다. K시 시민들은 반미를 외치며 폭력적인 성향을 드러냈다. P국 내 모든 외국인이 자국으로 철수하기로 결정했다. 한국인도 예외는 아니었다. 나도 가족을 먼저 보냈다.

만나는 사람마다, 걸려오는 전화마다 "왜 아직 철수하지 않았느냐"며 나를 압박했다. 그러나 떠날 수 없는 이유가 있었다. 우리 팀원인 자매 한 명이 "떠날 수 없다"고 버텼기 때문이다. 팀장인 나는 팀원을 버리고 비행기를 탈 수 없었다. 파송 본부에서는 걱정이 많았다. 그런데 며칠 지내다 보니, 예상과 달리 별다른 일이 벌어지지 않았다. 도리어 함께 일하던 현지인 직원들이 태연히 남아 있는 우리를 보고 감동을 받은 모양이었다. 다들 도피하는 상황에서도 꿋꿋이 버티는 우리가 좋다고 했다. 사실은 그게 아닌데 말이다.

선교지에서는 당연한 얘기지만 그리스도인을 찾기가 힘들다. P국도 사정은 마찬가지였다. 특히 인구의 97퍼센트가 무슬림이기 때문에 그들 틈에서 살아가려면 목소리를 죽이고 눈치를 봐야 했다. 생명의 위협을 느끼는 일도 다반사다. 내가 이곳에 온 후로도 그리스도인 마을 몇 군데가 불길에 휩싸여 쑥대밭이 되었다. 교회는 뜨거운 화마를 견디지 못하고 잿더미가 되었으며, 아이들을 포함하여 많은 그리스도인이 산 채로 불에 타 죽었다. 최근에는 예배 중이던 교회당에서 150여 명이 목숨을 잃기도 했다.

1995년에는 이런 일도 있었다. 외과 의사인 조재선 선생님이 이 병원의 원장이었다. 당시 K시는 정세가 매우 불안했다. M정당과 다른 정당 간 싸움으로 하루에 50여 명씩 죽었다. 병원으로 가는 길은 험난했다. 총을 든 무장 군인들이 앰뷸런스를 세웠다. 병원 차라는 걸 뻔히 알면서도 조재선 선생님의 뺨을 쳤고 간호사들은 울음을 터뜨렸다. 다행히 큰 사고로 연결되지 않았지만 한국 선교사들은 두려움에 휩싸일 수밖에 없었다. 병원 문을 닫아야 한다며 난리가 났다. 그런데 조재선 선생님은 고집불통처럼 도무지 말을 듣지 않았다.

병원 문을 끝까지 열었다. 그의 결단은 큰 자산이 되었다. 병원은 M정당의 중심지 안에 세워져 있었다. M정당은 상당히 폭력적이었다. 지금도 그렇다. 그들은 자기 관할 아래 있는 단체나 기업에 뒷돈을 요구하며 때로 폭력을 행사하기도 한다. 그런데 우리 병원을 상대로 한 푼도 요구한 적이 없으니 얼마나 감사한 일인가. 진심은 통한다. 믿음을 보여주면 믿음이 돌아온다.

이곳이 어려운 지역임에는 틀림없다. 하지만 우리가 진실하고 겸손하게 하나님을 의지하면 길은 열릴 것이다. 때로는 조재선 선생님 같은 용기와 태도가 필요하다. 위기는 기회가 되곤 한다.

두려움이라는
큰 장애물

911 테러 이후 P국 상황은 아주 힘들어졌다. 원래 테러가 드문 지역이었는데 지금은 한 달 간격으로 테러가 발생하는 위험지역이 되고 말았다.
 아주 가까이에서 테러를 경험한 적이 있다. 미국 문화원 근처의 한 은행에서 병원 돈을 찾고 있을 때였다. 굉음과 함께 건물이 큰 충격으로 뒤흔들렸다. 혼미한 정신이 돌아올 무렵, 화약 냄새가 코끝을 강하게 스쳤다. 은행 옆에서 폭탄이 터졌다고 직감했다. 살기 위해 밖으로 뛰쳐나오니 그게 아니었다. 길거리에 벽돌과 콘크리트 파편이 널려 있고, 뒤집힌 차량에서 연기가 뿜어져 나오고 있었다. 은행에서 100미터 떨어진 곳에 미국 문화원이 있었는데, 그 근처에 서 있던 차량에서 폭탄이 터진 것이었다.
 폭발력이 얼마나 강했는지 은행과 미국 문화원 사이에 있던 높다란 호텔의 벽면 유리창이 다 깨져 있었다. 미국 문화원은 두꺼운 방화벽 덕분에 거의 피해가 없었다. 오히려 길을 지나가던 사람들과 차량들이 피해를 입었다. 16명이 죽고 수십 명이 부상을 당했다. 나는 30분 전에 이

거리를 지나쳤다. 그날 하나님이 나를 지켜 주신 것이 분명하다.

테러는 잊을 만하면 한 번씩 터졌다. 원자력 기술자 프랑스인 8명이 호텔 앞에서 목숨을 잃는 사고도 발생했다. T지역의 선교병원 교회에서 테러가 발생하여 예배를 드리던 현지인 간호사 3명이 죽고, 기독교 NGO(비정부 기구)에서 일하던 청년 5명이 손이 뒤로 묶인 채 괴한의 권총 가격을 받고 숨졌다. 선교사 자녀 학교도 예외는 아니었다. 테러리스트가 학교를 공격하여 학교 업무를 돕는 현지인 6명의 생명을 앗아 갔다. 수업 중이던 아이들은 다행히 피해를 입지 않았다. 그러나 학교는 사고 여파로 2년간 문을 닫았다. 우리 두 딸이 이 학교를 졸업했다.

2002년부터 2003년 사이에는 거의 두 달 간격으로 테러가 발생했다. 테러 사태는 T지역의 선교병원에도 심각하게 다가왔다. 병원만큼은 예외라고 생각했는데 오산이었다. 그 무렵 GS병원으로 한 통의 전화가 걸려 왔다. 병원을 폭파시키겠다는 협박 전화였다.

병원 책임자인 나는 병원 직원을 보호해야 할 의무가 있었다. 우선 병원 문을 이중으로 설치했다. 금속 탐지기를 구입하여 테러리스트가 환자 틈에 몸을 숨기고 들어오지 못하도록 했다. 출퇴근할 때는 절대로 앰뷸런스를 타지 않고, 삼삼오오 조를 짜서 병원 문을 나섰다. 퇴근 시간도 매일 바꿨다. 출근길에도 버스를 타고 다녔다. 정부 측에서 경찰을 파견해 주었고, 우리는 사립 무장 경호원을 고용했다. 또한 오후 1시에는 테러 대비 훈련도 했다. 몰려 있으면 한꺼번에 몰살당할 위험이 있으니 설령 문제가 생기더라도 피해를 최소화시키자는 생각도 했다. 어떤 여의사는 병원 뒷담에 비상구를 만들자고 제안했다.

나는 겉으로는 태연한 척했지만 속으로는 죽을 맛이었다. 남은 임기를 손가락으로 꼽아 보았다. '이제 곧 3년을 채우게 된다. 그때까지만 견뎌 보자.' 마음속으로 도망갈 시간만 계산하고 있었다. 복음도 좋고 선교도 좋지만 일단 내가 사는 게 급선무였다. 그러나 이상하게도 3년 임기를 마친 뒤에도 이곳을 떠나지 않았다. 아니 못 떠난 건지도 모른다. 물론 아무도 붙잡지 않았다. 네팔을 포기하고 P국을 파송지로 선택한 이유도 나는 설명하지 못한다. 마찬가지로 3년을 지나 15년째 이 땅에 머물고 있는 이유를 설명할 자신도 없다. 그분의 역사가 아니라면 그 무엇으로도 설명할 도리가 없다.

24시간 운영하는 병원 만들기

처음 이곳에 도착했을 때만 해도 GS병원은 30병상의 아담한 병원이었다. 현지 기독단체가 정부로부터 병원 부지를 100년간 빌리고, 노르웨이 교회의 지원으로 건물을 짓고 설비를 갖춘 병원이었다. 한국 의료선교 팀이 P국에 처음 들어온 것은 1989년이고, 1991년 무렵에는 GS병원으로 자리를 잡았다. 그때부터 3년 주기로 병원 책임자가 바뀌었고, 그 중에는 임기를 몇 차례 연장한 사람도 있었다.

나는 3년 주기의 4기 정도에 해당하는 책임자로 이곳을 찾았다. 병원은 어느 정도 규모를 갖추고 있었고, 병원 앞의 푸르른 잔디밭이 인상적이었다. 우리 가족은 병원에서 1시간 20분가량 떨어진 곳에 자리를 잡을 수밖에 없었다. 병원이 있는 마을은 외국인이 살기에 위험했기 때문이다. 사실 출퇴근하는 일이 고역이었다. 자동차의 에어컨이 신통치 않아 창문을 열고 달리면 거리의 매연이 차 안을 가득 메웠다. 병원 일을 마치고 집으로 돌아오면 물에 젖은 빨래처럼 온몸이 녹초가 되어 P국 언어를 공부할 여력이 없었다.

의사가 출퇴근을 하다보니, 병원 문을 오전에 열었다가 오후에 닫는 수밖에 없었다. 밤에는 현지인 수위가 병원을 지켰다. 우리 식으로 표현하면 '클리닉' 수준의 병원이라고 하는 게 적합할 것 같다.

아무래도 병원 문을 24시간 여는 게 좋겠다는 생각이 들었다. 산부인과 중심의 병원을 염두에 두었다. 후진국일수록 분만과 관련된 환자가 많기 때문이다. 이 나라에는 남자 산부인과 의사가 없었다. 문화적 차이였다. 여자 의사를 구하는 일은 쉽지 않았다. 더구나 그리스도인 여자 의사는 더욱 희귀했다. S시와 K시를 오가며 적임자를 물색했다. 어렵사리 여자 의사를 구해 함께 일을 시작했다.

수술실에는 5년간 방치되어 먼지만 잔뜩 낀 장비들이 있었다. 일일이 꺼내서 깨끗이 닦았다. 마취기는 다 썩어서 내다 버려야 했다. 그래도 쓸 만한 물건들이 생각보다 많았다. 물론 이 일은 혼자서는 감당할 수 없었다. 당시 병원 업무의 유일한 파트너는 채숙향 선생님이었다. 그녀는 간호사였고, 이곳에서의 경험이 풍부했다. 현지인들과 막힘없이 대화를 나눌 정도로 언어도 능숙하고, 일처리도 깔끔했다. 수술실을 물청소하고 마취기와 기타 장비를 구입하여 GS병원을 수술이 가능한 24시간 병원으로 탈바꿈시켰다. GS병원은 주로 분만과 제왕 절개 수술을 했고, 외과적으로는 주로 담낭 절제술을 했다.

GS병원이 병원다운 모습으로 자리매김하고, 함께 사역하는 동료들에게도 활력을 주는 것 같아 기뻤다. 배타성이 강한 지역에서 전문성과 탁월함을 살리는 일, 그것은 지역사회에 뿌리를 내리고 교두보를 확보하는 것이다. 인정받는 일을 통해 공존이 가능하고 그것을 통해 선교의 또 다른 지평을 열 수 있다.

P국에
세운 예배당

P국에 예배당을 세우게 된 계기가 있다. 달라스에 있는 교회와의 만남 때문이다. 911 사태 때문에 달라스의 친구 집에 가 있던 아내는 셋째

를 임신하고 있었다. 아내의 친구가 출석하는 빛내리교회에 이연길 목사님이 계셨다. 그분과의 특별한 만남이 P국의 예배당 건립으로 이어진 것이다.

나는 아내가 출산할 때 한 번도 곁을 지킨 적이 없었다. 그게 늘 마음에 걸렸다. 그래서 무슨 일이 있어도 셋째를 출산할 때는 함께하고 싶었다. 어렵사리 미국에 도착했다. 아내는 친구와 함께 빛내리교회에서 예배를 드리고 있었다. 먼 바다를 건너온 지각생이 교회 문을 조심스레 열고 들어갔다. 그런데 예배를 인도하시던 목사님이 나를 어떻게 알았는지 "민 선교사가 왔다"며 반갑게 맞아 주었다. 그분이 이연길 목사님이었다.

예배 후에 이연길 목사님과 10분 정도 이야기를 나누게 되었다. 목사님은 내게 혹시 필요한 게 있는지 물어보셨다. 처음 만나는 자리였다. 나는 엉겁결에 가방 속을 뒤졌다. 손에 딸려 나온 건 예배당 설계도였다.

"이게 필요합니다."

설계도를 받아든 목사님이 잠시 나를 쳐다보셨다. 눈동자가 살짝 커져 있었다.

"실은, 이전부터 마련해 둔 돈이 있습니다."

목사님의 목소리가 미세하게 떨렸다.

"그런데 제게 도움을 요청하는 분이 아무도 없었지요."

목사님은 금세 환하게 밝아진 얼굴로 나를 바라보셨다.

"이렇게 사람을 만나게 되는군요. 민 선교사님이 준비하시는 그 일을 제가 지원하겠습니다. 아마 이 돈으로는 부족할 테니, 조금 더 모아 보겠습니다. 사람들에게 이 일을 알리고 참여를 호소하겠습니다."

뜻밖의 말씀이었다. 나로서는 더할 나위 없이 좋은 기회였다.

목사님은 이후 두 차례 송금을 통해 약속을 지키셨다. 빛내리교회 성도들은 만두를 빚어 선교비를 마련했다. 일명 선교 바자회였다. 그 정도의 액수를 모금하려면 3만 개의 만두를 빚어야 한다고 들었다. 어느 권사님은 만두를 빚고 나면 허리가 끊어질 듯 아파 드러눕는다고 하면서도 만두 빚기를 멈추지 않았다고 한다.

예배당 건축은 문니르 씨에게 맡겼다. 그는 그리스도인 건축가로 예배당을 2층 구조로 설계하고 견실하게 지어 갔다. 그런데 예배당 완공을 눈앞에 두고 갑자기 심장 마비로 세상을 떠났다. 이 예배당은 그의 유작이 되었다. 10년이 지난 지금도 그의 얼굴이 선명하다. 준공 예배 때 건축가 문니르 씨를 기리기 위해, 첫 돌을 놓던 기공식에서 그가 기도하던 모습을 영상으로 만들어 틀어 주었다. 그의 기도는 간결하고도 아름다웠다.

공사는 막바지에 접어들면서 다소 힘에 부쳤다. 빛내리교회의 헌금으로 예배당을 4분의 3까지 지었으나 막판에 욕심을 내는 바람에 공간을 넓히느라 건축비가 부족했다. 일반외과 의국 후배 임대식 군의관이 어떻게 이 사실을 알았는지 헌금을 보내 왔다. 그는 GS병원에서 섬기려는 마음을 굳히고 있었다. 인제에서 군의관으로 일하고 있는 그를 찾아간 적이 있었다. 선교에 관심을 보이는 그에게 어떻게든 힘이 되어 주고 싶었다. 그 이후로 그는 가슴에 선교사의 소명을 품고 살았다. 군의관을 마치고 GS병원으로 와서 병원장이 되었다. 처음에는 3년을 마치면 돌아간다고 하더니 10년이 훨씬 지난 지금도 이곳에서 섬기고 있다. 임대식 선생님이 온 덕분에 나는 3년 임기를 마치고 타르 사막으로 떠날 수 있었다.

드디어 예배당이 완공되었다. 미국에서 이연길 목사님 부부가 오셨다. 총영사도 참석하여 자리를 빛내 주었다. 예배당 명칭은 빛내리기념교회라고 지었다. 예배를 드리는 내내 나는 흥분을 감출 수 없었다. '하나님께서 이루신 일이다. 우리는 조연에 불과하다. 그렇다면 그분은 또 다른 계획을 세우고 계실 것이다.'

수년 뒤 빛내리기념교회의 주일학생이 100여 명이 되었다. 예배당 1층에는 무슬림 학생들이 영어와 컴퓨터를 배울 수 있는 공간을 마련했다. 그리고 모든 교과목 안에는 성경의 내용을 포함시켰다.

지진 구호 활동

2005년 P국은 큰 지진으로 일대 혼란에 빠졌다. 북쪽으로 이동하는 인도판이 유라시아판과 충돌하면서 일어난 지진이었다. 7만3천 명의 사망자가 발생했고, 1만 명의 실종자와 330만 명의 이재민이 생겼다. 당시 나는 GS병원을 떠나 UK에서 새로운 사역을 시작하고 있었다. GS병원에서 함께 도우러 가자고 연락이 왔다.

  지진이 발생한 지 3일째 되던 날, 우리는 지진 피해 지역으로 향했다. 의국 후배이자 일반외과 의사인 임대식 선생님, 간호사 채숙향 선교사님, GS병원 현지 직원 아드난이 동행했다. 현장에 도착하니 국제기아대책기구 간사 박재범 목사님, 아프가니스탄에서 프런티어로 활동하다가 재난 소식을 듣고 달려온 박여디 선교사, 같은 팀 자원 봉사자였던 미국인 피터가 먼저 와 있었다. 국제기아대책기구는 대응 속도가 아주 빨랐다. 긴급 구호의 성패는 시간에 달려 있기 때문이다. 그래서 일단 박재범 목사님이 혼자 달려와서 인근의 일반외과 의사를 섭외하여 팀을 급조했다.

  우리는 국제기아대책기구 마크가 새겨진 셔츠를 받고 본부 막사가 있는 대형 운동장으로 향했다. 세계 각국에서 날아온 의료 팀이 이동 병원을 차리고 있었다. 지진은 산악 지대를 중심으로 발생했는데, 사람이 다닐 수 있는 모든 길을 끊어 놓았다. 산세는 가팔랐다. 가까스로 길을 만들어 놓으면 여진으로 흙에 묻히는 일이 되풀이되었다. 헬리콥터로만 이동할 수 있었다. P국 정부는 우리에게 산악 지역의 중심지 P지역으로 가 달라고 요청했다. 우리는 산악 현장에 투입된 첫 번째 구호팀이 되었다.

헬리콥터에 탑승했다.

"사흘 후에 헬리콥터를 보내겠습니다. 그럼 수고해 주십시오."

P국 정부 측 사람이 우리를 배웅하며 말했다. 우리는 그 말을 철석같이 믿었다.

산등성이를 여러 개 넘고 계곡을 가로지른 끝에 P지역에 도착했다. 지진 현장은 전쟁터를 방불케 했다. 착륙과 동시에 곧바로 의료 구호를 시작했다.

환자들의 상태는 참혹했다. 몸이 군데군데 부러지고 찢어진 환자가 많았다. 심지어 깨진 두개골 사이로 뇌가 보이는 환자도 있었다. 귀가 거의 떨어져 나가서 다시 붙여 준 환자도 있었고, 다리를 잘라 낼 수밖에 없는 환자도 있었다. 다행히 우리에게는 케타민이라는 정맥 주사용 전신 마취제가 있었다. 대부분의 환자에게 케타민을 투여했다. 다리 절단부터 봉합까지 수술실에서나 이루어질 일들이 케타민 하나로 지진 현장에서 이루어졌다.

아침 일찍 4명의 남자가 들것에 환자를 메고 왔다. 무려 10시간 동안 의사를 찾아 산을 넘고 계곡을 건너서 이곳까지 달려온 것이다. 이들을 외면할 수 없었다. 긴급 처치를 마친 뒤 환자들의 등급을 매겨 후송할 환자를 추렸다. 우리가 치료한 수백 명의 환자 가운데 헬리콥터에 실을 수 있는 환자는 채 10명도 안 되었다. 추리고 추려서 생명이 위급한 환자부터 옮겼다. 3일이 지나도록 환자는 줄어들 기미가 보이지 않았다. 오히려 더 많아지는 추세였다. 우리는 3일 후에 온다는 헬리콥터를 포기했다. 도저히 이들을 놔두고 돌아갈 수 없었다.

구호 활동은 8일간 지속되었다. 그동안 인근 주민들이 우리를 돌봐주었다. 그때가 10월이었고, 겨울이 다가오고 있었다. 산악 지역의 밤은 몹시 추웠다. 나는 여진의 두려움 때문에 텐트에서 잠을 청했지만 다른 사람들은 허물어져 가는 건물 안에서 밤을 보냈다. 밤마다 여진이 땅을 흔들었다. 여진이 수백 차례 지나갔다는 사실을 우리는 나중에 알게 되었다.

산에서 지낸 지 3일째 되던 날이었다. 그날 밤 평소보다 강한 여진이 땅을 뒤흔들었다. 우리 팀원들은 건물 안에서 자고 있었다. 건물 벽이 흔들리는 모습이 뚜렷이 보일 정도였다. 건물 안에서 살려 달라는 고함 소리가 들려왔다. 나는 급히 달려갔다. 그들이 너무 당황한 나머지 문을 안에서 잠갔다는 걸 잊은 모양이었다.

"문이 안에서 잠겨 있어요! 침착하게 찾아봐요."

미국인 피터는 잠결에 탈출하겠다는 일념만으로 부작정 달리다가 벽에 부딪쳐 뒤로 벌렁 자빠졌다고 한다. 다행히 한바탕 소동으로 끝났다.

다음 날 나는 그들을 놀리며 말했다.

"나랑 같이 밖에서 잡시다."

그러나 대부분의 사람들은 여진보다 추위가 더 무섭다며 다시 건물 안으로 들어갔다. 참 배짱 좋은 사람들이다. 미국인 피터와 박여디 자매는 몇 년 뒤에 부부가 되었다.

4일째 되던 날 임대식 선생님은 더 이상 환자를 못 보겠다며 뒤로 누워 버렸다. 지칠 대로 지친 상태였다. 설득하느라 애를 먹었다. 이를 악물고 다시 일어난 임대식 선생님이 영양 보충을 하자고 제안했다. 우리가 머물고 있던 집의 주인이 닭을 몇 마리 키우고 있었다. 이곳에서 닭은 아주 귀한 재산이니 한 마리만 사 먹자고 이야기를 끝냈다. 그런데 임대식 선생님이 막무가내로 세 마리는 먹어야 한다고 주장했다. 나는 집 주인의 눈치가 보였지만 임대식 선생님은 타협할 의사가 없어 보였다. 오랫동안 씨름한 끝에 우리는 두 마리로 타협을 보았다. 다행히 집 주인은 선량한 마음으로 두 마리를 내주었다. 그날 먹은 닭 덕분에 우리는 다시 힘을 얻고 4일을 더 일할 수 있었다.

8일째부터는 많은 의료 팀이 합류하면서 일손의 여유가 생겼다. 우리 선발대는 하산하기로 결정했다. 후에 나는 이 지역을 한 번 더 방문할 기회가 있었다. 닭 두 마리가 못내 마음이 걸려서 집 주인을 찾아가 다시 한 번 감사의 마음을 전했다.

타르, 나의 참 사명

호스텔 사역, 그리고 학교와 병원

"여호와께서 사람의 걸음을 정하시고 그의 길을 기뻐하시나니"(시 37:23).

타르 첫 번째 미션,
호스텔 사역

P국에서 내게 언어를 가르쳐 준 이는 소헬이다. 그는 호스텔에서 7년 동안 자랐는데, 호스텔 사역에 대한 꿈을 갖고 있었다. 언어 수업 중에 호스텔 사역에 대한 비전을 가끔 들려주곤 했다. '어린이 호스텔 사역'은 어린이들을 호스텔(숙박시설)에서 키우며 훈련시키는 복음 사역을 말한다. 적어도 10년은 예상하고 진행하는 장기간의 사역이었다. 한 톨의 씨앗이 자라 곡식으로 무르익을 때까지는 적지 않은 시간이 필요하다.

소헬과 함께 P국에 있는 여러 호스텔을 돌아보기로 했다. 아이들이 초중고생이 될 때까지 함께 생활하는 곳도 있었고, 학교를 졸업한 후 직업 교육까지 하는 곳도 있었다.

그러고는 호스텔 사역에 대해 까마득히 잊고 있었다.

호스텔 사역에 대해 다시 생각하게 된 계기가 있었다. 2002년 GS병원에서 동역했던 채숙향 선교사님이 S주 내륙을 여행하자고 권했다. 현지인 목사님과 청년들이 시골 지역에 학교를 세우기 위해 떠나는 정탐 여행에 동행하게 된 것이다. 아마도 병원 책임자인 내가 그들에게 힘이 된다고 믿는 것 같았다. 낯선 곳에 대한 호기심이 많은 나였지만 큰 기대감은 없었다.

사흘째 되던 날 우리 일행은 소작농이 모여 사는 작은 마을에 들어섰다. 마을 입구부터 가난이 뒤덮고 있는 곳이었다. 집은 흙을 쌓아 내부를 간신히 가리는 정도였다. 마을 사람들은 추수가 끝났는지 옹기종기 모여 있었다. 학교는 없었고, 가구 수에 비하면 아이들이 많았다. 우리는 아이들에게 다가갔다.

"학교는 다니고 있니?"

아이들은 천진난만한 얼굴로 "학교 다니는 애는 없다"고 했다.

이 아이들이 자라서 어른이 되면 부모들처럼 소작농이 된다고 했다. 간신히 입에 풀칠할 정도의 품삯을 받으며 죽는 날까지 노동의 족쇄를 차야 했다. 대개 결혼식을 올릴 때 토지 주인에게 100-200만 원 정도의 돈을 빌리는데 품삯이 쥐꼬리보다 적어서 갚을 길이 요원했다. 그렇게 소작농이라는 현대판 노예가 된다. 아이들은 신발 없이 다녔고, 머리는 언제 감았는지 파리가 웽웽거리며 따라다녔다. 때에 찌든 누런 옷은 솔기가 다 터져서 맨살이 훤히 드러났다.

낯선 이방인을 신기하게 쳐다보는 아이들의 눈망울을 보다가, 그동안 잊고 있었던 호스텔 사역이 떠올랐다. 잃어버린 영혼에 대한 안타까움이 마음속에 일었다. 특히 아이들에게 많은 애정이 갔다. 그들을 어찌할꼬.

타르 입성

정탐 여행을 다녀온 나는 무료 캠프를 계획했다. 한국에서 단기선교 팀이 도착하면 이들을 데리고 타르 사막으로 차를 몰았다. 1차 정착지까지 가는 데만 족히 8시간이 걸렸다. 1차 정착지에서 하룻밤을 묵고 다음 날 아침 4시간을 달려 사막 깊숙이 자리한 마을로 들어갔다. 이곳이 인도와 파키스탄에 걸쳐 있는 그 유명한 타르 사막이다. 타르 사막은 세계에서 9번째로 큰 사막으로 한반도 면적보다 넓다. 사막을 연상하면 보통은 모래 언덕이나 낙타가 떠오른다. 그런데 이곳은 열사의 뜨거운 땅보다는 군데군데 나무가 있어서인지 왠지 광야 같은 느낌이 들었다. 연

중 비는 250밀리미터도 채 내리지 않았다.

P국 최남단 타르 사막의 인구는 백만 명 정도로 추정된다. 이곳에는 2,000여 마을이 띄엄띄엄 세워져 있다. 우물이 나오는 곳이면 마을이 섰다. 60-100미터의 땅을 파고들어 가야 물이 나왔다. 우물 파는 일은 모두 수작업으로 이루어졌다. 땅을 파면서 흙이 무너지지 않도록 돌로 벽을 세우고, 계속 파내려 가다가 물이 나오면 도르래로 물을 길었다. 낙타나 당나귀에 줄을 달아서 물을 끌어올렸다. 짐승들이 걸어간 거리만큼이 우물의 깊이였다. 그런데 우물물은 단물이 아니었다. 바닷물만큼은 아니지만 짠맛 때문에 나는 도저히 입에 댈 수 없을 정도였다.

타르 사막의 사람들은 순박했다. 문명의 이기를 접한 것도 최근이었다. 호스텔에 고용된 직원 가운데 만지라는 청년이 있었다. 그는 호스텔 아이들처럼 타르 사막에서 자랐다. 하루는 어디서 중고 TV를 하나 얻어 왔다. 한창 프로그램을 보고 있는데 TV 상단이 뜨겁게 달아올랐다. 만지는 쏜살같이 부엌으로 달려가서 물 한 바가지를 떠와 TV에 끼얹었다. 뜨거운 제품은 물로 식혀야 한다고 생각한 모양이다. 아마 어디선가 자동차 라디에이터를 식히기 위해 물 붓는 장면을 봤나 보다. 만지는 수리비를 톡톡히 낸 뒤로 전기 제품에는 물을 부어서는 안 된다는 사실을 배우게 되었다.

안과의사와 함께 의료봉사를 간 적이 있다. 그런데 마을 사람이 당나귀를 데려와서 줄을 섰다. 당나귀가 눈병에 걸렸는데 치료해 달라는 것이다. 안과 선생님은 연고를 몇 개 짜서 당나귀 눈에 발라 주었다. 조금 뒤에 또 다른 사람이 당나귀를 데려왔다. 사람들 틈에 줄 서 있는 당나귀를 보고 있자니 웃음이 멈추지 않았다.

타르 사막은 보면 볼수록 매력적인 곳이었다. 카지리 나무가 드문드문 자라 있고, 그 사이를 등대풀이 메우고 있었다. 7-8월에 비가 내리면 황토색 민둥산에 푸른 풀들이 올라왔다. 그런 날은 마치 뉴질랜드의 초원에 온 것 같은 느낌이었다. 그러다가 몇 달이 못 되어 산은 다시 색 바랜 마른 풀로 뒤덮였다. 노을이 지는 저녁에는 솜이불을 광야에 깔아 놓은 듯 경이로운 장면이 연출되었다. 카지리 나무를 볼 때마다 가시나무가 떠올랐다. 키가 크고 줄기가 굵어서 멋졌다. 모세 이야기에 나오는 불에 타지 않은 나무가 혹시 이 나무가 아닐까 싶은 생각도 들었다. 타르 사막을 사랑하게 된 배경에는 이처럼 자연도 한몫했다.

타르 사막으로 의료봉사를 아홉 번 정도 갔을 때였다. 이렇게 단기적으로 다니는 게 복음 전파에 무슨 도움이 될지 의구심이 눈덩이처럼 커졌다. 물론 타르에서 살고 싶다는 생각은 들지 않았다. 타르는 오지였다. 사막 입구 도시인 UK에는 주인 없는 개들이 늑대마냥 떼로 몰려다니며 이빨을 드러내고, 대장장이는 수백 년 전 모습대로 뜨거운 불길에 연장을 달구었다가 망치로 쳐서 날카롭게 벼리고 있었다. 우마차가 길거리를 가득 채웠고 여기저기 쓰레기가 널려 있었다.

아무리 개발도상국이라고 해도 도시와 시골 생활은 차이가 있었다.

도시에는 부자를 위해 있을 건 다 있었다. 돈만 있으면 불편하지 않았다. 그런 도시를 벗어나 시간을 되돌린 것 같은 시골로 간다는 건 모험이었다. 외과 전문의로 이력을 쌓아 왔다면 당연히 의료 설비가 갖춰진 곳에서 재능을 발휘해야 한다. 그런데 타르는 그런 의료 환경을 기대할 수 없는 곳이었다.

내가 안 되면 다른 이가 갈 수도 있는 것 아닌가. 한 동역자에게 '타르로 가 보는 것이 어떻겠느냐?'고 은근히 권유해 보았다. 그는 웃으면서 이렇게 말했다.

"저는 타르까지는 무리고, 도시와 타르 중간쯤이라면 괜찮을 것 같아요."

사실 무리였다. 나도 감당하지 못할 것 같은데 다른 누군가에게 떠넘길 수는 없었다. 궁리 끝에 대안을 찾았다. 반년은 도시에서, 반년은 타르에서 생활하는 방식이었다. 의료 전문성도 살리고 시골 사역도 병행하면 좋겠다고 생각했다. 그러나 이건 그저 타협안일 뿐이다. 시간이 지날수록 하나님의 뜻은 분명해졌다. 그것은 올인하는 것이었다.

나는 결국 K시를 떠나 타르 사막 입구 도시인 UK로 가리라 결단을 내렸다.

아이는 작지만
결코 작지 않다

지원군이 필요했다. 호스텔 사역을 위해 함께 기도하고 물질적으로 지원해 줄 사람을 찾으려고 한국행 비행기를 탔다. 약속한 장소에 도착하니 의대시절 함께 제자의 삶을 살았던 후배 의사들이 모여 있었다. 개인적으로 나를 후원하고 있는 동지들이었다. 갑작스런 소집령이 궁금했던 모양이다. 호스텔 사역에 대해 설명해 주었다. 그러나 후배들은 호스텔 사역보다는 순장으로 따랐던 선배의 삶에 더 관심이 많았다.

사실 그때는 호스텔 사역의 경험이 없었던 때라 후원 방식이나 사역에 대해 자신 있게 말할 수 없었다.

"한 아이당 한 달에 2만5천 원의 후원이 필요할 것 같다. 30명의 아이들을 데려다가 시작할 생각이거든. 물론 단기간에 끝나는 일은 아닐 거고, 최소 10년은 섬겨야 할 거야. 그래서 말인데 지원하다가 중간에 그만두느니 그럴 바에는 아예 시작도 하지 않는 게 좋겠어. 우리끼리의 문제가 아니라 한 아이의 미래를 두고 하는 약속이니까."

미전도 종족 호스텔 후원회 탄생의 첫 모임이었다. 당시만 해도 우리는 이 모임이 10여 개국의 미전도 어린이를 후원하는 대규모 모임으로 성장할 줄은 상상도 하지 못했다.

한국 방문을 통해 소기의 성과를 거둔 나는 곧바로 타르 사막 마을

호스텔 사역의 첫 남자아이들

의 아이들을 데려오기 시작했다. 첫 30명은 남자아이들이었다. UK에서 한두 시간 떨어진 마을에 사는 아이들이었다. 의료봉사를 다니면서 안면을 트고 신뢰를 쌓은 터라 이야기가 쉽게 풀렸다. 아이들을 고등학교까지 책임지고 보내겠다는 우리의 제안을 마다하는 부모들은 거의 없었다. 타르에는 학교가 없었고, 부모들은 자녀 교육에 대해 갈증이 있었다.

호스텔로 사용할 집을 빌렸다. 7살 아이들이 큰 눈을 껌벅이며 호스텔 현관문으로 들어섰다. 아이들의 머리에 이가 득실거려서 민머리가 되도록 빡빡 밀 수밖에 없었다. 물이 귀한 지역이라 아이들은 씻는 게 익숙하지 않았다. 심지어 힘들어하고 괴로워했다. 우선 시간표를 짜서 규칙적인 생활 습관을 갖도록 했다. 학교에 다녀오면 예배를 드렸다. 명절이나 방학에는 집으로 보냈다. 호스텔에 적응하지 못한 아이들은 돌아오지 않았다. 부모의 품이 더 좋을 나이여서 한편으로 미안한 마음도 들었다.

내가 그랬듯이 타르 아이들 역시 순수하여 가르쳐 주는 대로 받아들였다. 아이들이 성경을 배울 때 나는 무엇과도 바꿀 수 없는 기쁨에 휩싸였다. 아이들은 찬송과 기도를 익혔다. 예수님을 알아 가고, 하나님의 사랑 이야기를 들었다. 나는 아이들 사역에 목숨을 걸기로 했다.

그렇게 10년의 세월이 흘렀다. 고등학교만 나와도 성공이라고 생각했는데 대학에 다니는 아이들만 5-6명에 이른다. 중학교도 기대하기 힘들었던 마을에서 대학생이 탄생하자 마을에 경사가 났다. 처음에는 우리가 아이들을 보내 달라고 사정했는데 이제는 상황이 역전되었다. 매년 200여 가정에서 자기 아이들을 호스텔에 넣어 달라고 요청한다. 가장 근사한 일은, 그리스도인이 전무했던 마을에 예수 그리스도를 영접하고 세례를 받은 사람이 한 명 생겼다는 점이다. 그는 아직 학생 신분에 불과하지만 언젠가는 형제나 마을 친구, 친척 혹은 또 다른 누군가를 구원하는 일에 보탬이 될 것을 믿어 의심치 않는다. 그에게서 복음의 씨앗이 퍼져 나가 그는 자기 마을과 종족을 구원하는 믿음의 조상이 될 것이다.

아이는 작지만 결코 작지 않다. 길을 가다 보면 막대기를 들고 염소나 양을 치는 아이들과 종종 마주친다. 그 아이 중에 다윗이 없다고 누가 확신할 수 있겠는가. 다윗 역시 목동이었고, 하나님을 만나 이스라엘을 구원하는 왕이 되었다. 여기 타르 사막에도 다윗 같은 목동이 분명 있을 것이다.

수구나와 레베카의 죽음

호스텔 사역이 늘 순탄했던 건 아니다. 지난 10년 동안 두 소녀를 죽음으로부터 지키지 못했다. 수구나는 악성 재생 불량성 빈혈로, 레베카는 뇌 말라리아로 추정되는 병인으로 죽었다. 둘 다 꽃다운 나이 열 살이었다.

  수구나는 K시에 있는 소아전문 정부병원으로 후송했으나 더 이상 치료가 불가능한 상황이었다. 수구나가 얼마 살지 못할 것을 알게 된 우리는 아이를 집으로 데려가 가족과 함께 시간을 보내게 했다. 수구나가 죽기 한 달 전쯤이었을 것이다. 나는 호스텔 책임자와 함께 세 시간 동안 운전을 하여 수구나의 집을 찾아갔다. 부쩍 야윈 모습의 수구나는 여전히 큰 눈으로 나를 바라보았다. 나는 마지막이 될지도 모른다고 생각하며 아이의 두 손을 꼭 붙잡고 하나님께 기도했다. 그로부터 한 달 뒤 수구나는 세상을 떠났다.

나의 오래된 앨범에는 수구나가 아이들과 함께 바닷가에서 찍은 사진이 한 장 있다. 아이들은 바다를 본 적이 없었다. 말로만 들어서는 바다를 상상하기 힘들었다. 그래서 하루 날을 잡아 아이들을 데리고 버스로 7시간을 달려 K시에 있는 바닷가로 놀러 갔다. 바다를 난생처음 본 아이들의 눈과 입이 함지박만 하게 벌어졌다. 내 가슴속에 수구나는 아픈 추억으로 남아 있다. 다만 위로가 되는 것은 수구나에게 한 가지 소망이 있다는 점이다. 비록 짧은 생애를 살다 갔지만 아이의 가슴속에는 예수님이 계셨다.

레베카의 죽음은 갑작스러웠고, 우리가 전혀 예상하지 못했던 문제를 불러일으켰다. 수도 L시에 출장 중일 때 전화 한 통이 걸려 왔다. 레베카가 죽었다는 내용이었다. 아이가 갑자기 고열과 구토를 반복하더니, 미처 손쓸 여력도 없이 그날 숨을 거두었다고 한다.

레베카가 죽던 날, 우연찮게 기자가 호스텔을 방문했다고 한다. 당시 호스텔 사역자들은 레베카의 갑작스런 죽음에 당황하여 기자의 출입을 막았는데, 문전박대를 당한 기자가 '레베카가 식중독으로 죽었으며 다른 아이들도 혼수상태로 병원에 입원했다'는 거짓 기사를 썼다. 혼수상태인 아이들도 없었고, 부패한 음식을 먹인 적도 없었다. 하지만 기사의 힘은 강했다. 기사는 중앙 정부에까지 알려졌고, 여러 기관에서 조사를 나왔다.

조사관을 만나 해명하기까지 몇 달이 걸렸다. 그로부터 1년 뒤 학교

허가를 받을 때 이 문제가 다시 불거져 애를 먹었다. 하지만 정부 측에서 문제를 삼은 것과 달리 아이들 부모는 아무런 문제도 삼지 않았다. 여자아이들을 담당하는 책임자에 대한 신뢰가 돈독했기 때문이다. 학부모들은 그 책임자가 사랑과 헌신으로 아이들을 대했다는 걸 알고 있었다. 나는 이 사건을 겪으며 주님의 말씀을 떠올렸다.

"보라 내가 너희를 보냄이 양을 이리 가운데로 보냄과 같도다 그러므로 너희는 뱀같이 지혜롭고 비둘기처럼 순결하라"(마 10:16).

호스텔 사역에 대한 사람들의 시선이 마냥 호의적이지만은 않다. 앞으로 친구도 많아지겠지만 대적하는 사람도 많아지리라. 우리의 존재가 그들에게 얼마나 유익한지 계속 설득해야 할 것이다. 학교와 병원 같은 공익사업을 통해 그들을 진심으로 섬기다 보면 우리를 더 이상 이방인으로 대하지 않을 날이 올 것이다. 이웃이 되고 친구가 되면 복음을 전할 기회를 더 많이 얻게 되겠지!

배우는 자에서
가르치는 자로

호스텔 사역을 한 10년을 말하면서 빠뜨릴 수 없는 사람이 있다. 바로 사무엘이다. 사무엘은 일곱 살 때 우리 호스텔에 들어왔다. 원래 이름은 캉가르였다. 세례를 받고 나서 이름을 바꾸었다. 그는 호스텔을 졸업하고 결혼하여 아들을 낳았다.

사무엘은 호스텔 사역을 통해 믿음을 갖게 된 1세대 그리스도인이다. 신학에 뜻을 두어 신학교에 보냈으나 불신자인 아내가 신학교 공동체에 적응하지 못했다. 학교에서는 사무엘의 아내가 신앙을 가지면 다시 받아 주겠다며 그의 신학 수업을 중단시켰다.

그로부터 1년쯤 지났을 때였다. 타르 사막의 한 마을에서 선생님을 보내달라고 요청해 왔다. 교육시설을 전혀 찾아볼 수 없는 타르의 평범한 마을 가운데 하나였다. 타르는 문맹률이 아주 높았다. 우리에게 교육자를 요청한 첫 번째 사례였다. 우리는 사무엘에게 의중을 물었다. 그는 기쁘게 받아들였다. 사무엘에게 안수하고 마을로 파송했다. 사무엘은 우리가 파송한 첫 일꾼이고, 호스텔 사역의 첫 결실이었다. 사무엘은 아내와 아들을 데리고 마을로 들어갔다. 그리고 마을의 요청대로 학교를 열었다. 50여 명의 아이들이 사무엘의 손에 맡겨졌다.

2015년에는 묵케시, 떠니라즈, 대원, 빈지라즈, 헴지가 고등학교를 졸업했다. 그들은 10년 동안 호스텔에서 살면서 고등학교까지 마쳤다. 우리 공동체는 그들에게 새로운 제안을 했다. 상급학교 진학을 잠시 중단하고 1년 동안 자원봉사를 해보는 게 어떤지 물어보았다. 아이들이 처음에는 당황했다. 그런데 생각할 시간을 주자 며칠 뒤에 5명이 모두 답을 가져왔다. 부모와 상의했는데 기꺼이 그렇게 하겠다고 했다. 아이들이 정말 기특했다. 그들은 지금 호스텔과 학교, 병원에서 자원봉사를 하고 있으며 마을에 들어가서 사무엘을 돕고 있다. 스케줄 표를 만들어 5명이 순환 봉사를 다닌다. 2주마다 본부에 모여 아침부터 저녁까지 말씀을 묵상하고 기도하며 재충전하고 다시 봉사하러 간다.

이 아이들뿐만 아니다. 다른 도시에서 대학을 다니고 있는 4명의 아이들도 졸업한 후에 이 같은 방식으로 1년 동안 섬기겠다고 서약했다. 병원에서 일하는 일꾼 중 두세 명은 호스텔 출신이다. 십일조를 하여 호스텔을 돕겠다며 헌금도 시작했다. 이들에게 도움을 받는 게 자원봉사의 목적은 아니었다. 그들의 마음에 심긴 씨앗이 발아되도록 돕는 최종적인 훈련 과정이었다. 호스텔 사역은 시간이 많이 걸리지만 개인을 변화시킬 만한 충분한 환경을 제공한다.

우리 공동체는 1년에 4차례 넘게 수련회를 한다. 최근 수련회에서는 호스텔 아이들을 강사의 자리에 세웠다. 더 이상 배우는 자가 아닌 가르치는 자의 위치에 서게 하여 세상으로 향하는 마지막 관문을 통과하도록 했다. 강사로 선 아이들 중 몇 명은 아주 탁월했다. 나는 이들의 강연을 들으며 하나님의 임재하심을 경험했다. 10-20년 후를 준비하시는 하나님의 모습이 보여 소스라치게 놀랐다.

호스텔 사역의
전 세계 확장

P국 호스텔 사역이 정착되었다. 어린이 한 명을 매달 2만5천 원씩 돕는 운동에 많은 개인과 교회가 참여했다. 처음 30명이던 아이들이 현재 110명으로 늘었다.

카메룬에서 어린이 사역을 하고 싶다며 우리에게 도움을 청했다. 비슷한 시기에 케냐에서도 도움을 청했다. 미전도 호스텔 후원회 이사장 서정필 선생님(일반외과)과 사무총장 이영선 선생님(이비인후과)에게 메일을 보냈다. 서정필 선생님은 지금은 선교사가 되어 나와 동역하고 있다. 그들의 대답은 부정적이었다. 지금까지 해온 일만으로도 벅찬데 지원을 확대하는 건 무리라는 설명이었다. 나는 다시 메일을 보냈다. "지금 결정하지 말고, 먼저 해당 국가를 방문한 뒤에 결정해도 늦지 않을 것 같습니다."

미전도 호스텔 후원회는 내 말에 동의했다. 그들은 카메룬을 거쳐 케냐로 갔다. 나는 스리랑카를 거쳐 케냐로 가서 그들을 만났다. 이영선 선생님이 카메룬에서 많이 울었다고 했다. 수도에서 은가운데레까지 18시간 동안 기차를 타고 오면서 꿈을 꾸었다고 했다. 꿈에 시냇가를 지나가는데 조약돌이 많았다. 검은 조약돌이었다. 그는 이 가운데 가장 큰 두 개의 조약돌을 집어 들고 교실로 돌아왔다. 많은 학생들이 그가 들고 온 조약돌을 바라보았다.

이영선 선생님의 꿈 이야기에 내 나름대로 해몽을 붙여 보았다.

"이 선생, 나는 이렇게 생각해요. 그 조약돌들은 아프리카의 수많은 나라이고, 그중 두 개의 돌은 카메룬과 케냐를 뜻하는 것 같소. 하나님께서 호스텔 후원회더러 이 두 개의 돌을 섬기라고 말씀하시는 게 아닐까요."

이영선 선생님은 이 해몽을 마음에 품었고, 케냐를 방문하는 여러 날 동안 늘 밝은 얼굴이었다. 카메룬과 케냐의 여정을 마친 우리는 세계로 나가자고 합의했다. 후원회 총회에서 인준받을 일만 남았다. 20여 명의 후원회 이사들이 최종 결정을 내리면 된다. 그해 총회에 참석한 17명의 이사들 앞에서 아프리카 방문 보고를 하고 '호스텔 사역을 P국에 한정할 것인지, 아니면 세계로 나아갈 것인지' 투표를 진행했다. 결과는 놀라웠다. 17명 이사 전원이 세계로 나아갈 것에 만장일치로 동의했다. 어린이 호스텔 사역은 P국 UK의 작은 우물에서 발원하여 세계의 바다로 퍼져 나가는 커다란 전환점을 맞이하게 되었다.

이후 카메룬과 케냐에서 호스텔 사역이 시작되었다. 땅덩이가 넓은 중국에서는 호스텔 사역이 세 군데에서 일어났다. 그중 운남성에서 호스텔 출신의 아이들이 교회를 개척한다는 소식을 들었다. 중국의 호스텔 사역은 연변에 버려진 북한 어린이들을 돕는 일도 하고 있다. 중국에 이어 방글라데시가 가세했고 미얀마에도 호스텔이 생겼다. 이집트에서는 장애인을 위한 호스텔 사역이 진행 중이고, 태평양을 건너 페루와 에 콰도르에도 호스텔이 시작되었다. 이렇게 해서 호스텔 사역은 10여 개국으로 확대되었다.

나는 아프리카와 중국, 페루의 호스텔 사역에는 참여했다. 그러나 추가적인 확장 사업에서는 손을 뗐다. 그만큼 우리 동역자들이 믿음직스러웠다. 사역 추진에서는 나보다 훨씬 탁월한 역량을 보여 주었다. 그들은 정탐부터 호스텔 설립까지 모든 과정을 순조롭게 지휘했다. 그들의 성장을 보니 감격스러웠다. 학창 시절 순장과 순원의 관계로 시작한 우리가 전 세계의 복음화를 위해 투신하고 있는 것이 참으로 흐뭇했다. 나는 이들이 비록 한국에서 의사라는 직분으로 살고 있지만 나와 똑같은 선교사라고 생각하기 시작했다. 그들은 어린이 선교에 자신의 시간과 달란트를 아낌없이 기쁘게 바치고 있다. 의료선교라는 말은 내 안에서 이렇게 확장되었다. 그들은 진정한 동역자다.

타르 두 번째 미션,
국제 학교

국제 학교는 타르에 들어오면서 생각했던 또 하나의 사역이었다. 이 사역은 미국 달라스 교회의 유양근 집사님을 통해 이루게 되었다. 그는 후에 목사님이 되셨다. 유양근 목사님은 남미와 P국을 놓고 어느 곳에서 선교 사역을 할지 고심하고 있었다. 오랫동안 큰 사업을 이끌었지만 남은 생애는 선교 현장에서 호흡하고 싶어 하셨다. 그분을 모시기 위해 하와이까지 찾아갔다. 나의 찾아온 성의를 보셨는지 그분은 P국으로 뜻을 정하셨다. 그리고 P국에 오자마자 사재를 털어 학교를 짓기 시작했다. 그 학교가 지금 영어로 수업하는 국제 학교다.

1차 학교 책임자로 황성옥 목사님이 부임하셨다. 지금은 내 아내가 학교를 맡고 있다. 2009년 개교한 국제 학교는 유치원부터 8학년까지 있으며 10학년까지 늘릴 계획이다. 호스텔 아이들은 무료로 수업을 받고 있으며 외부 학생이 입학하면 약간의 수업료를 낸다. 이 학교는 호스텔 아이들뿐 아니라 지역 사회에 개방되어 있다. 힌두 배경의 학생들도 입학이 가능하며 무슬림 가정의 학생들에게도 문을 열어 두었다. 무슬림 사회는 기독교보다 더 배타적이다. 강제로 신앙을 강권해서는 안 된다. 그들에게 다가가려면 먼저 친구가 되어야 한다. 친구가 되면 비로소 복음을 소개할 기회가 생긴다. 이후는 하나님께 맡겨야 한다.

가끔 열정이 많은 그리스도인 젊은이들이 무슬림 사회에 와 길거리에서 기타를 치며 찬양을 부를 때가 있다. 이들은 전략상 조심스럽게 접근하는 우리를 겁쟁이라 부르며 함부로 행동하는 우를 범한다. 하지만 그들의 짧은 방문은 막을 내리고, 그 피해는 숨죽이며 수고한 선교사들에게 돌아간다.

신앙은 섬세하게 접근해야 한다. 아프가니스탄의 한 지도자가 이런 말을 했다. "우리를 도와주는 것은 좋지만, 만약 돕는 것을 빙자하여 기독교를 강요한다면 우리는 차라리 굶어 죽는 편을 택하겠다." 자기중심적인 방식으로 복음을 전하려고 하면 도리어 원치 않는 결과에 이르게 된다. 그래서 속전속결은 좋은 방법이 아니다. 자연스레 이웃이 되고 친구가 되는 것이 사실 가장 빠른 방법이다. 나는 우리 아이들이 좋은 친구관계를 맺으면 만족해한다. 그렇게 가르치고 싶다. "무슬림 아이들과 좋은 친구가 되어라." 그래서 국제 학교는 친구를 만드는 장으로 열어 두었다.

호스텔에 들어온 아이들은 예수님을 영접하고 그리스도인이 되었다. 국제 학교 안에서 호스텔 아이들과 무슬림 아이들이 좋은 친구가 되어 간다. 친구가 되니 그동안 사이에 놓여 있던 장벽들이 허물어진다. 호스텔 아이들은 친구가 된 무슬림 아이들에게 평생 복음을 전할 것이다. 이것이 우리가 학교를 여는 숨은 동기다.

좋은 학교는 누구에게나 필요하다. 좋은 병원 또한 마찬가지다. UK에 첫발을 내디딜 때부터 우리는 호스텔과 학교, 병원을 구상했다. 국경 근처에 있는 수많은 힌두 마을의 사람들을 구원하기 위해 호스텔은 이미 뿌리를 내렸고 전 세계로 뻗어 나가고 있다. 이제 무슬림과 그밖의 미전도 지역으로 손길을 내밀기 위해 학교와 병원을 시작했다. 시골 지역에 좋은 선생님을 유치하기란 쉽지 않지만 미국과 한국에서 많은 자원봉사자가 다녀가면서 학교는 상당한 수준으로 발전했다. 아이들이 제법 영어로 듣고 말한다. 무슬림 중에도 학교를 방문하는 이들이 늘고 있으며, 자녀의 입학을 요청하는 일도 많아졌다.

23년간 병원에 갇혀 살았던
닥터 우르슬라

닥터 우르슬라는 독일 출신의 여성 의료선교사다. 그녀는 P국 T병원에서 23년간 일하다가 말라리아로 추정되는 질환에 걸려 주님 품에 안겼다. 그녀가 선교활동을 펼쳤던 T병원은 반정부군의 거점이었다. 외국인은 병원 법에 따라 병원 밖으로 한 발자국도 나갈 수 없었다. 우르슬라는 병원에 갇혀 살았다. 물론 본인이 원하면 본국으로 돌아가거나 타 지역으로 옮길 수도 있었다. 하지만 그녀는 떠나지 않았다.

무엇이 그녀를 이곳에 머물도록 한 것일까? 나중에 현지인에게 들은 이야기가 있다. 그녀는 이 지역 무슬림 여인들에게 엄마 같은 존재였다고 한다. 이곳에는 교회도 없었고, 기독교와 연관된 곳은 T병원 하나밖에 없었다. T병원은 지난 50년간 사회의 구성원으로 인정받았기에 반정부군의 거점에서도 생존할 수 있었다. 쪽복음이라도 유일하게 줄 수 있는 곳이 병원이었다. 닥터 우르슬라는 23년간 유일한 복음의 통로였던 그 병원에서 사랑하고 섬기며 치료하는 의사로 살다가 죽었다. 불과

먼 길을 걸어 병원에 와서 약을 타고 돌아가는 타르 사막 가족

5-6년 전의 일이다. 나는 그녀의 무덤에서, 그녀의 집에서 많은 영감을 얻었다. 십자가를 지고 묵묵히 그 길을 갔던 선배 의료선교사 닥터 우르슬라를 알게 되어 참으로 기쁘다.

타르 마지막 미션, 병원 건립기

타르 사막 중간에 C읍이 있다. UK에서 약 80킬로미터 떨어진 곳이다. UK가 사막 입구에 세워진 도시라면 C읍은 사막 안에 있어서 지리적으로 환자들이 이용하기 좋다. C읍 주변에만 38만 명의 사람들이 살고 있다. 타르 사막에는 백만 명의 사람들이 살고 있는데, 내가 다녀 본 바로는 이곳에 수술하는 병원이 전무했다. 행정 도시인 M시에 정부병원이 있고 수술병원이 있지만 병원 문이 잠겨 있을 때가 많았다. 의사가 없어서 수술받기가 어렵다고 했다. 다행히 지금은 상황이 많이 바뀌었다. 타르 사막 남쪽에 있는 두세 병원에서 수술이 가능해졌다. 그러나 우리가 접근하는 북쪽 C읍 주변에는 여전히 수술이 가능한 병원이 없었다. 2006년, 병원 건축을 위해 첫 삽을 뜨면서 비로소 38만 명을 망라할 수 있는 유일한 수술병원이 둥지를 틀게 되었다.

기공식에 참석한 사람들은 사막 한가운데 세워질 병원을 보며 난감

한 표정을 지었다. 이곳 어디에 마을이 있으며 과연 환자가 찾아올 수 있겠느냐는 얼굴이었다. 병원이 완공되기까지 꽤 긴 시간이 걸렸다. 한국이라면 4개월이면 충분했을 텐데, 이곳에서는 무려 7년이나 걸렸다.

2013년 7월 23일, 드디어 병원 문을 열었다. 지금까지 27,437명의 환자가 다녀갔고 2,672명이 입원했으며 871명의 아이가 태어났다. 크고 작은 수술을 모두 합하면 761건의 수술이 있었다(2015년 6월 30일 기준). 앞으로 얼마나 더 많은 환자가 우리 병원을 이용하게 될지 모르지만 그만큼 복음을 전할 기회는 더 늘어나게 될 것이다.

병원은 3층 건물로 지었고, 사막의 바람을 막기 위해 'ㅁ' 자형으로 만들었다. 두 개의 수술실과 임상병리실, 그리고 엑스레이실을 두었다. 우리 병원에서 가장 자랑스러운 시설은 신생아실이다. 이곳의 아이들은 대부분 1-2킬로그램으로 태어난다. 저체중 출생아들은 폐가 미숙할 확률이 높다. 그래서 신생아에게 산소 공급은 아주 중요한 문제다. 인큐베이터와 24시간 산소 공급은 우리 병원의 오랜 숙원 사업이었다. 이런 시설은 타르 사막 어디에도 없었다.

어린이 환자는 검사부터 입원, 수술에 이르기까지 일체 무료다. 그러다 보니 어린이 환자가 많이 찾고 있다. 일반 환자에게는 최소한의 치료비만 받는다. 제왕 절개 수술이 5-8만 원 정도다. 병원 유지비가 만만치 않다. 직원들이 적잖이 불만을 표한다. 그럴 때마다 장기려 선생님을 떠올리게 된다. 그분이 평생 하셨던 일 가운데 하나가 병원 문턱을 낮추는 것이었다. 물론 병원이 적자에 시달리는 것이 장기적으로는 좋은 일이 아님을 안다. 이 딜레마를 어떻게 풀어야 할지 아직 답을 못 찾고 있다. 하지만 선생님의 준엄한 가르침이 내게는 정답이다. 경제적으로 자립할 병원을 세우려고 했다면 왜 하필 이곳에서 이 고생을 하겠는가. 수지가 맞지 않음을 알고 시작한 일이므로 하나님을 믿고 앞을 향해 달려가 보자. 지금까지 신실하게 인도하시고 공급해 주신 하나님이 길을 여실 것을 믿는다.

나는 지금까지 50번째 기도편지를 썼다. 50번째 기도편지 서두에 이렇게 썼다.

생명에 대해 묵상합니다. 어느 날 산모가 도착해서 아기를 낳았는데 피가 멈추지 않습니다. 빈혈 수치가 3.5까지 내려갔습니다. 지혈제를 투여하고 수혈을 했습니다. 남편이 수혈할 사람을 찾아 마을로 갔습니다. 위급한 순간이라 혈액형이 맞는 직원들이 수혈을 했습니다. 다행히 환자는 위기를 넘겼습니다. 출혈이 멈추고 수혈을 받은 환자가 살아서 퇴원했습니다. 생명을 가진 피가 죽어 가는 사람을 살렸습니다. 어느 날 또 다른 환자가 수혈을 해야 했습니다. 이번에는 저와 채숙향 선교사의 혈액형이 일치했습니다. 생각할 여지도 없이 산모를 위해 수혈을 했습니다. 산모는 무사히 수술을 마치고 퇴원했습니다. 병원이 생명을 살리는 일을 시작했습니다.

한번은 태아가 나오다가 엄마의 골반에 끼여 갇혔습니다. 태아는 위험한 상태에 빠졌습니다. 이번에는 제가 직접 수술을 집도했습니다. 그날은 여자 산부인과 의사가 병원에 없었기 때문입니다. 엄마의 골반에 낀 아이를 빼내기가 쉽지 않았습니다. 하나님께 도와달라고 기도했습니다. 한참 씨름한 끝에 아기가 무사히 나왔습니다. 그런데 아기가 이상했습니다. 울지 않는 것입니다. 죽은 것 같았습니다. 제가 자궁을 닫고 있는 그 순간에 아기 울음소리가 들렸습니다. 아기는 살아났습니다. 저는 아기가 퇴원하기 전 맘껏 축복해 주었습니다. 병원이 생기고 큰 보람을 느낀 순간이었습니다.

만약 영적으로 죽어 가는 사람이 복음으로 살아난다면 육적으로 사는 것과 비교할 수 있을까요? 저들은 아직 복음을 모릅니다. 저들이 아는 것은 우리가 그리스도인이라는 것뿐입니다. 그리고 우리가 친구가 되기 위해 노력하고 있다는 걸 압니다. 10세 이하의 어린이가 병원에 오면 무료입니다. 접수비도, 약값도, 검사도, 수술도 무료입니다. 이것은 친구만이 해줄 수 있는 행동입니다. 일반 환자의 치료비도 다른 병원의 3분의 1 수준입니다. 환자가 점점 늘고 있습니다. 저는 사막 병원에서 숙식하는 것을 꿈꿔 왔습니다. 이제 그 꿈이 이루어졌습니다.

장기려 선생님은 제게 병원 문턱을 낮추라고, 그들을 사랑으로 치료하라고 교훈해 주셨습니다. 손해를 보는 병원 경영을 하고 있습니다. 어떻게 병원을 생존시킬지 자신이 없습니다. 그냥 하나님을 믿고 원칙대로 해보는 것입니다. 자로 재어 재단하고 미리 계획하여 모든 것이 가능한 다음에는 사랑을 실천할 수 없습니다.

생고 이야기

다리에 화상을 입은 생고는 정부병원을 돌며 치료를 받다가 우리 병원까지 오게 되었다. 상처 부위를 살펴보니, 정부병원에서 치료를 제대로 하지 못한 듯했다. 생고의 치료를 담당한 문형환 선생님은 간이식 외과 의사로 1년간 자원봉사로 섬기러 왔다. 문 선생님은 생고를 자기 여동생처럼 돌보아 주었다. 두 달간 피부 이식 수술을 다섯 차례 받으면서 아이는 서서히 회복되어 갔다. 걸을 수 없었던 아이가 마침내 걸을 수 있게 되었다. 아이가 낫자 가족과 지인들은 무척 기뻐했다. 문 선생님은 그들에게 환대를 받았고 여러 번 초청을 받았다. 지금 문 선생님은 한국으

호스텔에 입학한 생고와 그의 오빠

로 돌아갔지만 지금도 여전히 현지인들이 안부를 묻곤 한다.

생고는 맹고왈 종족이다. 우리는 예전부터 이 종족을 호스텔에 유치하려고 노력을 기울였다. 그러나 번번이 실패했다. 맹고왈 종족은 교육열이 높고 집단성이 강하여 선교 가능성을 높게 보고 있었다. 그러다 문 선생님이 생고를 치료하면서 변화의 계기가 마련되었다. 생고와 그의 오빠가 우리 호스텔에 입학했다. 문 선생님의 정성스런 치료가 생고 가족의 마음 문을 연 것이리라. 생고의 부모님은 우리를 믿고 자녀들을 맡겼다. 섬기고 사랑하는 것만큼 아름다운 이야기는 없다. 누군가를 얻기 위해 사랑하는 것이 아니라 사랑하다 보니 얻게 되는 것이 좀 더 본질에 가깝지 않을까. 생고와 그의 오빠가 호스텔에서 믿음의 사람으로 자라나 자기 종족에게 복음을 전하는 믿음의 조상이 되기를 소망한다.

맺음말

이 길이 맞지요?

10여 년간 호스텔과 학교, 병원 사역을 하면서 오늘에 이르렀다. 중간에 방향을 바꾼 적은 한 번도 없다. 100여 년 전 한국 땅에 온 외국 선교사들의 방식을 그대로 따르며 그림을 그리고 실천했다. 희망이 보이지 않는 나라 조선에서 묵묵히 믿음의 길을 걸었던 선교사들 역시 교육시설과 선교병원, 고아들의 양육시설을 마련했다. 그분들이 걸었던 길을 나 역시 따를 뿐이다.

여기에서 모두 소개하지 않았지만 함께한 동역자들의 수고는 눈물이 날 정도다. 약속한 10년을 채우고 다른 지방으로 떠나간 분도 있고, 현재 왕성하게 활동하는 현지 사역자를 세우고 떠나간 분도 있었다. 예순의 나이에 느지막히 선교를 시작하여 일흔을 넘긴 할머니 사역자는 노쇠한 몸으로 수십 명의 아이들 이불을 손수 빠셨다. 호스텔과 학교, 병원을 짓기까지 많은 그리스도인이 헌금을 해주었다. 남편이 중환자실에 있는데도 만 달러를 건네주시며 의료선교를 위해 써 달라고 한 권사님, 외아들이 임파선암으로 사경을 헤매는 상황에서도 헌금을 보낸 집사님, 기업의 수입을 하나님 나라를 위해 쓰겠다고 헌금한 사업가 몇

분을 잊을 수가 없다. 우리 자녀의 학비를 맡아 주신 분도 있었다. 몸이 불편하여 휠체어를 타거나 혹은 생계 보호 대상자이면서도 한 어린이를 책임지겠다고 2만5천 원을 헌금한 많은 풀뿌리 그리스도인이 오늘날 이 열매를 맺게 했다.

나는 미래를 모른다. 과연 우리의 기대대로 열매가 맺힐지, 내가 살아 있는 동안에 꽃이 피는 모습을 볼 수 있을지 잘 모른다. 단지 성령께서 인도하시는 대로 살려고 노력할 뿐이다.

내 모든 사역은 성령께서 행하신 것이니 수확은 그분의 몫이다. 다만 내가 생각하는 마지막 미션은 남아 있다. 호스텔 사역을 통해 성장한 우리 아이들이 현지인 복음화에 나서는 일이다. 우리는 태생이 달라서 현지 토착민처럼 살아가는 데 한계가 있다. 그러나 호스텔 아이들에게는 이곳이 그들의 땅이다. 그들이 아니고서는 이 땅을 개척하고 변화시킬 사람은 없다. 이를 위해 일찍이 아이들을 양육해 왔고 이제는 그들을 보내야 할 중차대한 시점에 서 있다.

K. P. 요하난 박사가 쓴 『세계 선교의 혁명』이라는 책에 공감한 나는 2년 전 현사모(현지인 사역자를 위한 모임) 결성에 참여했다. 현지인 복음화라는 이 마지막 숙제를 위해 마을마다 훈련된 그리스도인을 보내고 그들을 지원하기 위해 현사모가 필요하다고 생각했다. 비록 적은 수가 모여 창립 예배를 드렸지만 우리는 수백, 수천의 현지인들을 세워 그들이 주체가 된 복음 전파를 꿈꾸고 있다.

"주님, 제게 힘을 주옵소서. 이 일이 이루어지는 것을 보고 싶습니다. 이것이 이 땅에서 제가 마지막으로 할 일이 맞지요? 주님, 저를 선한 길로 인도해 주세요. 저는 이 모든 것이 하나님의 은혜로 된 일인 줄 믿습니다."

최정규 선교사는 서울대학교 금속공학과를 졸업하고, 모스크바국립치의학대학을 거쳐 동대학 치과 보철 전문의 과정을 마쳤다. 치과의료선교회 소속 선교사로 캄보디아 헤브론병원 치과 과장과 프론티어메디컬센터 원장으로 사역했다. 김성녀 선교사는 모스크바국립치의학대학을 졸업했다. 최정규 선교사 부부는 프놈펜에 있는 굿 닥터스 덴탈 클리닉(Good Doctors Dental Clinic)을 운영하면서 교회 개척과 학사 사역을 하고 있다. 2005년 캄보디아로 파송되어 11년째 사역하고 있으며, 자녀로는 큰딸 솔빈과 아들 하훈이 있다.

02

치료하며,
가르치며,
복음을 전하며

최정규 + 김성녀

Letter from Overseas
남의 산에 있는 작은 돌멩이를 반면교사로

지난날을 가만히 돌아보니, 별로 이룬 것도 없고 그렇다고 뭔가 기억에 남는 대단한 사역을 한 일도 딱히 떠오르는 게 없습니다. 과연 저희가 살아온 이야기가 여러분에게 얼마나 도움이 될까 싶어 망설였습니다. 그러다가 우리 부부가 의료선교사를 꿈꾸던 시절을 회상했습니다. 젊은 우리 부부 역시 선교의 비전을 품고 소명의 길을 걸어간 선배의 발자취를 살펴보고 싶었습니다. 두렵고 불안했던 까닭이겠지요. 하지만 의외로 자료가 많지 않았습니다. 그마저 손에 넣을 수 있는 자료란 게 서양 선교사들의 이야기가 대부분이었습니다.

우리나라에 훌륭한 의료선교사가 없는 게 아닙니다. 수십 년 전부터 많은 분들이 타국에서 구슬땀을 흘리며 하나님의 사랑을 전했습니다. 그러나 오른손이 한 일을 왼손이 모르게 하라는 말씀처럼 자랑하지 않으려는 그분들의 마음가짐 때문에 아름다운 행적은 바람결에 들리는 이야기처럼 소문으로만 전해 들었습니다. 이 또한 후배 사역자들을 생각하면 안타까운 일이 아닐 수 없습니다. 선배들의 발자취를 찾지 못해 안개에 가린 듯 불안하던 그 시절을 또렷이 기억하는 까닭에 차마 원고

청탁을 거절하기 어려웠습니다.

　사역을 하다 보면 선교사도 사람인지라 시행착오를 겪고, 실수를 저지를 때가 있습니다. 잘한 일만 보여 주고 싶지만 쓰다 보니 허물과 실수가 더 많아 얼굴이 화끈 달아오르곤 했습니다. 하지만 도리어 우리의 못난 과거가 장래의 의료선교사들에게 더 값진 교훈이 되겠다는 생각이 들었습니다. 나약한 사람의 고민과 교만이 빚은 실수와 부족함이 앞으로 우리가 여러분에게 들려줄 내용입니다. 남의 산에 있는 돌멩이 하나에서 배운다는 마음가짐으로 우리 이야기를 들어주면 좋겠습니다.

　하나님의 사랑을 먼저 받은 우리가 타국의 낯선 사람들 속에서 어떻게 사랑을 나누려고 노력했는지, 그 현장의 목소리를 가감 없이 전달하고 싶습니다. 청년의 시기를 주님께 헌신하고자 하는 이들에게, 보잘것없는 우리의 경험이 작으나마 도움이 되기를 간절히 바랍니다.

✝

진리에 나를 바치고 싶었다

노동운동 시절 이야기

"임금이 대답하여 이르시되 내가 진실로 너희에게 이르노니 너희가 여기 내 형제 중에 지극히 작은 자 하나에게 한 것이 곧 내게 한 것이니라 하시고"(마 25:40).

"교회를 떠나지 않는
이유가 뭐죠?"

나의 이십 대는 조금 독특했다. 짧지 않은 삶을 사는 동안 격변의 시간을 보냈지만 내 마음은 아직도 이십 대를 벗어나지 못하고 있다. 어쩌면 평생 그럴지 모르겠다. 가치 있고 소중하다고 믿는 일에 인생을 던진 경험은 아직도 내게 큰 울림으로 남아 있다. 그만큼 이십 대는 소중했다. 비록 어린 날의 몸부림이 주님 보시기에 최선이 아니었을지라도 그 순간이 없었다면 지금 이러한 선교사의 삶도 없었을 것이다. 젊은 날의 방황과 실패가 없었다면 나는 아직도 갈피를 잡지 못한 채 왜 사는지 허공에 대고 목청을 높이고 있을지도 모른다. 가치 있는 일에 나를 던지고자 했던 젊은 날의 고민은 비록 실패와 아픔만 남긴 채 끝났지만, 훗날의 바탕이 되고 나침반이 되어 인생을 이끌어 주었다.

1987년, 나는 대학교 2학년에 재학 중인 스무 살의 청년이었다. 지금의 대학생들은 이해하기 어려울 텐데, 당시는 학생이 도서관에 앉아서 공부하는 것 자체가 부끄럽게 여겨지던 시절이었다. 햇볕이 머리 위에서 뜨겁게 내리쬘 때면 도서관 앞 광장은 거의 매일 열리는 크고 작은 집회로 북새통을 이뤘다. 집회의 끝에는 늘 데모가 이어졌다. 돌이 공중을 날고 화염병이 불길을 내뿜었다. 최루탄이 코끝을 파고들고 경찰과 한바탕 몸싸움이 벌어진 뒤에야 광장에 적막이 찾아왔다. 경찰에 끌려가는 친구들을 먼 발치서 지켜보다가 다시 책상에 앉아 책을 펼쳐 들 때마다 부끄러움이 밀려왔다. 앞으로 어떻게 살아야 하는지, 답을 찾을 길 없는 질문의 미로에 갇혀 가슴이 답답하고 목이 말랐다.

당시 나는 회현역 옆에 있는 성도교회 대학부를 다니고 있었다. 고등학교와 대학교를 함께 다녔고, 지금도 나를 도와주는 친구 류영석이 소개해 준 교회였다. 그해 부활절이었다. 한창 예배가 진행 중인데 자리를 빠져나왔다. 그날은 4월 19일이었다. 과 선배, 친구들과 수유리 집회에 참여하기로 약속이 되어 있었다. 집회 현장에는 경찰이 철통 같은 경계를 서고 있었다. 우레와 같은 함성과 함께 살수차가 물을 뿜고, 사과탄이 다리 사이에서 터졌다. 경찰의 진압이 시작되자 학생들은 사방으로 흩어졌다. 최루탄 연기가 자욱한 가운데 길을 돌아 달아나다가 넘어지고 말았다. 그 사이 경찰이 등 뒤에 달라붙었고, 반항 한 번 제대로 못하고 종로 경찰서 유치장으로 끌려갔다. 유치장에 있다는 소식을 듣고 걱정하실 부모님 생각에 가슴이 아팠다. 성실한 공무원이셨던 아버지는 나를 서울로 떠나보내면서, 제발 데모만은 하지 말라고 신신당부하셨다. 놀라고 실망하실 아버지의 모습이 자꾸 떠올랐다.

나는 이 무지막지한 폭력과 권력에 맞서 끝까지 싸울 수 있을까? 아니, 이 세상에 맞서 온전히 살 수 있을까? "머리끝에서 발끝까지 거부한다던, 복종을 달게 받지 않겠다던" 그 시위 때의 외침처럼 말이다. 그렇게 살 자신도 없으면서 누군가의 선동에 자극받아 동원되고, 누군가의 정치적 목적에 이용되는 갈대같이 연약하고 불쌍한 존재이고 싶지 않았다.

'사회를 바꿔 보려는 고민과 신앙은 양립할 수 있을까?' 이런 고민이 깊어지면서 교회 대학부 생활과 학생 운동을 둘 다 열심히 하던 선배를 찾아갔다.

"형은 교회를 떠나지 않는 이유가 무엇입니까? 교회 대학부에서 나누는 교제와 활동이 이 시대 그리스도인의 사명이라고 믿는 이유가 있나요?"

"정규야, 너도 알다시피 사회주의를 믿는 청년들은 역사적 사명감에 불타서 학교도 그만두고 위장 취업을 하면서까지 노동운동을 하고 있다. 그들은 수배당하고 도망 다니면서도 세상을 바꾸겠다는 혁명을 꿈꾸고 있는데 우리는 어떠냐? 그런 거창한 혁명이 아니더라도, 예수님 때문에 자기 삶을 몽땅 드리는 청년이 우리 교회에, 우리 대학부에 한 명이라도 있다면 교회에서 이야기하는 그 많은 아름다운 말들이 진실이라는 것을 어느 정도 믿을 수 있지 않겠니? 아무도 없으면 나라도 해야 하지 않을까? 내가 너무 과한 것을 기대하고 있는 거냐?"

그랬다. 사회주의자들이 말하는 것은 그렇게 거창한 것도 아니었다. 그들은 평등한 세상을 이야기했다. 반면에 우리 그리스도인들은 사회주의자들보다 엄청나고 중요한 것을 믿는 자들이라고 말하지 않는가? 가령 영원한 생명, 하나님 나라, 세상의 종말 같은 것들 말이다. 하지만 실상은 어떠한가? 우리는 아주 작은 현실적인 것 하나를 손에 쥐고서, 절대 포기하지 못한다는 자세로 살아간다. 입으로는 신앙을 말하면서도 신앙과 삶이 전혀 관련 없다는 듯이 말이다. 그건 내게 죽은 믿음으로 보였다.

겉 다르고 속 다른 사람이고 싶지 않았다. 뭐라도 시작해야 했다. 가난하고 무지한 민중을 위해 헌신해야 한다고 믿었다. 건방지게도 내가 대단한 지식인이라도 되는 양 착각하던 때였다. 일제시대 민족 계몽 운동을 벌였던 선각자들처럼 되고 싶었다. 소설 『상록수』의 주인공이고 싶었고, 제정 러시아의 참혹한 현실을 변혁하고자 민중 속으로 뚜벅뚜벅 걸어 들어갔던 지식인들의 거대한 운동 속에 나도 함께 있고 싶었다. 그리고 이 길이 하늘 위에 군림하지 않으시고, 낮고 가난한 갈릴리 사람으로 이 땅에 오신, 하나님의 뜻이라고 철석같이 믿었다.

야학 교사를 시작했다. 봉천역과 서울대입구역 사이에 있는 중앙대 사회복지관을 빌려 학생을 모집했다. 교사는 대부분 서울대와 중앙대 학생들이었다. 학생들은 지방에서 중학교를 졸업하고 서울에 와서 주로 봉제공장에 다니면서 고등학교 검정고시를 준비하는 노동자들이었다. 학생과 교사로 만났지만 나이 차이도 별로 나지 않아 오빠와 동생처럼 친하게 지냈다. 간혹 나보다 연상인 학생도 있었다.

그중에 내가 아끼고 나를 잘 따르던 여동생 같은 학생이 있었다. 한 달 월급이 얼마냐고 물었더니 35만 원이라고 했다. 나는 더 이상 말을 잇지 못했다. 그때 나는 일주일에 두 번씩 수학 과외를 했는데 한 달에 20만 원을 받았다. 과외를 두 건만 해도 그들이 주 44시간 노동하고 받는 월급보다 많았다. 그들은 35만 원으로 지하 셋방 월세를 내고, 밥 먹고, 고향에 송금하여 동생들 공부 시키고, 적금까지 부으면서 살고 있었다. 과외를 마친 후 버스를 타고 자취방으로 향할 때면 봉천 고개 왼편으로 산꼭대기까지 빽빽이 들어선 판잣집이 보였다. 야학에 다니는 많은 학생이 그곳에 살고 있었다. 내가 너무 쉽게 사는 것 같아 미안했다.

노동운동 투신과
소련의 붕괴

4학년을 앞둔 겨울, 야학 졸업생과 선배 교사들은 이미 사회주의 노선의 노동운동으로 달려가고 있었다. 이제 나도 대학원에 진학하든 취직을 하든 사회주의 노동운동에 뛰어들든 선택을 해야 했다. 나는 노동운동에 투신하기로 작정했다. 무엇보다 내가 가르쳤고 나를 믿고 따르는 친동생 같은 학생들을 배신할 수 없었다. 교회를 그만 다니기로 했다. 진짜 사회주의자가 되어 보기로 했다. 진짜 사회주의자가 된다는 말은, 신 없는 세상을 믿는 유물론자가 된다는 뜻이다. 성경 대신 마르크스와 레닌의 책을 내 삶의 등불로 삼아 보기로 했다.

나는 교회를 그만두기 전에 드리는 마지막 기도라고 생각하고 마태복음 25장 말씀에 의지하여 이렇게 기도했다. "하나님, 저는 가난하고 춥고 배고픈 사람들이 행복하고 평등하게 사는 세상을 만들기 위해 열심히 살겠습니다. 비록 기도를 안 하고, 예배를 안 드리고, 성경을 안 보고, 찬송을 안 해도 나중에 심판받을 때에 지극히 작은 자를 위해 노력한 저를 기억해 주시고 받아 주십시오. 예수님 이름으로 기도합니다. 아멘."

더 이상 좌도 우도 아닌 경계인(境界人)으로 살고 싶지 않았다. 무엇을 먹을까 무엇을 입을까 걱정하는 생활인이기보다 가난한 사람에게 행복을 주는 사람이고 싶었다. 가난한 이웃의 행복을 인생의 목표로 삼은 사명자로 살고 싶었다. 혁명가 정신을 흩트릴 수 있다는 생각에 술도 끊었다.

세상을 향한 하나님의 뜻이 20세기에는 사회주의로 구현된다고 믿었다. 사회주의를 위해서라면 그것이 무신론이든 폭력이든 선한 것이라고 여겼다. 사회주의는 이 땅 위에 실현된 하나님 나라였다. 평등의 관점에서 보면 사회주의는 얼마나 성경적인가! 도리어 교회는 부자와 권력에 아부하기 위해 하나님과 예수님을 얼마나 왜곡시켜 왔던가? 그리스도인들은 하나님의 뜻을 위해 자유를 온전히 사용하지 못하지만, 사회주의 혁명가는 역사적 필연의 성취를 위해 자신의 자유를 온전히 복종시킬 준비가 되어 있는 사람들이었다. 그들이야말로 진정한 하나님의 아들이요 예수님의 제자라고 생각했다.

야학에 나오는 십 대 후반에서 이십 대 초반의 여동생들에게 "노동자의 힘으로 사회주의를 건설하는 것만이 이 시대의 차별과 불평등을 해결하는 유일한 길이요 사명"이라고 가르쳤다. 사회주의 이론을 학습하기 위해 소모임을 만들고 공장에서 노조와 사회주의 학습 서클을 만들어 지도했다.

그렇게 3년이 지났다. 대학을 졸업한 지 2년이 흘렀을 때였다. 군 입대를 미루고 수학 과외 선생으로 생활하면서 전국적이고 비합법적인 사회주의 노동자당을 꿈꿨다. 그러나 그 무렵 소련이 붕괴되고, 동유럽의 공산당은 민중들에 의해 차례로 무너졌다. 그 후 불과 10여 년에 걸쳐 사회주의가 자본주의로 변환되는 거대한 수레바퀴의 움직임이 수십 개국에서 동시에 진행되었다. 나로서는 도저히 이해할 수 없는 일이었다. 사회주의의 붕괴 자체는 나와 상관이 없을 수도 있었다. 하지만 이십 대를 바친 나의 신념과 꿈이 무너져 내린 것은 감당하기 어려웠다.

1992년 PD(민중민주) 계열에서 꽤나 크고 영향력 있던 우리 조직이 와해되었고, 우리와 비슷했던 대부분의 지하 서클이 해체되었다. 남은 사람들은 합법적인 좌파 정당 운동으로 방향을 틀었고, 나와 비슷한 많은 활동가들은 사회주의 운동을 포기했다. 내가 진리라고 믿었던 그 이론들이 갑자기 공허해졌다. 돈키호테처럼 혼자 남아 혁명가를 부를 힘도 남아 있지 않았다. 그 '완벽한' 이론을 내가 더 이상 신뢰할 수 없다는 것이 더 큰 문제였다.

일단 군 복무부터 마쳐야 했다. 날개가 꺾인 채 논산 훈련소로 들어갔다. 내 생의 한 페이지가 팔랑거리며 넘어가고 있는 느낌이었다. 신나게 모래성을 쌓다가 엄마에게 불려 가는 아이처럼 내일 해변에 나와 보면 모래성은 이미 바닷물에 휩쓸려 흔적도 찾기 힘들 것임을 직감했다. 몇 년 신나게 잘 놀았다고 위안하기에는, 고스란히 바친 내 젊은 날이 너무 아까웠다.

서울대 금속공학과 86학번 친구 중에서 현역으로 군대를 마친 사람은 나와 최일규뿐이었다. 그때는 공대생이 현역으로 입대하는 일이 드물었다. 신체검사에서 현역 판정을 받은 친구들은 방위산업체 5년 근무 조건으로 대기업에 취직했다. 일규는 나보다 더 오래 노동 현장에 남아 있었다. 내가 일병을 달 무렵, 그에게서 입대한다는 편지가 왔다. 군에서 가끔씩 편지를 주고받았다. 나 같은 바보가 한 명 더 있어서 위로가 되기는 했다. 그때 그에게 보낸 편지에 이런 구절을 썼던 것이 기억난다.
"다시는 그렇게 살지 않을 거야."

그럴 듯한 이론을 감동적으로 포장해서 '우리가 해야만 하는 일'이라고 요구하는 무의미한 선동, 내가 진정 무엇을 믿고 있는지 나는 어떻게 살고 있는지와 상관없이 책임지지도 않을 감언이설을 연방 쏟아 내는 그런 설교들……. 도대체 다른 사람의 인생을 대상으로 이렇게 살아야 한다고 설교하고 선동하는 오만함은 어디에서 왔단 말인가? 나는 더 이상 눈뜬장님처럼 살고 싶지 않았다.

러시아 치과 의사
면허를 얻다

제대하고 대기업에 취직했지만 반년 만에 그만두었다. 술 먹고 노래하고 신용카드 빚 걱정한 것말고는 기억에 남는 게 없다. 내 생애 짧고도 유일한 직장생활이었다. 얼마 뒤 모스크바행 비행기에 몸을 실었다. '그

놈의 사회주의'를 두 눈으로 확인하고 싶었다. 내가 도대체 얼마나 속았는지 무엇이 어떻게 잘못되었는지 똑똑히 보고 싶었다. 그래야만 뭔가를 새로 시작할 수 있을 것 같았다.

누군가가 왜 떠나야 했느냐고 묻는다면 선뜻 대답하기 어려웠다. 나를 그토록 철저히 속여 왔던 이념의 실체를 내 눈으로 확인하고 싶다는 절박한 생각뿐……. 그것은 이십 대 후반의 청년이 직장을 그만두고 부모님의 간곡한 부탁도 뿌리치고 출국을 선택해야만 하는 이유가 될 수 없었다. 하지만 속으로 굳게 다짐했다. '진실을 알고 싶다. 그럴 듯하게 포장해서 사람을 선동하는 무늬만 진리 말고, 솔직하고 담백한 진리.' 만일 공기처럼 맑고 신선한 진리가 정말 있다면 그 진리대로 살기를 간절히 원했다.

모스크바 멘델레옙스카야 전철역에서 5분 떨어져 있는 스탄킨국립공과대학교 기숙사에서 지낸 첫날 밤은 지금도 잊히지 않는다. 나는 꿈을 별로 꾸지 않는 편이다. 그런데 모스크바에서 지낸 첫날 밤에 꾼 꿈은 지금도 생생하다. 전쟁이 터져서 모두 두려움에 떨고 있었다. 나라도 나서서 싸워야겠다고 생각했지만 무기가 없었다. 그때 누군가 다가오더니 자신의 말과 칼과 갑옷을 주면서 건투를 빌어 주었다. 나는 그가 입혀 주는 대로 갑옷을 걸치고 칼을 차고 말을 탄 후 고맙다는 인사를 하고 말을 달렸다.

그로부터 9년이 지나 모스크바를 떠나면서 나는 비로소 그 꿈을 이해하게 되었다. 하나님은 내가 빈손으로 모스크바에 왔지만 믿음의 용사가 되어 그곳을 떠날 것임을 미리 보여 주신 것이다. 비겁하고 나약한 나를 용사로 만들어 주시겠다는 약속을 9년 전 꿈을 통해 알려 주셨다.

1년 반의 언어 과정을 마치면서 진로를 고민했다. 사회주의의 말로를 모스크바에서 목격하면서 사회주의 미래에 대한 환상을 깨끗이 접었다. 더불어 정치 권력의 변화가 조금 더 나은 세상을 만들 수 있다는 기대도 버렸다. 하지만 소외되고 가난한 사람들과 함께하면서 그들의 아픔을 어루만져 주고 싶은 마음은 버릴 수 없었다.

치과 의사가 되기로 마음먹었다. 사회주의 혁명의 과정에도 많은 의사들이 등장한다. 중국 혁명의 영웅인 캐나다 의사 노먼 베순, 쿠바 혁명의 체 게바라, 알제리의 혁명가 프랑스 의사 프란츠 파농. 혁명과 사회주의는 시효가 만료되었지만 소외되고 가난한 사람들에게 위로와 도움의 손길이 여전히 필요했다.

치과대학에 입학하면서 갈등이 있었다. 모스크바는 학제가 일반의 5년, 전문의 2년이었다. 당시 한국 보건복지부는 학제가 다른 외국대학 졸업생에게 한국 내 치과 의사 면허를 불허한다고 공고를 낸 상태였다. 고민이 되었다. 한국으로 가서 치과대학 입학 시험을 치를 수도 있었다. 대학 생활 내내 수학 과외를 하며 학업을 유지하던 터라 서울대학교 치과대학을 제외한 어디든 합격할 자신이 있었다.

그러나 한국행을 접었다. 짧은 고민 끝에 오히려 잘되었다고 결론을 내렸다. 나를 원하는 곳은 어렵고 못사는 나라일 텐데 나중에라도 마음이 바뀌면 한국으로 줄행랑칠 수도 있지 않을까? 아예 퇴로를 차단했으니 더 잘된 일이라고 마음을 고쳐먹었다. 이후 한국의 면허 시험은 잊고 살았다. 시험 제도가 어떻게 변했는지, 자격이 되는지 안 되는지에 대한 관심을 완전히 끊어 버렸다.

하지만 새옹지마라던가. 훗날 베트남 정부에 의료 진료 허가를 신청했을 때 한국의 치과 시험을 포기하길 잘했다는 생각이 들었다. 당시 내가 받은 면허는 3년짜리였다. 한국 의사가 면허를 신청하면 아예 면허가 나오지 않는 경우도 있고, 면허가 나와도 고작 1년짜리라고 했다. 현재 캄보디아에서 개원하고 NGO 병원에서 진료하는 데 러시아 치과 대학 졸업장은 아무런 문제가 없다. 결심은 내가 했지만, 돌아보면 하나님이 인도하신 길이었다.

모스크바에서 자란 믿음

알을 깨고 나온 어린 사역자

"네 하나님 여호와께서 네가 하는 모든 일에 네게 복을 주시고 네가 이 큰 광야에 두루 다님을 알고 네 하나님 여호와께서 이 사십 년 동안을 너와 함께하셨으므로 네게 부족함이 없었느니라"(신 2:7).

주님의평강교회
이성재 목사님과의 만남

모스크바로 떠나던 공항에서 처음 만나게 된 김성녀 선교사와 1998년 2월에 결혼했다. IMF(국제통화기금) 경제 위기로 대한민국 전체가 꽁꽁 얼어붙어 있을 때였다. 유학 공부나 제대로 마칠 수 있을지, 마치고 나면 입에 풀칠이나 제대로 할지 자식들 걱정으로 가슴 졸이던 부모님을 모시고 조촐하게 식을 치렀다. 조합원은 저렴한 가격에 임대할 수 있다고 해서 식장도 농협 예식장으로 잡았다. 야외 촬영도, 결혼식 앨범도 없었다. 웨딩드레스도 촌스러웠다. 신혼여행도 경주의 평범한 호텔에서 하룻밤 머물고 온 것이 전부였다. 결혼 패물도 초라했다. 지금도 결혼식 이야기만 나오면 나는 아내에게 꼼짝 못하는 죄인이 된다. 그때는 결혼식을 올릴 수 있는 것만으로도 다행이라고 여겼다. 그래도 신부는 그 예식장 역사상 가장 아름다웠다.

결혼 전부터 나는 아내에게 비전을 들려주었다. 세계 곳곳을 다니며 병들고 가난한 이웃을 돕는 의사로 살고 싶은데 함께 치의학을 공부하는 것이 어떻겠느냐고 말이다. 암기하는 것은 나보다 잘하니까 문제없고, 물리나 화학 같은 과목은 내가 도와줄 테니 걱정하지 말라고 설득하면서 1년을 집요하게 졸랐다.

그때 모스크바대학교 러시아어학과에서 공부하던 아내는 "만일 내가 치과대학에서 공부를 하면, 당신은 매주 교회에 출석하여 예수님을 믿으라"고 제안했다. 어릴 때부터 대학 3학년까지 나름대로 열심히 신앙생활을 했기 때문에 교회에 다니는 일은 어렵지 않았다. 협상이 타결되었다.

우리는 러시아 선교사로 막 교회를 개척한 이성재 목사님의 교회에 매주 출석했다. 결혼한 후에는 세례도 받았다. 주중에는 목사님 댁에 가서 수요 예배를 드렸다. 우리 가족은 모스크바 주님의평강교회의 유일한 한국인 신자였고, 나는 목사님이 아끼는 제자로 성장해 갔다. 새 신자를 모으기 위해 아파트 우편함에 전단지 돌리는 일도 함께하고, 기타를 치면서 찬양도 인도했다. 새로 온 러시아인 신자 중에는 나를 선교사나 사역자로 아는 분이 많았다.

하지만 나는 아내와 한 약속 때문에 교회에 출석할 뿐이었다. 그리고 목사님에게 신세를 지는 일이 하도 많아서 미안한 마음에 이 일 저 일 거들었을 뿐이다. 당시만 해도 일주일에 한 번 이상은 코가 삐뚤어지도록 술을 들이부어야 혈액 순환이 잘 된다고 생각하고, 담배를 못 피우는 남자는 깊은 사고가 불가능하다고 믿는 무늬만 기독인이었다.

잃어버린 양을 찾기 위한 이성재 선교사님의 노력은 계속되었다. 설교 시간에는 꼭 우리말로 따로 설명을 해주셨다. 러시아 신자들에게는 참 송구한 일이었지만 러시아어 설교를 완전히 알아들을 수 없는 나를 위한 배려였다.

또한 이성재 선교사님은 우리 가족이 치과병원 옆에 있는 기숙사로 거처를 옮기자 사모님과 함께 매주 수요일마다 한 시간 반 동안 전철과 버스를 타고 찾아오셨다. 대부분의 한국 사람들은 모스크바에서 전철 타는 것을 두려워했다. 인종 차별을 주장하는 극우 나치주의자들이 유색 인종을 대상으로 무차별 폭력과 살인을 일삼았기 때문이다. 히틀러의 생일이 있는 4월에는 위기감이 고조되었다. 매년 4-5월이 되면 극우주의자들의 소행으로 밝혀진 살인 사건이 매스컴을 오르내렸다.

이성재 선교사님도 선교 초창기에는 전철역 근처에서 유색 인종이라는 이유로 폭행을 당한 적이 있었다. 나처럼 덩치가 있는 사람은 가죽점퍼에 털모자를 쓰면 시베리아 출신의 러시아 사람 같아서 별 문제가 되지 않지만 왜소한 동양인은 그들에게 표적이 되었다. 그래서 일부 선교사님들은 전철을 피했다. 또한 전철에서 내려 버스로 갈아타기 위해 10-20분을 기다리는 일도 영하 20-30도의 추위에서는 여간 고역이 아니었다.

이성재 선교사님은 그 괴로움을 감수하면서까지 4년 동안 오로지 우리 가족과 나를 위해 매주 수요일마다 찾아오셨다. 예배 시간에 들려주신 말씀은 거의 기억나지 않지만 한 명의 제자를 어떻게 양육해야 하는지를 삶으로 보여 주셨다. 그 모습은 지금도 내 가슴에 또렷이 새겨져 있다.

선교사가 되어 제자를 양육하는 지금, 그들에게 월급을 주고 학비를 지원한다는 이유로 그들 위에 군림하려는 내 모습을 자주 보게 된다. 그럴 때면 나를 양육하셨던 이성재 목사님을 생각하며 회개한다. 먼 옛날의 예수님과 제자들까지 갈 필요가 없다. 내가 배우고 받았던 만큼 베풀 수 있으면 된다. 내가 그들을 피고용인으로 대한다면 그들에게 이곳이 교회든 무료 병원이든 그저 직장일 뿐이다. 더 좋은 조건이 생기면 언제든지 갈아탈 수 있는 직장. 그리고 그들이 우리 병원을 직장으로 인식하게 되면 종교란 좋은 직장을 알선해 주는 인맥밖에 안 되는 것으로 받아들일 것이다. 많은 현지 청년들이 선교사와 함께 있지만 제자가 아니라 고용된 일꾼으로 살아간다. 선교사가 한 사람을 마음에 품고 기도하며 섬기지 못하기 때문이다.

유학할 당시 나는 하루에 두 번씩, 일주일 내내 수학 과외를 했다. 그래야 학비와 생활비를 겨우 벌 수 있었다. 일과를 마치고 집에 돌아오면 책상에 붙어 앉아 거의 매일 새벽 2-3시까지 의대 공부에 매달렸다. 다행히 내가 가르친 학생들은 모두 신기할 정도로 실력이 늘어서 특례 입시를 통해 명문대에 합격했고, 덕분에 나는 모스크바 최고의 수학 과외 선생이 되어 필요한 학비와 생활비를 어느 정도 충당할 수 있었다.

하지만 수중에 돈이 떨어져 목사님이나 가까운 선배에게 돈을 꾼 적도 많았다. 힘들 때는 과외비를 가불받기도 했다. 그 와중에도 항상 살 만한 집이 있었고, 큰딸 솔빈이와 아들 하훈이를 낳아 키웠으며, 아내는 치과 일반의 과정, 나는 치과 일반의와 보철 전문의 과정을 마칠 수 있었다. 우리는 하나님이 주시는 만나와 메추라기로 모스크바 광야에서의 훈련을 무사히 통과했다.

믿음이 부족한 자에게
선물을 주시다

학부 졸업식 날이었다. 동문수학하던 인도 학생들 가운데 전문의 과정에 진학한 일부를 제외하고 대부분의 친구들이 귀국을 결정하여 송별회를 열었다. 인도식 요리와 맥주, 보드카, 인도산 위스키까지 섞어 마시며 자정이 되도록 놀았다. 만취하여 집으로 돌아왔다.

쓰러지다시피 침대에 누워 자려는데 갑자기 솔빈이의 비명소리가 들렸다. 내 엉덩이 아래에 솔빈이 다리가 깔린 것이다. 자리에서 벌떡 일어나 아이를 안아서 달래 다시 재우고 거실 겸 방으로 사용하는 옆방으로 갔다.

자식을 키운다는 게 이런 걸까. 갑자기 아이가 나를 닮을까 봐 두려워졌다. 밤늦게 술에 취해 휘청휘청 어두운 골목을 다니는 솔빈이의 모습을 지우기 위해 고개를 내저었다. 하나님 앞에 무릎을 꿇었다. 그리고 이렇게 기도하려고 했다.

'하나님, 제가 남자로서 약속하겠습니다. 술을 끊겠습니다.'

술 끊는 데 웬 남자 타령인지. 사실은 덩치만 컸지 겁이 많은 나는 과시하기 위한 수단으로 술을 벌컥벌컥 들이켰다. 그런 내 모습을 깨닫고 회개하며 기도하려는데 목소리가 나오지 않았다. 이상했다. 소리를 내어 기도하고 싶은데 무언가가 목구멍을 막고 있었다.

자는 아내를 깨웠다. 그리고 술에 취해 혀가 반쯤 돌아간 상태에서 아내에게 말했다.

"내가 술을 끊으려는 기도를 하려고 하는데 기도가 안 되네. 옆에서 기도 한 번 세게 해줘."

평소 같으면 술 취한 내 모습을 거의 벌레 보듯 경멸하던 아내가 아무 말도 하지 않고 무릎을 꿇더니 기도하기 시작했다. 나도 옆에 앉아서 다시 한 번 눈을 감고 기도를 시작했다.

"하나님, 내가 남…… 아브라 띠떼 꾼뚜발리 끄롱……."

갑자기 혀가 꼬부라지고 이상한 말이 내 입에서 흘러나왔다. 순간 이것이 방언이라는 것인가 하는 생각이 들었다. 아니면 술에 너무 취해 혀가 제멋대로 움직이는 것은 아닐까도 싶었다. 그때 번뜩 "술 취하지 말라 이는 방탕한 것이니 오직 성령의 충만함을 받으라"는 말씀이 떠올랐다. 신기함과 즐거움에 취해 시간 가는 줄 모르고 기도했다. 찬송을 해도, 말을 해도 이상한 말이 절로 나왔다. 하지만 잠시 뒤 나는 이상한 말을 어느 정도 조절할 수 있다는 것을 알게 되었다. 정상적으로 말하고 싶으면 말이 되고 방언을 하고 싶으면 그렇게 할 수 있었다.

한참이 지났다. 아내는 침실로 들어가 잠이 들었고, 나는 꿈을 꾸는 기묘한 기분으로 잠자리에 들었다. 아내는 기도 중에 하나님이 주시는 응답을 받고 평안하게 잠들 수 있었다고 한다.

다음 날은 토요일이라 수업이 없었다. 심하지는 않았지만 숙취가 남아 있고 속도 쓰렸다. 간밤의 일이 떠올랐다. 분명 꿈은 아니었다. 조용히 책상에 앉았다.

'다시 기도하면 방언이 나올까? 많이 취해서 혀가 꼬인 건 아닌가?'

나는 불안한 마음으로 하나님께 기도했다. 나지막한 목소리로 기도

했다. 그런데 놀랍게도 간밤과 똑같은 방언이 내 입에서 흘러나오는 게 아닌가. 정말 감사했다.

'하나님 앞에서 제대로 살지도 못했는데 이런 선물을 주시다니……. 이성재 선교사님은 방언 기도를 하고 싶어 하나님께 간절히 구했는데도 받지 못했다는데, 그분께도 주시지 않는 것을 내게 주시다니……'

술에 잔뜩 취한 채 방언의 은사를 받은 사람이 또 있을까? 방언은 믿음이 모자라는 자에게 주시는 선물인지도 모르겠다. 그런 표적이라도 없으면 하나님을 인격적으로 느낄 수 없고 성경 말씀도 신뢰하지 못할 나 같은 사람에게 꼭 필요한 은총인지도 모르겠다.

이후로 나의 신앙과 삶은 180도 변했다. 하나님을 두려워하는 마음이 생겼다. 하나님이 내 삶을 지켜보시고 내 기도를 듣고 계심을 느끼니 평안함과 두려움이 동시에 들었다. 하나님과 인격적으로 만난다는 말이 공허한 문자가 아니라 살갗에 닿는 실체로 다가왔다.

나는 교회, 집, 학교, 일터 어디서든 기도할 수 있다는 걸 깨달아 갔다. 특히 지하철에서 가장 많이 기도했다. 밤늦게까지 공부하고, 아침에 일어나면 식사도 못하고 뛰어나와야 하는 바쁜 일상이라서 아침에 조용히 기도할 수 있는 시간이 없었다. 통학과 과외 수업으로 전철을 2시간 넘게 타야 했다. 모스크바 전철은 흔들림이 심해 책을 보면 눈이 너무 아파서 정작 공부에 집중해야 할 때 방해를 받았다. 그래서 전철을 타면 기도하기로 마음먹었다. 눈을 뜨든 감든 소리를 내지 않고 기도했다.

나는 많이 달라졌고 믿음이 자라기 시작했다.

바짐 목사 이야기

모스크바 주님의평강교회에 나와 동갑인 현지인 목사 바짐이 출석하고 있었다. 이성재 선교사님이 교회를 개척한 지 3년쯤 지났을 때, 교회 근처에 오순절 교단 계통의 러시아인 목사가 집에서 목회를 하고 있다는 사실을 알게 되었다. 바짐 목사와 함께하는 이들은 실력 있는 음악가들로 찬양 사역을 하고 있었다. 이런 그들이 아파트에서 예배를 드리고 있었으니 이만저만 답답한 게 아니었던 모양이다. 이성재 선교사님이 그들을 설득하여 교회를 합치게 되었다.

이후 6년간 나는 하나님의 사랑이 사람을 어떻게 바꿔 가는지 그 아프고 긴 과정을 옆에서 지켜볼 수 있었다.

바짐 목사는 이성적이고 냉철한 사람이었다. 말수가 적었고 '예스'와 '노'가 분명했다. 해야 할 일이면 토를 다는 일이 없었고, 하기 싫은 일이면 쳐다보지도 않았다. 결혼하여 두 아들과 딸, 삼남매를 두고 있었다. 그는 대학을 졸업하고 군 복무를 하던 중 예수님을 영접하고 열심히 복음을 전하며 살고자 했다. 바이블스쿨에서 공부를 하고 혼자 힘으로 목회를 시작했다. 구소련 시절 온갖 핍박 속에서도 신앙을 지켰던 선배 목사들의 전통대로 프로테스탄트의 저항과 순결의 정신을 지키며 살아온 젊은 목사였다.

그는 누군가의 소개로 사십 대 초반의 한 남자를 만나게 되었다. 그의 이름은 블라지미르. 우즈베키스탄에서 음악고등학교와 대학교를 다녔고 유럽을 전전하며 다양한 밴드 활동을 했으나 알코올 중독으로 거의 폐인이나 다름없는 사람이었다. 하지만 음악적 재능이 너무 뛰어났다. 내가 알고 있는 거의 모든 악기를 연주할 수 있었다. 바짐 목사는 그가 성경을 배우고 예수님을 받아들이며 자신과 함께 찬양 사역을 한다는 조건으로 그를 가족으로 받아들였다. 그렇게 몇 년이 흘렀고 블라지미르는 훌륭한 찬양 사역자가 되었다. 가끔씩 담배를 피우는 모습 말고는 겸손하고 착한 사역자였다. 이성재 선교사님은 블라지미르가 독립하여 살 수 있을 정도로 사역자 월급을 지급해 주었고, 그는 어느새 음악가의 모습으로 변해 있었다.

그렇게 3-4년이 흘렀다. 그런데 바짐 목사의 가정에 심각한 문제가 생겼다. 바짐 목사의 아내가 넷째를 낳았는데 블라지미르는 그 아이가 자기 아들이라며 그 집에서 주인 행세를 하기 시작했다. 바짐 목사는 그 일로 한동안 집을 떠나 부모님 댁에 가 있었다. 이성재 선교사님은 일단 블라지미르에게 다른 거처를 구해 주고 그 집을 떠나게 했다. 그리고 바짐 목사를 집으로 돌아오도록 설득했다. 결국 바짐 목사는 집으로 돌아왔고, 기나긴 인고와 기도의 시간을 보냈다. 바짐 목사는 넷째 알료샤를 다른 자녀들과 똑같이 대했다. 같이 예배드리러 왔고 같이 먹고 같이 놀았다. 안타깝게도 알료샤는 바짐이 아니라 블라지미르를 꼭 닮아 있었다.

블라지미르는 교회 출석을 그만두고 다시 술꾼이 되었다. 바짐의 집에 나타나 행패를 부렸고 폭력을 행사하기도 했다. 1년 가까이 그렇게 지내다가 어디론가 훌쩍 떠나 버렸다. 들리는 소문에 따르면, 동유럽으로 가서 클럽에 취직했다고 한다. 술과 여자와 음악에 취해 살던 옛 생활로 회귀한 것이다. 그 후 그의 소식은 끊겼고, 많은 교인들이 교회를 떠났다.

사람들의 발길이 뜸해진 교회는 적막했다. 한때는 100명이 넘었던 교인이 20-30명으로 줄었다. 찬송 시간의 변화가 가장 컸다. 전에는 수준 높은 고전 악기의 반주가 흘러나오던 예배당이 이제는 무반주이거나 기타 반주가 고작이었다.

예배 시간만 조용한 것이 아니라 교회에서 남을 비판하는 소리도 사라졌다. 주로 젊은 부부나 청년들이 많이 떠났고 할머니 할아버지와 중년 분들이 남았다. 소련 시절 박해를 받으면서도 신앙을 지킨 분들도 있고 러시아정교에서 오랫동안 신앙생활을 유지해 온 분들도 있었다. 아무도 바짐 목사의 가족사에 대해 이러쿵저러쿵 얘기하지 않았다. 여전히 바짐 목사의 아내는 사모님이었고, 알료샤는 바짐 목사의 넷째 아들이었다. 그는 아빠의 품에 안겨 교회에 왔고 세 살 생일도 함께 치렀다.

바짐의 아내는 처음에는 대단히 방어적이고 언사가 공격적이었다. 누군가가 자신에게 돌을 던지면 한판 붙고 말겠다는 듯, 많은 사람 앞에서 창피당할 각오가 아니면 아예 덤비지 말라는 표정이었다. 그러나 1년이 지나도록 아무도 그녀를 정죄하지 않고 가정과 교회를 지켜 주기만을 기도하고 있음을 알고 난 후 그녀는 놀라우리만큼 변했다. 예배 후 다과나 식사 모임 때 항상 손님처럼 있다가 가 버렸는데, 이제는 준비와 마무리까지 성심껏 섬기는 모습으로 바뀌었다.

선교지에서의 교회와 최초의 사역자는 그렇게 고난과 눈물, 기도로 만들어지고 있었다. 바짐 목사가 오갈 데 없는 술주정뱅이 아티스트를 자기 집에 들인 것이 실수였는지도 모른다. 그로 인해 가정과 교회가 만신창이가 되었으니까. 하지만 그 실수를 통해 하나님은 그와 교회를 더 높은 단계로 이끄셨다. 더 성숙한 그리스도인으로, 하나님께 더 가까운 사람으로 훈련하고 변화시켜 주셨다.

그의 설교에 전과 같은 열정적인 카리스마는 사라졌지만 고뇌가 묻어난 조용한 울림이 있었다. "우리는 주님의 신부이니 정결하게 살자"고 설교할 때 그의 목소리에서 울려 나오는 작은 떨림이 교인들의 가슴을 흔들었다. 나 또한 주님 앞에서 얼마나 많은 외도(外道)를 했는지 생각하게 되었다. 아픔 없이 성숙해지는 신앙은 없다. 아픔 없이 만들어진 신앙의 껍데기는 예수님이 그토록 싫어하신 종교적 위선, 치장일 뿐이다. 이런 것을 주님은 회칠한 무덤이라고 하셨다.

이성재 선교사님이 가정을 이끌고 귀국한 지 4개월 후에 나도 모스크바를 떠났다. 모스크바를 떠나기 전날 마지막 주일 예배 때, 나는 한 선교사 가정이 드린 10년의 헌신과 러시아에서 예수님을 따르는 제자가 고난과 인내로 지켜 낸 교회를 지켜달라고 기도했다. 그때 나는 눈물로 흐려진 내 눈 앞에 천사의 새하얀 커다란 날개가 교회를 감싸고 있는 광경을 보았다. 주님께서 이 교회를 지킬 것이고 이 교회를 통해 세상을 구원할 것이라고 내 마음에 말씀해 주셨다. 그리고 "너도 이런 교회를 개척해 나가기를 원한다"고 내게 말씀하시는 것 같았다. 나는 감사와 평안함, 감격에 차서 모스크바를 떠날 수 있었다.

20-30명이 모이는 이 작은 교회가 2003년에 크리스마스 예배를 드리면서 교회를 운영하고 남은 돈을 모아 고아원에 기부했다. 예전에 100명이 넘게 모일 때는 선교사가 월세와 월급 등 필요한 재정과 물품을 지급해야 돌아가던 교회였다. 스스로 남을 돕는 것은 고사하고 예배 후 간식까지 모든 것을 선교사에게 의존하는 교회였다.

알맹이는 20-30명에 불과한데 100명이 넘는 교인을 교회에 붙잡아 두느라 엄청난 돈이 소모되었는지도 모른다. 그 허울을 돈으로 유지해야 했으니 말이다. 외부에서 들어오는 돈은, 최초로 교회를 시작할 때말고는 정말 최소한이어야 한다. 많은 돈은 오히려 선교지의 교회를 병들게 한다. 잎은 무성하지만 열매가 없는 교회를 만들 뿐이다. 우리는 모스크바를 떠나면서 올바른 교회 개척에 대한 큰 그림을 가질 수 있었다.

하나님의 타이밍은
언제나 놀랍다

9년간의 모스크바 생활을 끝내고 치과 의사로 일하면서 선교할 수 있는 곳을 찾다가 선택한 곳이 베트남이었다. 베트남은 러시아에서 공부한 의료 기술로 활동하는 데 지장이 없었고, 당시 베트남의 선교 소식도 많이 전해 들어서 거부감이 없었다. 모스크바를 떠나기 1년 전부터는 학교 기숙사에 있는 베트남 학생의 도움을 받아 베트남어도 미리 공부했다.

2004년 2월, 곧바로 베트남 호찌민 시로 들어갔다. 파송 교회도, 후원해 주는 선교단체도 없었다. 9년간의 모스크바 생활은 하나님이 나를 선교사로 특별히 훈련시킨 시간임이 자명했기에 선교사로 인정받기 위해 뭔가 다른 절차가 필요하다고 생각하지 않았다.

먼저 치과 의사 면허 취득을 알아보았는데 어렵지 않게 3년짜리 의료 자격과 거주 자격을 받을 수 있었다. 당시 베트남의 지도부가 대부분 모스크바 유학파 출신이라 가능한 일이었다.

그런데 문제가 있었다. 정부가 선교 활동을 금지하는 걸 사전에 인지하고 있었지만 감시가 이토록 심할 줄은 몰랐다. 그러다 보니 전도나 설교, 성경 공부가 거의 불가능했다. 그래서 많은 선교사들이 NGO를 통한 봉사 활동이나 비즈니스 활동을 주로 하면서 상황을 엿보고 있었다.

다른 한편으로는 지하 교회가 생각했던 것보다 훨씬 크고 많이 성장해 있었다. 이미 훌륭한 리더의 지도 아래 성장을 거듭하는 중이었다. 선교사가 직접적으로 복음을 전파하거나 교회를 개척하기보다는 베트남의 지하 교회를 도와주는 사역이 필요한 시점이었다.

기대했던 모습이 아니어서 고민스러웠다. 그 무렵, 지인의 초청으로 캄보디아 프놈펜으로 가게 되었다. 그곳 빈민촌에 있는 다일공동체 '밥퍼'에서 치과 봉사를 하게 되었다. 그때가 2005년 1월 1일이었다. 비참한 환경에서 살아가는 어린이들을 진료하고 복음을 전하는 현장을 접하면서 큰 감동을 받았다. 한 달 뒤 음력 설에 다시 한 번 프놈펜으로 봉사활동을 다녀왔고 그때부터 캄보디아를 마음에 품기 시작했다.

우리 부부는 하나님의 인도하심을 구하며 40일 작정 새벽기도를 했다. 그리고 다일공동체의 최일도 목사님은 우리를 선교사로 파송하고 지원할 테니 프놈펜의 '밥퍼'와 진료소를 2년간 이끌어 달라고 부탁하셨다. 우리 부부는 하나님께서 우리를 이 길로 인도하신다는 확신이 들었다. 2005년 4월, 부활절에 우리는 다일교회의 파송을 받아 캄보디아에서 선교 사역을 시작하게 되었다.

선교는 교회를 통해 이루어져야 한다. 지금 되돌아보면 나의 선교 사역은, 열정과 소명만 가지고 무턱대고 덤벼들었던 베트남이 아닌, 교회 공동체의 인정과 보내심을 받아 시작했던 캄보디아에서부터 시작되었다. 사도 바울도 정식으로 안디옥교회의 파송을 받아 선교 사역을 시작했고 교회의 도움을 받으면서 새로운 교회를 개척해 갔다.

  선교의 시작과 끝은 교회여야 한다. 돌아보면 내가 캄보디아에 선교사로 나가게 된 타이밍이 참 놀라웠다. 최일도 목사님을 만나게 된 것도, 초청을 받아 캄보디아에서 치과 봉사를 하게 된 것도 모두 꿈만 같다. 내가 생각하는 시간표는 아니었지만 하나님이 생각하시기에 가장 적합한 시간에 쓰윽 내 어깨를 밀어 그 자리에 두신 것이다. 하나님의 타이밍은 늘 우리에게 최고의 타이밍이다.

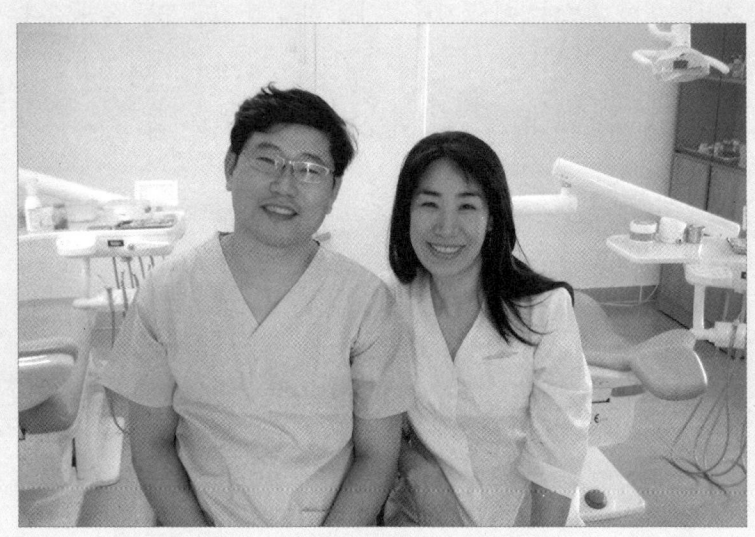

3-4장의 변 / 김성녀 선교사

한국에서 여성의 역할이 갈수록 커지고 있습니다. 반면 의료선교 분야는 위험하고 낯선 환경 때문인지 몰라도 남성들이 더 활발하게 활동하고 있습니다. 저는 최정규 선교사와 함께 의료선교 사역을 함께 해온 경험을 여성의 입장에서 보여 주고 싶었습니다. 의료선교를 생각하고 있는 여성 의료선교사 혹은 그들과 함께 사역하는 아내들에 대한 이해를 돕는 데 이 글이 부족하나마 도움되기를 바랍니다.

✝ 여성 의료선교사의 길

캄보디아에서 보낸 11년

"우리가 너희 모두로 말미암아 항상 하나님께 감사하며 기도할 때에 너희를 기억함은 너희의 믿음의 역사와 사랑의 수고와 우리 주 예수 그리스도에 대한 소망의 인내를 우리 하나님 아버지 앞에서 끊임없이 기억함이니 하나님의 사랑하심을 받은 형제들아 너희를 택하심을 아노라 이는 우리 복음이 너희에게 말로만 이른 것이 아니라 또한 능력과 성령과 큰 확신으로 된 것임이라 우리가 너희 가운데서 너희를 위하여 어떤 사람이 된 것은 너희가 아는 바와 같으니라"(살전 1:2-5).

선택인 줄 알았더니
택하심이었더라

남편이 청년 시절을 사회운동으로 보낸 반면, 고등학교 시절 예수님을 영접한 나는 뜨거운 신앙과 열정으로 살았다. 언젠가는 하나님의 일을 하며 살고 싶다는 비전을 마음에 품고 상담 훈련이나 선교 훈련을 받으며 나름 준비를 했다. 하나님이 나와 함께하시고 내 뒤에 계심을 알기에 늘 자신감이 충만했다.

그러다가 모스크바 유학길에 남편을 만났다. 그리스도인도 아니고 더구나 술고래인 남편은 나의 이상형과는 한참 거리가 멀었다. 한국에서라면 얼굴 볼 일이 없는 사람이었지만 낯선 땅 모스크바에서는 그와 만날 일이 자주 생겼다. 그러다 서로 사랑하는 사이가 되었다. 이후 나는 사랑하는 사람과 함께 하나님을 섬기고 같은 비전을 품고 소명을 따라 살기 위해 여러 해 동안 많은 노력을 기울여야 했다.

다니던 대학을 중퇴하고 전혀 생각지도 않았던 치대 공부를 시작하는 일은 결코 쉽지 않았다. 매 과목, 매 수업마다 치르는 시험은 너무 힘들었다. 수업을 하루라도 빠지면 다음 수업을 따라갈 수 없어서 나중에는 학기 통과도 어려워 중도 탈락하는 의대생도 숱했다. 포기는 자존심이 허락지 않았다. 임신한 배를 붙잡고 눈보라를 헤치며 강의실을 돌아다녔다. 남학생도 꺼리는 시체 해부나 부검 시간에도 버티며 누구보다 열심히 수업을 들었다.

한번은 해부학 시간에 시체를 놓고 신경을 보여 주려던 교수가 메스로 시체의 팔 부위를 뒤적거리더니 이렇게 말했다.

"이 시체는 살이 너무 많아 신경을 찾을 수가 없군. 잠시 쉴 테니 학생 둘은 이 시체의 지방을 제거해 놓도록."

학생들은 서로 눈치만 보았다. 나는 해부학 교수가 놓고 간 메스를 집어 들었다. 날카로운 칼날로 지방을 걷어 내며 '사람의 지방이 이렇게 동글동글하게 생겼구나' 감탄하며 탐색을 이어 갔다. 남들보다 먼저 더 많은 것을 익힐 수 있다는 생각에 뿌듯했다.

"싱싱한 시체가 지금 막 들어왔단다. 얘들아, 부검실로 내려가자."

병리학 교수는 수업 중간에 종종 우리를 데리고 부검실로 갔다. 시체는 매니큐어를 곱게 바른 정장 차림의 여성이었다. 출근길에 급사했다고 한다. 사람을 물질로 보는 러시아였기에 가능한 수업 방식이었다.

사실 남편과 뜻을 함께하기 위해 치대 공부를 시작한 것이 맞다. 하지만 내심 기대했던 일이기도 했다. 선교의 비전을 품었을 때 사람들에게 도움이 될 수 있겠다는 생각으로 의사 되기를 소망한 적이 있었으나 공부 과정이 얼마나 어려운지 알기에 포기했었다. 남편은 약속대로 예배를 드리며 더디지만 착실히 신앙을 알아 가고 있었고, 시험 때면 요점을 정리해 주며 나를 도와주었다.

임신하고 아기를 키우면서도 적극적으로 공부하는 내 모습을 보며 교수님들은 여러 모로 격려하고 배려해 주었다. 마침내 나는 국가고시에 합격하여 치과 의사가 되었다. 이것은 내가 똑똑하거나 환경이 좋아서가 아니었다. 하나님이 나를 의사로 만들어 사용하시고자 했기 때문이다.

졸업 후 진로를 두고 고민할 때였다. 두 병원으로부터 취업 제의가 들어왔다. 병원에서 보낼 앞날을 상상하자 문득 가슴이 답답해졌다. 오직 돈을 벌기 위해 내 시간과 열정을 모두 쏟아부어야 하는 삶이라니. 숨이 막히는 느낌이었다. 우리 부부는 다시 함께 기도했고, 둘 다 하나님이 주시는 평안을 경험했다. 그렇게 우리는 하나님의 인도하심으로 선교사 파송을 받게 되었다.

고민하고 기도하며 선택해 왔던 결혼, 진로, 출산, 직장……. 돌아보니 그것은 나의 선택이 아닌 하나님의 택하심이었다.

아내, 엄마
그리고 여성 의료인

캄보디아는 1년 내내 여름이며, 건기와 우기로 나뉜다. 한대지방인 러시아에서 살다가 열대지방으로 왔으니 당연히 가장 적응하기 힘든 것은 무더위였다. 캄보디아인은 대부분 불교신자였다. 하지만 이들이 섬기는 신들은 헤아릴 수 없이 많았다. 동네마다 네악따(마을을 지키는 신) 신상이 서 있었고, 집에는 아레아(가정을 지키는 신) 신당이 있었다.

캄보디아는 매우 가난했다. 외부 원조가 필요해 종교에 대해서는 관대해 보였다. 2005년 우리가 입국할 당시, 캄보디아에서 유일한 치과대학 두 군데에서 배출한 정식 치과 의사는 그 수가 턱없이 부족했다. 지방에서 치과 의사로 일하는 사람들은 80퍼센트 이상이 무면허였고, 정부의 관리나 단속이 힘든 상황이었다.

캄보디아에 도착하자마자 우리는 각 지방의 선교 사역지를 찾아다니며 치과 진료를 했다. 빈민촌 무료 진료소에서 환자를 돌보면서 무료 급식과 빈민 구제 사역을 동시에 진행했다.

빈민촌에서 치료를 할 때는 넉살 좋게도 천막으로 된 가택에 불쑥 들어가 입에 익지 않는 캄보디아어로 안부를 묻기도 했다. 방문 진료를 다니다 보면 때때로 내 손목을 잡고 외딴 구석으로 끌고 가는 여인들이 있었다. 내가 치과 의사라고 밝혔음에도 불구하고 여인들의 말 못할 고통을 도와줘야 할 때가 있었다. 의사가 부족한 데다 여자 의사는 더욱 귀한 곳이라 여인들은 나를 반겼다.

캄보디아 사람들은 잘 웃었다. 낯선 외국인인 우리가 웃으며 인사를 건네면 언제나 미소로 답했다. 선교 초기에는 여러 지역을 두루 다니며 진료에 열중했다. 매일 비포장도로를 달려 선풍기도 없는 무더운 시골에서 하루 종일 진료를 하고 집에 돌아오는 남편의 가운에는 하얀 소금기가 가득 묻어 났다. 그러면 나는 "오늘도 소금 많이 얻어 왔네?" 하며 웃어 주었다.

치과 진료 장비나 재료는 제법 묵직한데 매일 차에 싣고 날라야 했다. 때로는 차 바퀴가 시골 진창에 빠지면 흙투성이가 되어 가며 차를 온몸으로 밀어야 했다. 울퉁불퉁한 비포장도로를 다니다 보니 타이어가 수시로 터졌다. 시골에서 자고 오는 일정일 때는 씻는 곳이나 잠자리가 불편하여 남자 스태프들만 데리고 다녀왔다.

빈민촌에서 진료하고 온 날에는 집에 돌아와 아이들을 안아 주기 전에 먼저 따라 들어온 벌레가 없는지 병균은 옮기지 않는지 신경을 써야 했다. 하루는 마루에서 톡톡 튀며 돌아다니는 벼룩을 발견하기도 했다. 그리고 아이들의 머리에 이가 생겼다. 아들 하훈이의 머리는 완전히 밀었지만, 딸은 그렇게 할 수가 없어 매일 손으로 하나하나 잡아야 했다. 더 이상 없겠거니 싶다가도 정기적으로 아이들의 머리를 검사해 보면 어디서 옮았는지 서캐가 숨어 있었다. 벼룩과 이는 상당히 오랜 시간이 흐른 후에야 뿌리를 뽑을 수 있었다.

캄보디아에는 처음 보는 다양한 벌레들이 늘 있었다. 엄지손가락만 한 바퀴벌레나 도마뱀들이 집안 곳곳을 돌아다니고 있었다. 다양한 생물들과의 공존에 익숙해지지 않으면 캄보디아에서의 삶이 너무 고통스러울 것이라 여겨 아이들에게 벌레는 무섭고 징그러운 것이 아니라고 가르쳤다.

침실 천장에 돌아다니는 도마뱀을 보면서 아이들을 재우며 "도마뱀은 우리를 무는 모기를 잡아 주니까 좋은 동물이야" 하고 말했다. 때로는 독사가 부엌과 욕실에 나타나기도 했다. 그러면 곁에 있던 피리나 손에 들고 있던 성경책을 내리쳐 뱀을 잡고는 "음. 뱀이 나오면 잡으면 되지. 엄마가 잡는 거 봤지? 무서워하지 않아도 돼"라고 말했다. 그렇게 가르쳐 놓고는 뱀이 나온 날이면 밤새 양 손에 도끼를 들고 수많은 뱀을

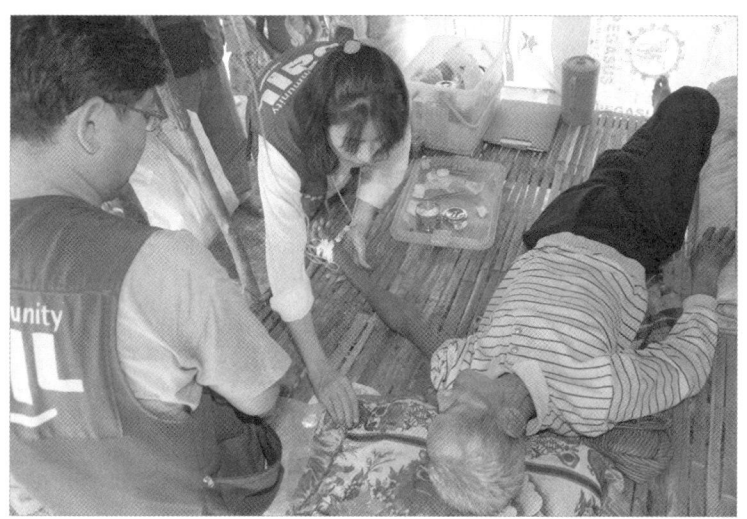

빈민촌 왕진을 온 최정규 선교사 부부

잡는 꿈을 꾸곤 했다. 나는 물론이고 아이들도 이곳에서 두려움을 갖지 않고 평안하게 살기 위해 노력했다.

남편은 매일 이동진료를 다녔고, 나는 주로 수술 프로젝트를 맡았다. 수술 프로젝트는 한국의 의료기관과 캄보디아의 의료기관이 협력하여 수술이 필요한 구순구개열 환자, 심장병 환자, 백내장 환자들을 대상으로 진행했다.

우리가 캄보디아에 온 지 3년이 되던 해, 전국 각지에서 진료하던 의료선교사 5명이 혼자 힘으로는 치료하기 힘든 환자에게 좀 더 전문적인 치료 서비스를 제공하기 위해 선교병원을 만들자고 뜻을 모았다. 그런데 선교병원 건립을 위해 힘을 모으던 중 항공기 추락 사고가 일어났다. 항공기 추락 사고가 나기 사흘 전부터 당일까지 나는 세 차례에 걸쳐 대형 사고가 터지는 꿈을 꾸었다. 사고가 난 당일 아침에도 같은 내용의 꿈으로 번민했다. 남편은 개꿈이라며 핀잔을 주었지만, 사고 소식을 듣자마자 내게 알려 주며 함께 도울 방법을 찾자고 했다. 급히 현장으로 달려간 동료 선교사들과 한인들이 많았으나 대책 회의와 현장에 접근을 허락받은 것은 의료인뿐이었다.

부서진 항공기 잔해와 시체들이 뒹구는 울창한 정글 안에서 캄보디아 군인들이 고군분투했지만 악천후까지 겹쳐 속수무책이었다. 남편은 다른 사람에게 맡기고 온 아이와 체력이 약한 내가 걱정되었는지 집으로 돌아가라고 했다. 하지만 나는 엄마나 아내가 아닌 의료선교사로 달려온 것이었기에 이를 단호히 거절했다.

진료보다
복음 전하는 것이 더 즐겁다

우리는 의료인이기 때문에 진료에 열중하는 것은 당연했다. 하지만 선교사이기도 하므로 복음을 전해야 했다. 특히 진료를 보조하는 현지인 스태프와 학생들의 믿음이 성장할 수 있도록 도와야 했다.

그러나 선교 초기에 남편의 생각은 나와 달랐다. 그는 우리가 그리스도인이라는 걸 주변에서 다 알고 있으며, 복음 전도가 부족한 것이 문제가 아니라 믿음대로 사는 그리스도인이 드문 것이 문제라고 했다. 말로 복음을 전하는 것보다 하나님의 말씀대로 묵묵히 실천하며 사는 모습을 보이는 것이 중요하다고 했다.

한국에서라면 그의 말대로 하는 것이 백 번 옳다. 하지만 이곳 선교지에는 교회는커녕 예수님이 누구인지도 모르고, 하나님의 구원이나 그리스도인에 대해 전혀 모르는 사람들이 대부분이었다. 나는 남편의 생각에 전적으로 동의할 수 없었다.

남편은 무더위 속에서도 쉬는 법이 없었다. 옷이 흠뻑 젖을 정도로 땀을 흘리면서도 간염, 에이즈, 결핵 등 질병을 가리지 않고 치료받기 위해 찾아오는 환자를 성심껏 치료했다. 치과 치료를 할 때 피와 침이 튀는 일이 다반사라 병이 옮을 수 있다는 사실을 남편도 잘 알았다. 그러나 그는 전염에 대한 걱정도 하나님께 맡겼다.

그렇게 무더위가 이어지던 어느 날, 남편은 의구심에 사로잡혔다. '내가 치료하고 빼 준 이만 해도 두 양동이는 될 텐데, 그중 과연 몇 명이나 구원받고 그리스도인이 되었을까?' 비로소 그는 진료에만 집중하던 선교 방식에서 벗어나 꾸준한 치료를 통해 마음을 연 사람들에게 복음을 전하고 함께 예배를 드리고 교회를 세우고 제자를 양육하고 현지 사역자를 세우는 지금의 선교 방식으로 방향을 전환했다.

남들의 말과 글, 충고는 아무리 옳고 바른 것이라도 내 심장에까지

와 닿기가 힘들다. 아주 쉽고 단순하며 수없이 들어 왔던 아름다운 말일지라도 하나님이 직접 내 안에 깨우쳐 주시지 않으면 그저 말에 불과하다. 우리는 결국 하나님이 직접 만나 주시길 기도하면서 수고를 쉬지 않아야 한다.

동료 의료선교사들과 함께 세운 헤브론선교병원에서 일을 하면서도 우리는 주말마다 지방 진료를 다니고 복음을 전하는 데 집중했다. 선교병원 일도 산더미처럼 많았지만 지방 진료를 놓을 수 없었다. 시골의 가난한 사람들은 교통비가 없어서 프놈펜은커녕 지방 병원까지도 오지 못했기 때문이다.

선교의 방식과 달란트는 제각각이다. 우리는 선교병원을 제대로 된 병원으로 성장시키고자 하는 동료 선교사들의 뜻을 존중하면서도 우리에게 맡겨진 의료선교에 좀 더 집중하기로 했다. 그러던 차에 다른 무료 병원까지 맡게 되면서 할 일이 늘자 헤브론선교병원의 진료를 정리하기로 결정했다. 우리는 처음 선교병원을 함께 세웠던 선교사들을 여전히 사랑하고 존경하며 협력하고 있다.

우리는 전기도, 식수도, 제대로 된 식당이나 숙소도 없는 오지 마을을 첫 교회 개척지로 정하고 어린 자녀들과 함께 정기적으로 찾아가 주민들을 진료했다. 차를 타고 다시 배를 타고 또다시 뚝뚝이(오토바이 수레)로 갈아타고 매주 소풍 떠나듯 마을을 찾아가 치과뿐 아니라 다른 과의 '돌팔이 의사'도 겸업하며 진료했다. 우리가 진료하는 동안 솔빈이와 하훈이는 마을 아이들과 놀면서 우리보다 더 빨리 그들과 친해지곤 했다. 그렇게 마음을 열게 된 사람들에게 예수님을 전했다. 교회를 세우고 예배를 드리기 시작하자 진료만 하던 때와 비교할 수 없는 희로애락과 치열한 영적 전쟁의 중심에 선 것을 온몸으로 느낄 수 있었다. 우리는 프론티어메디컬센터에서 무료 진료와 지방 진료를 병행하며 교회를 하나둘 개척했다. 현재까지 여덟 개의 교회를 열었다.

끊임없이 몰려오는 환자들을 진료하면서 그들이 질병에서 벗어나 눈물을 흘리며 감사하다고 하면 많이 기뻤고 보람도 느꼈다. 하지만 복음이 전해질 때의 기쁨은 그에 비할 수 없이 컸다. 환자로 왔다가 성도가 되고, 성도가 제자로 변해 가는 과정, 즉 길지만 보람 있는 그 과정을 지켜보면서 우리의 피로와 수고는 흔적도 없이 사라졌다. 우리와 함께 성경 공부를 하고 세례를 받았던 중학생 아이가 대학생이 되어 주일학교 교사로 섬기고 복음을 전하고자 애쓰는 모습을 보는 것은 아주 큰 기쁨이다.

물론 자신에게 필요한 단물만 빨아먹고 가 버리는 사람도 많았다. 예수님에게 치료받았지만 돌아와 감사를 표현하여 구원받은 문둥병자는 1명이라는 걸 생각하면, 내게는 100명이나 1000명 중 1명이 돌아왔다 해도 감사한 일이다. 망고나무를 심으면 5년을 기다려야 열매를 거둘 수 있다고 한다. 하물며 선교의 열매를 불과 수년 만에 거두고자 기대할 수 있을까? 인내 없이는 하나님의 일에 동참할 수 없다.

'그리스도인이
만들어 주다'

돔락꺼꼬 마을은 우리 부부가 처음 개척한 곳이다. 외딴 시골 마을 사람들은 낯선 외국인의 출현에 경계심을 보였다. 그러나 매주 일요일마다 와서 진료하자, 앓던 이를 치료하러 오는 사람들로 북적댔다. 굳이 사람을 모으려고 애쓸 필요도 없었다. 같은 요일, 같은 장소에서 진료가 이루어지자 아픈 사람들이 으레 오두막 학교 큰 나무 아래로 찾아왔다. 마을 사람들은 서서히 마음을 열었다. 예배도 드리기 시작했다. 우리 아이들은 돔락꺼꼬 마을 아이들과 함께 정체불명의 나무 열매도 따 먹고, 오두막 학교 안을 타고 오르며 놀았다.

마실 물은커녕 씻을 물도 없고, 화장실이나 전기 따위는 기대할 수 없는 곳이었다. 뜨겁게 내리쬐는 더위에 흙먼지와 땀으로 뒤범벅이 되었지만 우리는 천연 황토로 전신 마사지도 한다며 즐겁게 웃었다. 시장에서 아침으로 사 먹은 쌀국수에는 단백질 보충이라도 해줄 것처럼 개미나 파리 심지어 바퀴벌레가 둥둥 떠다녔지만, 젓가락으로 휙 건져낼 뿐 우리 중 누구도 밥상을 물리는 사람은 없었다.

초기에 돔락꺼꼬 마을의 치과 진료는 절에서 했다. 마을에서 발전기 시설이 있는 유일한 곳이었기 때문이다. 처음 진료를 받은 이들도 스님들이었다. 발전기가 마련되자 그 절 앞에 있는 초등학교로 진료소를 옮

돔락꺼꼬 마을에 벽돌로 지은 초등학교. 마을 주민이 '그리스도인이 만들어 주다'라고 직접 손글씨를 썼다.

졌다. 마을 이장님과 초등학교 교장은 다 낡은 오두막 학교를 벽돌 건물로 다시 짓기 위해 모금을 하고 있었는데 우리에게 도와달라고 했다. 한국교회 성도들의 도움을 받아 오두막 교실을 벽돌 교실로 짓게 되었고 그곳에서 주일 예배를 드렸다. 화장실도 만들고 우물도 팠다. 화장실 공사를 위해 벽돌을 거푸집으로 찍어낼 때, 하훈이는 마치 재미있는 놀이를 하는 것처럼 그 옆에 앉아 거푸집에 흙을 넣고 두드리며 일손을 도왔다.

학교가 완공되자 마을 이장님은 무척 고마워하면서 기증 팻말을 세우고 싶은데 어떻게 써야 할지 물으셨다. 아무것도 하시지 말라고 말씀드렸다. 왼손이 한 일을 오른손이 모르게 하는 것이 주님의 가르침이니까.

얼마 후 그곳에서 멀지 않은 곳에 부지를 구입해 교회를 건축하고 예배를 드리기 시작했기에 오두막 학교를 오랫동안 다시 찾아갈 일이 없었다. 수년 후에 찾아간 학교의 모습은 많이 바뀌어 있었다. 교실이 더 넓어졌고 책상과 의자도 늘었다. 마을 사람들은 학교 터를 정성스레 가꿔 회의나 마을 행사를 이곳에서 열었다. 그리고 누가 시키지도 않았는데 그 터에 큰 글씨로 이렇게 써놓았다.

'그리스도인이 만들어 주다.'

감동이었다. 우리가 기증자의 이름을 넣지 않겠다고 말씀드리자 그 자리에 더 귀한 이름을 적은 것이다. 투박하고 커다란 손글씨로 그들이 직접 쓴 글이었다. 후원한 이의 이름도, 심지어 어느 교회나 단체의 이름도 아닌, 그리스도인······.

그들은 우리가 하나님을 믿는 사람임을 기억하고 있었고, 하나님의 이름은 마을에 길이 남게 되었다.

가진 게 없어서
마음이 풍요로운 사람들

우리가 방문한 날은 마을 아이들에게 아주 특별한 하루였다. 이 마을에서는 먹을 수 없는 소시지 빵과 음료수를 나누어 주었기 때문이다. 기도를 마칠 때까지 입안에 고인 침을 삼키며 기다렸다가 허겁지겁 빵을 먹는 아이들을 바라보고 있으면 먹지 않아도 배가 불렀다.

모두 맛있게 먹고 있는데 열 살가량 되는 몇몇 아이들이 빵과 음료수를 손에 꼭 쥔 채 시선을 외면하고 있었다.

"왜 안 먹니?"

"……."

"배 안 고파? 왜 안 먹어?"

"……."

대답하기 곤란한 듯 배시시 미소만 짓는다. 소시지 빵과 음료수를 소중하게 보듬어 다시 쥐는 모습을 보니 먹기 싫어서 안 먹는 것이 아니다. 더 이상 묻지 않고 아이들을 둘러보았다. 어린아이일수록 자기 몫을 배불리 먹는 반면, 열 살이 넘은 아이들 몇몇은 꾹 참고 있었다. 아마도 이곳에 함께 오지 못한, 그렇지만 함께 나눠 먹고 싶은 누군가가 생각난 것이리라.

자기 몫의 점심을 가지고 집으로 돌아가 소 치러 나간 누이나 형 혹은 어린 동생에게 젖을 물리고 있는 엄마와 나눠 먹으며 기쁨을 나누고 싶은 것일 게다. 가난한 이들의 삶을 가까이에서 지켜봐 온 만큼 이제는 말하지 않아도 그들의 심정을 읽을 수 있었다.

아직은 자신을 더 많이 생각해도 괜찮을 것 같은 열 살짜리 아이들에게서 나는 덜어 내도 덜어지지 않는 풍성한 마음을 보았다. 설레는 마음으로 빵과 음료수를 품에 꼬옥 안고 돌아가서 가족과 함께 나눠 먹으면 비록 배는 채우지 못하겠지만 마음을 채우기에는 모자람이 없을 것이다.

그 옛날, 황량한 벌판의 수많은 어른들 틈에서 예수님의 말씀을 온종일 듣고, 자기 몫의 떡과 물고기를 배고픈 이들과 나누어 먹겠다고 내놓은 성경 속 어린아이가 떠올랐다. 아이의 마음을 받으신 예수님은 그 떡과 물고기를 들고 축사하셨고, 5천 명의 무리가 배불리 먹을 수 있었다. 오늘날 가난하고 열악한 작은 마을의 어린 소년 소녀들이 내놓는 선한 마음이 퍼지고 퍼져 5천 명이 넘는 영혼을 배부르게 하는 기적이 일어나기를 고대한다.

한번은 이런 일도 있었다.

어느 토요일, 남편 최징규 신교사는 어느 때처럼 캄퐁하이교회에서 리더들과 성경 공부를 마치고 소쿤 아줌마가 요리한 볶음밥을 먹을 채비를 하고 있었다. 그때 깐이 비닐봉지에 싸온 뱀 튀김을 꺼냈다. 이들의 반찬거리는 다양했다. 논게, 들새, 개미, 개구리뿐 아니라 들판과 마을 어디서나 서식하는 뱀도 가리지 않았다. 그날은 특히 알을 품어 제법 살이 올라 먹을 것이 많은 커다란 뱀을 사냥할 수 있었나 보다.

'선교사님 가정은 뱀고기를 좋아한다'는 오해를 풀어 주지 않았더니, 쏨낭과 소피아에 이어 깐도 이 특별한 뱀을 정성껏 튀겨 가져왔다. 뱀 뱃속에 들어 있는 알이 특히 맛있다며 기다란 뱀을 그 자리에서 척척 잘라 알이 든 부분을 최정규 선교사에게 내밀었다고 한다.

"뱀 알 맛은 어땠어요?"

그날 집에 돌아온 남편에게 물었다.

"뱃속에 든 알은 달걀 노른자 맛이야. 그래도 그건 다 먹기가 좀 힘들더라. 허허허……. 와, 근데 다들 정말 잘 먹더라. 하나도 안 남았어."

깐은 뜨거운 들판에서 독에 물릴 위험을 무릅쓰며 사냥한 그 맛난 음식을 선교사와 성경 공부를 같이 하는 식구들에게 먹이고 싶어 요리해 온 것이다. 비록 그의 살림은 여행 가방도 하나 가득 채우지 못할 정도이고, 비가 새는 눅눅하고 낡은 오두막에 비닐을 펼쳐 덮은 채 아내와 아들 다빗과 새우잠을 청하는 처지이지만, 그의 영혼은 참으로 평온하고 부유하다.

깐의 오두막에서 함께 자고 집으로 돌아온 최정규 선교사에게 이것저것 물었다.

"벌레가 많았을 텐데 물리지는 않았어요?"

"응, 모기장 치고 자서 괜찮았어."

"그 오두막도 잘 때는 문을 잠그고 자던가요?"

"문도, 창문도 닫고 자던데. 그런데 나뭇잎으로 만들어서 그런지 비가 오니까 집 안이 눅눅해지더라. 지붕을 갈아 주면 좋겠다고 생각했어. 그래도 아침이 되니까 공기가 좋아서 머리가 정말 맑았어. 생각보다 집이 꽤 시원해. 집이 시원하다고 말했더니 깐이 벽돌집보다 오두막이 시원하고 좋다고 하면서 웃더라."

크고 멋진 벽돌집보다 작은 오두막이 더 시원해서 좋다는 그 말을 듣고 많은 생각을 하게 되었다. 수억 원이 넘는 고급 아파트에 살면서도 지옥 같은 마음으로 불행하게 사는 사람들이 있는가 하면, 오두막에 살아도 시원해서 좋다고 하하 웃으며 사는 사람들이 있다. 오두막은 좁디좁아 가전제품은커녕 작은 가구 하나 들여놓을 공간이 없고 그럴 형편조차 되지 않는다. 줄 하나를 매달아 몇 벌의 옷을 걸쳐 놓으면 그게 옷장이다. 가진 것을 다섯 손가락 안에 꼽으면 더 이상 헤아릴 게 없을 정도다. 그런 환경에서 살아가면서도 '벽돌집보다 시원하다'며 허허 웃고 있다.

그들과 함께 보내는 일상을 통해 내가 가진 것이 무엇인지 알고 기뻐하는 것이 얼마나 영혼을 풍요롭게 하는지 새삼 깨닫는다. 나누는 일은 넉넉한 물질이 아닌 마음의 문제라는 사실도 깊이 느끼고 있다. 더욱이 우리가 지원받고 있는 선교비가 하나님의 은혜와 긍휼 등 여러 고운 색들이 모여 전달되는 마음이라는 걸 알기에 더욱 소중하게 생각하고 있다.

죽은 아기,
복음의 시련

복음을 처음으로 전하는 현장의 분위기가 늘 화기애애한 것은 아니다. 강력한 성령의 역사와 임재를 경험하지만 그에 버금가는 큰 어려움과 악한 영들의 강력한 도전을 받기도 한다. 초반에 거센 반발을 극복하면서 마을에 복음을 뿌리내리게 하는 것과 그 이후에 교회가 성장할 수 있도록 애쓰는 일은 서로 다른 국면이다.

초기 개척 시절, 치과 진료는 아주 강력한 무기가 된다. 도청 소재지가 있는 도시에는 치과 의사가 있지만 군 단위로만 내려가도 치과 의사를 찾아보기 어렵기 때문이다. 우리가 복음을 전하는 대부분의 마을에는 치과 의사가 없었다. 매주 1회 치과 진료를 6개월간 하면 마을의 거의 모든 가정에서 한 명 이상은 우리와 만나게 된다. 6개월 정도 지나면 이방 종교인 기독교에 대한 적대감도 많이 없어지고, 이장이나 면장이 교회를 나오지는 않더라도 대놓고 반대하지는 못한다.

치과 의사가 복음 사역에 유용한 점이 또 있다. 가짜 환자가 없다는 것이다. 소아과 의사인 황대영 선교사와 같이 진료를 다니면서 보니 머리 아프고 배 아프고 팔다리 아프다고 약을 받으러 오는 환자들 중 절반 이상은 가짜였다. 그들은 그냥 약을 받아 놓으려고 꾀병을 부린다. 그래서 힘이 빠질 때가 많다고 한다. 하지만 치과는 가짜 환자가 있을 수 없다. 눈으로 병의 진행을 직접 확인할 수 있고, 마치 주사를 맞는 것 자체가 큰 고통이기 때문에 불필요한 진료를 원하는 환자가 없다.

물론 의료 사역이라는 도구가 복음 전도에 큰 도움이 된다 할지라도 사역지에 성령이 역사하시지 않으면 의미가 없다. 겁도 없이 건방지게 선교사가 무작정 하나님 나라를 선포한다? 그러면 마을에서 왕 노릇하던 악한 영들이 가만히 있을 리 없다. 그들은 나름 최대한의 방어진을 구축하고 치밀한 작전을 세워 선교사를 공격한다. 그들의 공격은 특히 처음 믿기 시작한 연약한 초신자들에게 집중된다. 공포와 협박이 그들의 주된 무기다.

교회 개척을 시작한 지 1년 만에 돔락꺼꼬 마을에서 예수님을 영접하겠다는 가정이 나타났다. 우리는 단단히 기도로 준비하고 그 가정을 심방하여 밤에도 볼 수 있는 야광 십자가를 달아 주고 그동안 그들이 집 안에서 모시던 신당을 치웠다. 그러자 우리가 심방했던 모든 가정에서 크고 작은 사고가 일어났다.

우리가 처음으로 십자가를 달아 준 꽁 아주머니는 결핵이 재발하여 각혈을 하기 시작했다. 두 번째로 십자가를 달아 준 스은 아저씨는 양쪽 발 복숭아뼈가 부어올랐다. 세 번째로 십자가를 달아 준 뻐으는 십자가를 치워 버리고 교회에 발을 딱 끊었다. 네 번째로 십자가를 달아 준 임은 출산 중 출혈 과다로 응급 후송되었다. 다섯 번째로 십자가를 달아 준 세임은 피임 주사 부작용으로 두통과 기침에 시달리기 시작했다. 여섯 번째로 십자가를 달아 준 짠타는 조산하여 아기가 죽고 산모는 위중했다. 일곱 번째로 십자가를 달아 준 빤낫 아저씨는 그후로 모습이 보이지 않는다. 무슨 일이 있는 걸까! 여덟 번째로 영접 기도를 하고 십자가 목걸이를 단 쩜렁 아저씨와 열 살배기 아들에게는 일주일 사이에 영문 모를 혹이 턱 밑에 생겼다.

그동안 사탄이 끈질기게 방해했지만 우리는 아랑곳하지 않고 매주 돔락꺼꼬 마을에 사는 성도의 가정을 심방하여 함께 기도하고 벽에 십자가를 달았다. 이들은 들쑥날쑥하던 사람들과 달리 1년 이상 꾸준히 예배를 드리며 믿음을 키워 온 교회의 기둥 같은 사람들이었다. 그런데 불과 1-2주 사이에 이런 일이 생긴 것이다.

이 모든 가정에 한꺼번에 질병과 문제가 들이닥쳤다. 그것도 심방 이후 차례대로. 심방을 준비하며 더 강한 기도로 나아가자 사탄이 전략을 바꾸었다. 아직은 연약하기 그지없는 성도들을 향해 분노의 공습을 퍼부은 것이다.

스은 아저씨의 양쪽 발의 고름을 짜내고, 꽁 아주머니에게 비타민을 나눠 줄 때만 해도 우리는 사태의 심각성을 깨닫지 못했다. 짠타와 세임이 머리와 배가 아프다고 해도 대수롭지 않게 여겼다. 그러다 스은 아저씨가 열이 나고 걷기 어려워졌다는 소식과 짠타가 아기를 조산했다는 소식을 들었다. 짠타가 낳은 아기의 몸무게가 겨우 1.8킬로그램인데 바로 집으로 돌아왔다는 이야기를 듣자 온몸이 경직되며 경보음이 울렸다.

작은 시골이라 마을 사람들은 이들이 예수님을 잘 믿는 사람들이라는 걸 알고 있었다. 그런데 외국인 선교사가 집 안에 십자가를 달자마자 모두에게 어려움에 닥치다니? 마을 사람들은 네악따(토지신) 혹은 쭘니 응프떼야(가정신)가 노하셨다고 말할지도 모른다.

비록 교회에 나오지는 않아도 호감을 갖고 지켜보던 사람들이 '그것 보라며 안 나가길 잘했다'고 하거나, 아직 믿음이 약한 성도들이 '자기도 부정 탈지 모른다'며 믿음을 버릴 수도 있었다. 이들이 잘못되면 사탄의 공갈 협박은 기가 막히게 성공하는 셈이었다.

"1.8킬로그램밖에 안된 조산아를, 말도 안 되는 그 오두막으로 돌려보냈어요. 그 무지한 사람들에게! 이대로는 일주일도 못 살고 죽어요. 예수님을 영접한 아이와 성도들에게 문제가 생기면 이제 간신히 복음이 자라기 시작한 마을 주민들의 마음이 닫힐지도 모른다고요!"

평일 병원 진료를 해야 하고 손님까지 와 있는 상황이라 최정규 선교사가 함께 갈 수 없는 상황이었다. 나는 싸몬과 함께 현장으로 달려갔다.

깜퐁츠낭 부둣가에 도착한 시각은 낮 12시.

아기와 산모를 후송하기 위해 배를 빌렸는데 한참이 지나도 배가 움직이지 않았다. 고장이 났다며 다른 배로 옮겨 타라고 해서 다른 배로 옮겨 탔더니 또 고장이다. 나룻터에 정박해 있는 네 대의 배가 모두 고장인지 움직이지 않았다. 1년 동안 매주 거기서 배를 타고 다녔어도 이런 일은 처음이었다. 그렇게 두 시간 만에 묶여 있던 발이 풀려 짠타가 있는 곳에 도착했다.

시어머니 집에 누워 있는 짠타의 안색이 나빴다. 지금은 아기보다 엄마의 상태가 먼저였다.

"배가 너무 아파요. 젖도 나오질 않아요."

그녀는 식은땀을 흘리고 간간이 찾아오는 통증에 얼굴을 찡그렸다. 예정보다 일찍 세상에 나온 아기는 인형처럼 작았고, 때가 잔뜩 묻은 베개에 누인 채 더러운 수건을 덮고 있었다. 곁에 앉은 시어머니에게 물었다.

"어제 아기에게 뭘 먹였나요?"

"미음을 만들어서 하루 세 번 먹였어요."

비록 어느 정도 예상은 했지만 마음속으로 경악했다. 2킬로그램 미만의 조산아는 일반 가정에서 돌보기 어렵다. 대개 병원에서 특별 관리를 하고, 위장 기능이 아직 정상이 아니므로 아주 조금씩 양을 늘려 가며 두 시간마다 먹여야 한다.

소아과 의사는 조산한 아기라도 숨을 잘 쉬고 잘 먹으면 괜찮다고 했다. 하지만 나는 태어나자마자 비위생적인 환경에서 아기가 버텨야 한다는 사실이 우려되었다. 그리고 이 사람들의 무지가 무서웠다. 더러운 보에 작은 아기를 싸서 바닥에 누이고, 아픈 어른을 돌보듯 하루 세 번 미음을 먹인 무지한 어머니와 할머니! 잠들었다는 아기의 가슴에 소독한 손과 청진기를 살며시 대어 본다. 둥근 청진기가 아기의 가슴 절반을 덮었다.

"……."

아무런 소리도 들리지 않는다. 나는 청진기가 잘못되었나 살펴보고 다시 심장음을 들으려 했다.

"……."

역시 들리지 않는다. 목의 맥에 손가락을 조심스레 대보았다.

순간 머리에 손을 대고 한참 말을 잇지 못했다. 그리고 나도 모르게 한국말로 중얼거렸다.

"죽었어……."

집 안에 함께 있던 아기 엄마, 할머니, 여자 친척들이 모두 어리둥절한 얼굴로 나를 쳐다보았다.

"아기가 언제 마지막으로 울었나요?"

"아침에도 울었고, 미음도 먹였어요."

나는 그들이 생각하는 것처럼 아기가 그저 잠들었기를 바라며, 다시 한 번 가슴에 청진기를 대고 얼굴을 톡톡 두드리며 깨워 보았다. 피부는 차가웠지만 온기가 아주 사라진 것은 아니었다. 아기가 살아 있기를 간절히 바랐지만 결국 나는 다시 손을 놓고 싸몬을 올려다보며 중얼거렸다.

"죽었어……."

그제야 모두 알아들었다.

"2시까지만 해도 움직였어요."

할머니의 주름진 얼굴 위로 눈물이 주르륵 흘러내렸다. 아기가 죽었다는 걸 알아챈 짠타는 눈물을 머금으며 아픈 몸을 돌아눕는다. 돌아누워 소리를 죽여 흐느끼는 짠타의 몸을 되돌려 꼭 안았다. 그녀를 안고 한참을 함께 슬퍼했다. 짠타를 안은 채 말했다.

"강해져야 해요. 믿음이 흔들려선 안 돼요. 응? 힘내야 해요."

포옹을 풀고서 나는 짠타와 곁에 있는 여인들에게 말했다.

"아기를 조산했다는 소식을 듣자마자 부리나케 달려왔어요. 그만큼 당신을 사랑하기 때문이에요. 하나님은 당신을 사랑하세요. 그러니 어떤 일이 있어도 흔들리지 않아야 해요."

나는 욥의 이야기를 들려주었다. 싸몬은 나의 의도를 충분히 이해한 듯, 내가 말한 것을 토대로 욥의 이야기를 더 자세히 들려주었다. 오두막 안의 사람들은 조용히 그 이야기를 들었다. 짠타도 눈물을 그치고 진지하게 이야기를 들었다.

"사탄은 자녀와 재산을 다 거둬 가면 욥이 하나님을 믿지 않을 거라고 했지만, 욥은 모든 것을 잃고 자기 몸이 아파도 하나님을 놓지 않았어요. 그리고 이전보다 두 배의 것을 받았습니다. 아기는 반드시 또 생길 거예요. 하나님을 믿는 믿음을 놓으면 안 돼요."

"난 절대로 믿음을 놓지 않을 거예요. 절대로……."

짠타의 결연한 말과 마음에 눈물이 날 만큼 감사했다.

젖이 나오지 않는 짠타에게 먹일 음식을 구하러 강가로 나간 남편

깐이 아직 돌아오지 않았다. 오후 5시면 돌아올 거라는 말에 나는 깐을 기다리기로 했다. 깐과 함께 돌아온 남자들이 온 가족과 함께 둘러앉았다. 나는 그들을 위로하면서 욥의 이야기를 전하고 함께 기도했다.

"깐과 짠타는 우리에게 참으로 소중한 사람들이에요."

눈에 눈물이 고인 채로 깐은 애써 참으며 단호히 말했다.

"나는 절대로 믿음을 놓지 않을 겁니다. 하나님이 우리에게 또 아이를 주시리라 믿어요."

'하나님, 감사합니다.'

나는 선물로 가져온 여분의 옷들을 깐의 가족과 조카들에게 나누어 주었다. 깐의 가족에게 인사를 하고 마을을 나섰다.

저녁 6시가 다 되었다. 해가 지는 돔락꺼꼬 마을의 풍경은 처음이었다. 그동안은 새벽에 출발해 아침이면 이곳에 도착하여 예배를 드리고, 한낮에 캄퐁병 마을로 이동하곤 했다. 노을빛으로 물들고 선선해진 마을은 한낮과는 사뭇 다른 풍경이었다. 집 안에 있던 사람들과 일을 마치고 돌아온 사람들이 바깥에 나와 있었다. 요란한 소리를 내며 달리는 뚝뚜기에 걸터앉은 내게 집집마다 아는 얼굴들이 나와 마치 배웅이라도 하듯 반갑게 손을 흔든다.

마을로 들어오는 길에 심방했던 스은 아저씨도, 뻐으도, 꽁도 손을 흔들고, 멀리서 소를 우리에 넣고 있던 주일학교 소년들도 수줍게 미소를 짓는다. 나는 그들에게 미소로 답하며 손을 흔들었다. 집 앞에 앉아

진료를 마치고 돌아가는 뱃길

있던 이장님과 길가에서 조금 떨어진 집 안에 있던 세임이 뚝뚜기가 지나가는 소리에 몸을 크게 내밀어 미소 지으며 손을 흔든다.

돔락꺼꼬 마을을 벗어날 때까지 많은 사람과 눈을 맞추고 미소로 인사를 나누었다. 비록 한 생명을 먼저 보낸 슬픔의 여운이 남아 있었지만, 가슴 아래에서부터 조금씩 차오르는 기쁨을 느낄 수 있었다. 그리고 내 안에서 진심 어린 고백이 흘러나왔다.

'하나님, 저는 선교사입니다.'

마을을 벗어나자 해는 금세 자취를 감추고 사방이 캄캄해졌다. 부슬거리며 비가 내렸다. 뚝뚜기가 비춰 주는 불빛에 의지해 부두에 도착하여 배를 탔다. 찰랑거리는 물결조차 잘 보이지 않는 물길을 타고 앉아 주위를 둘러보았다. 해가 떨어진 시골은 초저녁이어도 한밤중과 다를 바 없었다. 저녁 7시밖에 되지 않았는데 깜깜했다. 비 내리는 어둠 속 강물 위를 배는 조명도 없이 잘도 저어 가고 있었다.

싸몬과 나는 아침에 차 안에서 먹은 빵 말고는 하루 종일 입에 댄 것이 없었다. 이 길을 지날 때면 늘 찾던 식당에 들렀다. 주인이 문을 닫으려다 우리를 발견하고 남은 음식을 챙겨 주었다. 길조차 찾기 어려운 깜깜한 밤길을 운전하면서 깊은 생각에 잠겼다.

내 계획과 예정대로였다면 우리는 오후 1시면 마을에 도착했을 것이다. 늦어도 3시까지는 주립병원에 조산아와 산모를 후송하겠다고 코이카의 소아과 의사와 약속을 잡았다. 아기 할머니의 말과 아기 몸의 체온으로 보면 아기는 2시에서 내가 도착한 3시 30분 사이에 죽었다. 만일 배가 고장 나지 않았다면, 아기를 병원으로 후송하는 동안 죽었을지도 모른다. 아기를 살려 주겠다고 데리고 나선 외국 선교사의 손에서 아기가 죽었다면 어떻게 되었을까?

그제야 나는 깨달았다. 나의 발을 묶은 것은 하나님이셨다! 나를 보호하시고, 그 마을의 선교 사역을 지키려고 하나님이 그리 하신 것이다. 나의 계획은 아기를 살리는 것이었지만, 하나님의 계획은 사랑으로 달려가서 그들이 가장 슬퍼하는 순간에 안아 주고 같이 슬퍼하며 위로하고 믿음을 더 견고히 세우게 하는 것이었다. 사탄의 공격이 쏟아지는 상황에서 하나님이 우리를 위하여 세밀하게 역사하심을 느끼고 볼 수 있는 건 대단한 특권을 누리는 것이다.

주일예배를 위해 다시 마을로 들어가는 날, 나는 마치 전쟁의 승패를 확인하러 가는 것처럼 긴장이 되었다. 십자가를 받은 가정에 여러 가지 시련이 생기자 나는 주중에 달려가 치유의 하나님을 선포하며 위로하고 믿음으로 굳건히 서도록 권면했다.

그날 우리는 예배당으로 쓰는 초등학교 교실이 새로운 얼굴들로 가득 채워진 것을 보았다. 항상 나오던 성도들이 아파서 나오지 못한 빈자리를 새로운 얼굴들이 채웠다. 오히려 앉을 자리가 부족할 정도였다. 하나님이 성도들의 마음을 더 견고하게 붙들어 주셨음을 확인한 순간, 내 마음은 감사와 찬송으로 가득했다. 그런데 더 놀라운 일이 있었다.

대부분 새로 온 이들은 아기의 죽음으로 누구보다 마음이 무너져 내렸을 깐이 전도한 사람들이었다. 그날 새벽, 마을의 또 다른 임산부 임이 예정보다 아기가 빨리 나와 출혈 과다로 급하게 보건소에서 배를 타고 캄퐁츠낭 시내 병원으로 후송되었다. 성도들이 임과 아기를 위해 기도하자고 하자, 나는 기쁨의 감격으로 눈시울이 뜨거워지는 것을 느꼈다.

'하나님, 감사합니다. 감사합니다. 하나님……. 깐은 아주 훌륭하게 일어났습니다. 성도들은 원수의 협박을 이겨 냈습니다. 더 많은 마을 사람들이 예수님을 알고자 찾아왔습니다. 감사합니다. 함께 기도해 주시는 동역자 분들 감사합니다…….'

나는 마을을 바라보며 아이와 함께 수줍게 걸어오는 젊은 여인에게 어서 오라고 손짓하며 자꾸만 울컥거리는 감격을 웃음으로 대신했다.

선교사라는 이름

나를 보내신 분은 하나님이시라

"해 질 무렵에 사람들이 온갖 병자들을 데리고 나아오매 예수께서 일일이 그 위에 손을 얹으사 고치시니 여러 사람에게서 귀신들이 나가며 소리 질러 이르되 당신은 하나님의 아들이니이다 예수께서 꾸짖으사 그들이 말함을 허락하지 아니하시니 이는 자기를 그리스도인 줄 앎이러라 날이 밝으매 예수께서 나오사 한적한 곳에 가시니 무리가 찾다가 만나서 자기들에게서 떠나시지 못하게 만류하려 하매 예수께서 이르시되 내가 다른 동네들에서도 하나님의 나라 복음을 전하여야 하리니 나는 이 일을 위해 보내심을 받았노라 하시고"(눅 4:40-43).

고난 속에서 전해지는 복음

틀록어를롱 마을은 여자든 아이든 누구나 도끼질의 명수이며 나무타기의 달인이다. 우리는 이 마을에서도 진료부터 시작했다. 서울대학교 치대, 단국대학교 치대 등에서 온 의료 팀이 진료 봉사로 섬겨 주었다. 우리 부부만 진료하다가 때때로 의료 팀이 오면 아주 큰 힘이 된다.

이 마을에도 교회가 세워졌다. 첫 세례식을 앞두고 매일 저녁마다 모여 성경을 읽으며 세례문답을 준비했다. 뉘엿뉘엿 해가 지면 아담한 마을 예배당에 주민들이 삼삼오오 모여 글 읽을 줄 아는 이의 도움으로 매일같이 성경을 읽더니 그게 하루 일과가 되었다.

교회는 마땅히 그래야 하는 줄로 여긴 것인지 모른다. 세례식을 마친 후에도 틀록어를롱 마을의 성도들은 우리가 예배를 인도하지 않더라도 매일 저녁이면 모여 성경을 읽는다. 굳이 매일 성경을 읽지 않아도 괜찮다고 이야기하지 않았다. 그저 미소를 지으며 격려할 뿐이다. 글을 모르는 사람도 매일 말씀을 들을 수 있으니 이 얼마나 고마운 일인가.

오스와이는 메콩 강변에 있는 작은 마을이다. 마을 이름에는 '망고나무 개울'이라는 예쁜 뜻이 담겨 있다. 2014년 2월, 우리 사역 팀이 토요일에 오스와이로 들어가서 하룻밤을 묵었다. 정릉교회의 도움으로 한국에서 심장수술을 받았던 티어림의 집이 있는 서오스와이 마을에 교회 개척이 시작된 것이다.

8월이 되면 메콩 강의 수위가 상승하여 길이 끊어지는 곳이 생겼다. 강물이 침습하면 차나 오토바이로 갈 수 없기 때문에 배를 타고 다녀야 한다. 상습적으로 길이 끊어지는 곳에 작년부터 다리 공사를 시작했다. 그러면 우기 때에도 차로 다닐 수 있을 것이다. 하지만 2013년 선거

때, 이 마을에서 야당 표가 많이 나오는 바람에 화가 난 정부가 다리 공사를 중단해 버렸다. 그래서 8월부터 10월까지 길이 끊겨 농산물을 시장에 내다 팔지 못했다. 심지어 고등학생들은 등교를 하지 못했다. 부패한 독재자가 싫다고 투표한 대가치고는 너무 가혹했다.

아예 길 전체가 물에 잠긴 곳도 있어서 오스와이 마을을 가려면 뱃길을 이용해야 한다. 치과 팀이 진료 장비를 가지고 들어가는 일은 수위가 낮아질 때까지 기다리기로 했다. 일단 교회 사역을 진행할 최소 인원만 배를 타고 갔다. 40여 분을 가니 배가 교회 앞길에 도착했다.

힘든 길을 달려오면 말씀에 더 힘이 들어가는 법이다. 누가복음에 나오는 부자와 나사로 이야기를 들려주며 천국과 지옥을 전했다. 귀신들을 두려워하고 불교의 윤회까지 믿는 이들에게 성경은 너무 단순하고 간단해 보여서 잘 믿기지 않는 모양이다. 그들을 위해 이야기를 깊게 끌고 가다 보니 자꾸 어려워졌다. 내가 그랬던 것처럼 말이다.

2014년 12월, 주일학교와 예배가 안정을 찾아가고 있었다. 예배에 늘 참석하던 티스로안이 심장수술을 받았다. 결혼한 지 얼마 안 된 새댁이었다. 겨울이 되자 그녀의 상태가 급격히 악화되어 먹을 수도 없고 잠도 자지 못해 목숨이 걱정되는 상황이었다. 정릉교회의 도움을 받아 프놈펜의 헤브론선교병원에서 수술을 받게 했다. 판막 2개를 교체하는 큰 수술이었다. 오전 9시에 수술실에 들어가 오후 5시에 중환자실로 옮겼다.

수술 후 상태가 예상했던 것보다 훨씬 좋아서 빨리 회복되었다. 주일 아침, 티스로안의 심장수술이 잘 되었다는 기쁜 소식을 안고 오스와이에 도착했다. 그런데 우리가 예배를 드리고 있는 집의 주인이자 한국에서 심장수술을 받은 티어림의 엄마 티어로앗이 새벽에 갑자기 하혈을 해서 급히 병원으로 가서 수술을 받았다는 이야기를 전해 들었다. 티어로앗은 임신 9개월째였다. 서둘러 예배를 마치고 프놈펜의 국립모자병원으로 향했다. 태아는 죽고 산모는 막 의식이 돌아와 많이 힘들어 하고 있었다. 자세한 사정을 들어 보니, 출혈이 심해서 위험했는데 남편인 꼬안 아저씨가 신속하게 판단하여 수술이 가능한 병원으로 빨리 온 것이 천만다행이었다.

자기 집을 예배당으로 내어 주고 성경 이야기와 설교에 열심히 귀를 기울이던 티어로앗을 위한 기도가 저절로 나왔다. 다행히 수술 후에 별다른 부작용 없이 회복되어 일주일 뒤에 퇴원했다.

이외에도 복음을 전하는 사역을 하면서 부딪히는 영적 전쟁의 양상은 다양했다. 삭치아의 엄마는 귀신 들린 지 오래되었다. 수년간 귀신이 들어왔다 나갔다를 반복하여 병원에 가도 소용이 없었다. 그 여인을 위해 기도할 때, 어둠에 매여 오랜 세월 고통받아 온 딸을 긍휼히 여기시는 하나님의 마음이 깊이 느껴져 엉엉 울음이 터져 나왔다.

'그래서 내가 이 땅에 온 것이다. 너희를 너무 사랑하기에 너희를 구하여 자유케 하려고 온 것이다.'

하나님은 마음의 깊은 상처와 원망, 육신의 질병 가운데 있는 이 딸에게 "내가 너를 사랑한다"고 말씀하셨다. 그날 작은 방에서 기도하면서 우리는 하나님의 은혜와 평강을 경험했다.

처음 개척을 시작한 교회부터 현재 오스와이 마을에 이르기까지, 복음을 전파하는 첫해에 가장 많은 사건들이 일어났다. 복음은 숱한 사건을 겪으면서 뿌리를 내리기 시작했다.

사람을 세우는 일은
하나님의 뜻이다

디어라는 한국에서 심장수술을 받은 티어림의 언니다. 티어림은 몸이 건강해지자 학교를 그만두고 프놈펜 근교의 봉제 공장에 취직하여 마을을 떠났다. 그래서 두세 달에 한 번 집에 올 때만 교회를 찾아온다.

그런데 티어림의 언니 티어라가 하나님을 붙잡고 싶어 했다. 티어라는 마을의 여느 아이들처럼 중학교 2학년 때 학교를 그만두고, 집의 농사일을 돕거나 먼 지역의 큰 농장에 가서 품을 팔면서 지냈다. 교회 개척을 시작하면서 나는 티어라에게 이렇게 제안했다.

"함께 숙식하면서 성경과 영어, 기초 의료를 가르쳐 주는 학교가 있는데 거기에서 공부를 하면 어떻겠니?"

티어라는 겁도 없이 그러겠다고 했다. 교회를 한 번도 가 본 적이 없는 열아홉 살 청년이 예배로 하루를 시작하고 기도로 하루를 마치는 고된 훈련을 자청한 것이다.

티어라는 합숙 성경학교에서 1년 반 과정을 마쳤다. 많은 위기와 어려움이 있었지만 티어라는 잘 견뎌 냈다. 믿음이 생겼고 복음을 전하고자 하는 열정도 갖게 되었다. 이것은 실로 기적이다. 사람이 할 수 있는 일이 아니기 때문이다. 하나님이 티어라를 택하시고 일꾼으로 삼으셨다고밖에는 달리 표현할 길이 없다.

교회를 개척하고 나서 1년간은 이런저런 행사를 많이 열었다. 그래서 마을의 거의 모든 사람이 한 번 이상은 교회를 왔다 갔다. 대부분의 사람들이 여러 번 복음을 들었다. 그런데 왜 소수만이 신앙을 갖게 될까? 솔직히 나는 잘 모르겠다. 그 소수를 위해 더 많은 것을 한 것도 아니다. 정작 한국까지 가서 심장수술을 받은 티어림과 소티어의 부모님은 예배에 나오지 않는다. 믿음과 신앙의 영역에서는 우리가 생각하는 원인과 결과, 노력과 성과라는 것이 관계없어 보인다. 하나님의 뜻이고 은혜라고밖에 표현할 길이 없다.

방학을 맞아 고향으로 돌아온 티어라는 후배들과 동네 어른들께 확신에 찬 목소리로 복음을 전했다. 누구보다 마을 어른들이 놀란 표정이었다.

'저 아이가 우리가 알고 있는 티어라가 맞나? 중학교를 중퇴하고 농

장에서 품을 팔던 그 아이가 맞나?'

티어라의 마음속에 신앙이 있고 복음을 전하고 싶어 하는 열정이 있는 것에 감사할 뿐이다. 성령께서 함께하시지 않고서는 복음을 전할 수 없음을 알기 때문이다.

티어라를 나의 제자라고 말할 수 없다. 주님의 제자일 뿐이다. 2015년 9월에 성경학교를 마치면 티어라는 프놈펜의 신학교에 입학할 예정이다. 주말마다 오스와이로 와서 주일학교 교사를 하면서 목회자로 사역을 시작할 것이다. 티어라를 통해 오스와이 마을에 펼쳐질 주님의 역사를 기대하며 기도한다. 그녀가 서오스와이의 교회를 한 세대 이끌어 갈 것이다.

오스와이 마을의 선교는 우리가 아니라 티어라에게 달려 있다. 지금 우리가 하는 모든 사역은 그녀가 펼칠 사역의 밑거름이 될 것이다. 선교사는 시동을 거는 사람이다. 운전할 사람은 티어라다. 그리고 그녀를 변화시키고 이끌어 가시는 분은 오직 하나님이시다.

장래에 대해
응답을 주시지 않을 때

우리를 힘들게 하는 것은 현재가 아니라 장래에 대한 불안이다. 어쩌면 모든 인간이 그럴지도 모르겠다. 그런데 주님은 우리가 내일을 염려하지 않아야 하나님 나라를 바라볼 수 있고 바른 믿음을 가질 수 있다고 말씀하신다. 우리 역시 내일을 염려하지 말아야 한다는 정답을 '알고' 있다. 하지만 정답을 아는 것과 그렇게 사는 것은 다른 일이다.

캄보디아 선교사로 온 지 7년이 지날 무렵, 우리는 많이 지쳐 있었다. 안식년이 꼭 필요한 시점이었다. 하지만 쉼을 가질 수 없는 힘든 기간이었다. 최정규 선교사는 일기에 이렇게 썼다.

불안해서 몇 달째 기도하고 있지만 하나님은 "걱정하지 말라, 내가 너와 함께한다, 평안하라"고 말씀하시지 않는다. 지금과 같은 형편이 지속된다면 솔빈이와 하훈이를 제대로 공부시키기 어렵다는 냉엄한 현실을 직시하기가 너무 힘들다. 우리 아이들을 책임지겠다고 약속해 달라고 몇 달 동안 외쳤지만 하나님은 묵묵부답이다.

아름다운 아내에게 결혼식 날에도 결혼기념일에도 제대로 된 보석 하나 선물하지 못했다. 아이들은 피자는 오직 화요일에만 먹을 수 있는 것으로 알고 있다. 그날만 할인이 되기 때문이다. 그렇지만 나는 한 번도 이런 궁색함을 슬퍼하거나 부끄러워하지 않았다. 나보다 더 힘든 선교사도 많기에 오히려 미안해하고 감사했다.

하지만 현재의 어려움이 아니라 우리 아이들의 불안한 미래는 참아 내기가 어렵다. 그래서 주님께 "불안해하지 말라, 내가 책임지겠다"라고 말해

달라고 졸랐다. 하지만 주님은 결코 그렇게 말씀하시지 않는다.

격주로 토요일마다 깜퐁하이 교회 개척을 위해 치과대 의료 팀을 데리고 진료 봉사를 하고 있다. 그날도 3-4학년으로 구성된 8명의 학생과 함께 진료 봉사를 마치고 배를 타고 똔래삽 호수를 건너오면서 동일한 기도를 하고 있었다. 치대생들과 나의 제자들은 배를 타고 호수의 경치를 즐기면서 크게 웃으며 떠들고 있었다.

나는 눈을 뜨고 있었지만 아무것도 보이지 않았고 아무 소리도 들리지 않았다. 너무 지친 나머지 쉬고만 싶었다.

"주님, 이제 그만 해도 되지 않나요? 그래도 7년이나 했으면 많이 했잖아요. 이제 그냥 돈 벌고 애들 키우고 교회 잘 섬기면서 살면 되지 않겠어요?"

"데잇을 졸업이라도 시켜야 하지 않겠니?"라고 주님께서 속삭이시는 것 같았다.

"제 아들 공부도 제대로 시킬 수 없을 것 같은데, 캄보디아 제자의 의대 공부를 제가 왜 책임져야 합니까?"

하나님을 향한 대답이 점점 격해지고 있었다.

나는 지금 스물여덟 살의 청년이 아니라 마흔네 살의 중년이다. 배낭 하나 짊어진 청년이 아니라 아내와 아들딸을 책임지고 있는 가장이다. 지금 나의 선택이 그 청년의 때와 같을 수는 없었다.

"주님, 저는 이제 스물여덟 살의 청년이 아닙니다. 제게 청년의 무모한 도전을 지금 다시 하라고 말씀하지 마세요."

온몸에 에너지가 하나도 남아 있지 않다고 느끼면 긴 한숨이 나온다. 눈을 감고 크게 숨을 들이쉰 다음에 나오는 길고 긴 한숨. 눈을 가늘게 떴다. 배에 부딪혀 부서지는 하얀 포말이 보인다. 가슴 깊은 곳에서 울컥거리며 독백이 터져 나온다.

"그래. 한번 가 보자. 주님, 제발 함께해 주세요. 솔빈이와 하훈이를 주님께서 책임져 주세요. 주님, 주님, 주님."

눈물이 줄줄 흘러내린다.

뒤돌아보면 항상 주님의 은혜로 충만했다. 나는 다시 용기를 내고 일어날 것이다. 모스크바에서 9년간 의학 공부를 하면서 어떻게 수학 과외로 돈을 벌어 나와 아내의 학비, 생활비 그리고 두 아이의 출산과 양육비까지 다 충당할 수 있었는지……. 그건 분명히 기적이었다. 그 사이에 IMF 경제 위기도 있었다. 집이 부유한 학생들도 속속 유학을 포기하던 그때 나와 아내는 홍해와 같은 기적의 시간들을 만끽하며 유학을 마칠 수 있었다. 하지만 그때는 잘 몰랐다. 세월이 지나 돌아보면, 그제서야 하나님의 은혜로 지금 여기에 와 있음을 깨닫는다.

황혼이 짙어져야 날기 시작하는 미네르바의 부엉이처럼 우리는 기적의 시간이 지나고 나서야 그것이 기적이었음을 깨닫는다. 그리고 눈앞은 언제나 캄캄하다. 아무런 기적의 약속도 장밋빛 보장도 없다. 하나님은 멋진 청사진을 펼쳐 보이시며 내게 가자고 하신 적이 없다. 앞으로도 그럴 것이다. 내가 인생을 다 살고 죽음이 눈앞에 왔을 때도 하나님은 내 눈에 천국을 펼쳐 보여 주시지 않을 것 같다. 끝까지 내 믿음을 시험하실 것 같다.

뒤돌아보면 은혜뿐인 인생을 두고도 눈앞에 놓인 죽음의 긴 터널 앞에서 우리 부부는 다시 한 번 가슴 깊은 곳에서 나오는 독백을 외칠 것 같다.

"그래, 한번 가 보자. 주님, 저희와 함께해 주세요."

선교사의
아름다운 퇴보

선교사로서 가장 중요한 일은 제자를 키우는 일이다. 내 밑에서 일 잘하는 직원을 키우는 것이 아니라, 나의 품을 떠나 홀로 서서 하나님이 주시는 힘으로 살아갈 수 있는 예수님의 제자를 키우는 일이다. 수많은 친구들이 나와 함께 성경 공부를 하고 예배를 드렸지만 지금 나의 제자라고 할 수 있는 이는 정말 소수다.

처음 교회를 개척할 때만 해도 깐, 쏨낭, 데잇, 삭치아, 솔빈, 하훈이까지 모두 한 마을에서 서로 믿음을 나누었다. 세월이 흐르면서 떨어져 나간 친구도 몇 명 있고, 또 새로이 합류한 제자도 있다. 지금은 그 많은 제자들이 교회를 하나씩 맡고 있다.

2015년에는 뷘니웃, 뻔, 쏨낭 등 장성한 제자들이 옆 마을에 복음을 전하며 스스로 교회를 개척하기 시작했다. 우리 모두가 하나의 교회를 개척하던 때와는 다른 속도로 교회가 생겨나게 될 것이다. 그들이 양육하는 제자들 중에도 꾸준히 성장해 가는 이들이 하나둘씩 보이기 시작한다. 다음 세대가 준비되고 있는 것이다.

예전에는 선교사를 중심으로 한 교회에만 집중하여 모든 것을 이끌던 사역 구조였다. 지금은 제자들이 목회와 교회 개척을 하고 선교사는 그들을 돕는 보조 사역자로 역할이 바뀌었다. 이것은 아주 기쁘고도 바람직한 선교사의 퇴보이다. 우리는 더욱 기쁘게 퇴보할 예정이다.

우리는 그저 밭을 지키는 농부처럼 일할 뿐이다. 해와 바람, 지렁이와 나비를 보내셔서 식물을 성장시키고 열매 맺게 하시는 분은 하나님이시다. 그럼에도 불구하고 선교지에서 가장 기쁜 일이 무엇인지 묻는다면, "나보다 더 충성된 제자를 보는 일"이라고 말하고 싶다.

맺음말
의료선교의 의미를 되짚어 본다

복음서에 나오는 예수님의 사역 가운데 치료 사역이 30퍼센트를 넘는다고 한다. 하나님 나라의 복음을 전하는 현장에서 치료 사역이 그렇게 큰 비중을 차지한 이유가 무엇일까? 그에 대한 답은 "의료선교는 무엇인가"라는 근본적인 질문과 만나게 되어 있다.

치과 진료는 복음을 전하기 전에 사람을 만나는 수단이고, 하나님의 사랑을 사람들에게 전해 주는 것이라고 생각했던 적이 있었다. 마을 주민들의 마음 문을 열어 복음을 받아들이게 하는 사전 작업이라고 생각했던 적이 있었다. 이 모두가 틀린 것은 아니다. 하지만 정확한 답은 아닌 것 같다.

예수님의 치유 사역은 하나님 나라를 보여 주신 것이다. 인간의 타락으로 훼손된 하나님의 형상이 회복되는 하나님 나라의 모습을 보여 주신 것이다. 치유받은 육체라도 언젠가는 죽게 되어 있다. 주님께서 다시 오실 때 회복될 우리의 육체는 현재 모습과는 비교할 수 없을 정도로 아름답고 완벽하며 영광스러운 모습일 것이다. 하지만 현재의 고통을 치유함으로써 우리가 전하는 하나님 나라의 모습을 분명히 보여 줄 수 있다.

예수님이 굶주린 사람에게 먹을 것을 주신 것도, 아픈 사람을 치료하신 것도, 귀신 들린 사람을 회복시킨 것도, 죽은 사람을 살리신 것도 하나님 나라의 소망을 보이시고 이미 하나님 나라가 도래하고 있음을 선포하기 위함이었다. 그래서 복음을 전하는 현장에서 치유 사역을 하셨던 것이다.

이것이 내가 복음을 전하고 교회를 세우는 현장에서 치과 치료도 함께 지속하려는 이유다. 진료 자체가 하나님 나라의 선포가 되고 복음이 되는 것이 나의 소망이자 믿음이요 신학이다.

나의 힘이 모두 소진되었을 때 주님께서 주시는 성령의 새 힘으로 충전되어 일어서기를 소망한다.

심재두 선교사는 고등학교 3학년 때 의료선교사로 서원하여, 경희대학교 의과대학을 졸업하고, 경희의료원에서 내과 전문의 과정을 마쳤으며, 한국누가회 간사대표를 역임했다. 유소연 선교사는 경희대학교 의과대학 해부병리 전문의 과정을 마쳤다. 심재두 선교사 부부는 1992년 전문인선교훈련원(GPTI) 훈련을 마치고 1993년에 원동교회 파송으로 개척선교부(GMP) 선교사로 알바니아에서 교회 개척과 의료 사역으로 섬겼다. 안식년 이후 2015년부터 국내에서 의료선교네트워크 7000운동(www.7000m.org)을 시작했다. 자녀로는 보성, 헌, 준 세 아들이 있다.

03

예비한 선교의 길로 인도하신 하나님

심재두 + 유소연

Letter from Overseas

눈물을 흘리며 씨를 뿌리는 자

선교 사역이란 메마른 사막에서 땅을 개간하는 일과 같습니다. 비도 내리지 않는 척박한 환경에서 삽자루를 쥐고 매일 굵은 땀방울을 흘리지만 내 뜻과 달리 단 하나의 씨앗도 싹을 틔우지 못할 때도 있습니다. 혹은 힘겹게 뻗어 오른 줄기가 간밤에 내린 된서리를 맞고 죽음을 맞을 수도 있습니다. 그때 우리는 실망과 좌절의 눈물을 흘리며 혼란에 빠지곤 합니다. 우리 믿음은 시험받고, 우리 손에는 "눈물을 흘리며 씨를 뿌리는 자는 기쁨으로 단을 거두리로다"는 말씀밖에 없습니다.

그때 비로소 선교사가 되느냐 못 되느냐의 갈림길에 서게 됩니다. 파송 명령을 받고 선교지에 부임했다고 선교사인 것이 아니라, 많은 믿음의 단련 속에서 선교사는 만들어지는 것입니다. 대장장이가 망치로 쇠를 내리치듯, 부단한 연단의 과정을 거친 뒤에 강철이 탄생하듯 선교 현장에서 겪는 수많은 난관이 우리를 선교사로 만드는 거름임을 믿습니다. 그 과정에서 우리는 복음이란 언어가 아니라 눈물임을 깨닫습니다. 예수님이 눈물을 흘리며 기도하시던 순간을 기억한다면 그분의 마음을 조금은 닮게 되지 않을까요.

그러므로 하나님의 부르심에 "네" 하고 순종했다고 끝이 아닙니다. 그렇게 순종하고 나선 안개 덮인 길 위에서 죄의 유혹에 빠지지 않고 지혜롭게 방향을 찾아가는 것이 선교사의 삶이 아닌가 싶습니다.

선교에 완성이란 존재할 수 없습니다. 지금껏 소심하고 겁 많은 자를 불쌍히 여겨 구원으로 인도하신 하나님이 제게 영원히 찬양하는 삶을 주셨습니다. 저 같은 사람이 선교사가 된 것을 보면, 하나님은 한 사람도 버리지 않으신다는 것을 알 수 있습니다. 제가 알바니아에서 여러분에게 보내는 이 편지 역시 우리 안에 계시는 성령을 일깨우기 위해 하나님이 허락하신 일임을 알고 있습니다. 이 편지가 여러분의 가슴에 작은 파문을 일으키기를 기도합니다.

몸이 살아도 영혼이 살지 못하면

육신을 살리는 의사 VS 영혼을 살리는 선교사

"몸은 죽여도 영혼은 능히 죽이지 못하는 자들을 두려워하지 말고 오직 몸과 영혼을 능히 지옥에 멸하실 수 있는 이를 두려워하라"(마 10:28).

도둑질 기도

막둥이로 태어난 나는 요샛말로 마마보이였다. 갓 태어난 오리 새끼처럼 엄마 뒤를 졸졸 따라다녔고, 엄마가 눈앞에서 사라지면 앞니 빠진 얼굴로 "엄마" 하고 울음을 터뜨렸다. 가슴에 손수건을 매달고 초등학교에 들어가던 날, 콧물을 훌쩍이는 1학년 아이들 틈에서 톡 하고 건드리면 또르르 굴러 떨어질 것 같은 눈물을 글썽이며 운동장에 서 있었다. 엄마는 "어디 안 가고 뒤에 서 있을 테니까 울지 말거라" 하고 머리를 쓰다듬어 주었고, 나는 '무궁화 꽃이 피었습니다' 놀이를 하는 술래처럼 때마다 한 번씩 고개를 돌려 엄마를 찾았다. 그러다 엄마가 안 보이면 으앙 하고 울음을 터뜨렸다. 몇몇 아이들이 따라 울었던 기억이 난다.

한 뼘도 안 되는 좁디좁은 도랑도 못 건너고, 밤만 되면 무섭다고 엄마 품으로 파고들고, 동네 아이에게 한 대 맞고 서럽도록 울던 겁쟁이가 어릴 적 내 모습이었다.

초등학교 2학년 때였다. 어느 날, 앞집에 사는 친구가 "재미있는 곳이 있다"며 나를 교회에 데리고 갔다. 처음에는 친구가 노는 모습을 눈으로만 쫓다가 어느새 얌전한 고양이처럼 교회 부뚜막에 한 발을 걸쳐 놓게 되었다. 교회생활은 즐거웠다. 주일학교 선생님이 들려주시는 성경 이야기에 마음을 빼앗겼고, 방석을 던지고 날리며 노는 동안 낯가림이 심한 울보의 모습은 사라졌다. 무엇보다 한 번 들은 성경요절이 신기하게도 내 입에서 줄줄 나오면 선생님의 눈동자가 커졌고, 그렇게 칭찬의 이슬을 맛보다 보니 교회가 좋아졌다. 교회는 집에 숨겨 둔 호떡 같았다. 일요일만 손꼽아 기다리며 지루한 학교생활을 참아 냈다.

집 뒤편의 도랑이 더 이상 무섭지 않고, 밤에 엄마 없이 잠들 수 있게 된 것도 그 무렵이다. 막둥이가 웃음이 많아지고 씩씩해지자 온 가족이 기뻐했다. 시간이 지날수록 내 자신감은 점점 커졌다.

어머니는 내가 맘 편히 교회에 다닐 수 있는 든든한 버팀목이 되어 주셨다. 강원도 북한 땅에서 태어나고 자란 어머니는 신앙을 가진 부모님과 함께 어릴 적부터 교회에 다니셨다. 서울에서 유학 중이던 어머니는 6.25 전쟁이 터지자 정겨운 고향 마을로 돌아가지 못했다. 간호사로 근무하시던 어머니는 전 부인과 사별한 아버지를 만나 결혼하여 아들 둘, 딸 둘을 낳고 경기도 오산에 정착하셨다. 아버지는 유교 전통을 중시하는 집안의 아들이었다. 그래서 어머니는 자유롭게 교회에 가실 수 없었지만 어린 내가 교회에 가는 일에는 적극적이셨다. 훗날 아버지가 돌아가시자 어머니는 낡은 성경책을 꺼내들고 구불구불 오르막을 힘겹게 올라 교회에 가셨다.

중학생이 된 나는 기도하는 법을 배우고 성경 공부도 시작했다. 오후 예배는 그룹별로 진행되었다. 우리는 선교단체에서 나눠 준 교재로 성경 공부를 했다. 몸은 왜소해도 머리는 남보다 뒤처지지 않았던 나는 성경퀴즈대회에 나가면 늘 1등을 차지했다. 어른들의 칭찬과 아이들의 부러움을 한 몸에 받자 학교 공부보다 성경 공부가 더 즐거웠다.

중학교 1학년 여름방학 때 교회 수련회에 참석했다. 처음으로 부모님 품을 떠나 낯선 곳에서 잠을 자게 되었다. 밤잠을 설치며 참석한 새벽기도와 철야기도를 통해 기도가 무엇인지 조금은 알 것 같았다.

기도의 능력을 알게 되자 평일에도 늘 기도하려고 애썼다. 아마 방학 때였을 것이다. 하루는 늦잠을 자고 교회에 갔는데 문이 잠겨 있었다. 교회에 들어갈 방법이 없을까 고민하다가 뒷문으로 가 보았는데 담이 낮았다. 망설이지 않고 턱을 짚고 담을 훌쩍 뛰어넘었다. 예배당은 고요하고 포근했다. 혼자여도 무섭지 않은 곳은 교회뿐이었다. 발걸음을 죽이며 조용히 걸어 들어가 기다란 좌석에 앉아 하나님께 기도했다. 그 뒤로도 기도하고 싶을 때는 교회 담벼락을 뛰어넘었다. 어느새 빈 교회당에 도둑이 든다는 소문이 퍼졌다. 그런데 월담하는 사람이 좀도둑이 아니라 기도하는 어린 신앙인이라는 사실이 알려지자 기특하다며 머리를 쓰다듬어 주시는 분들이 많았다. 그때 나를 토닥여 주던 손길들과 도둑질하듯 드린 작은 기도들이 내 신앙의 밑거름이 되었다.

"하나님,
소원이 하나 있습니다."

고등학교 2학년 때부터 귀가 따갑도록 들은 얘기가 있다. 교회에 열심히 다닐수록 대학에 떨어질 확률도 그만큼 높다는 얘기였다. 주변에서 은근히 걱정하는 눈치였다.

    그해 교회에서 고등부 회장을 맡았다. 내년에 수험생이 된다고 해서 교회를 그만둘 수는 없었다. 도리어 힘들고 지칠 때면 더욱더 기도하는 시간을 늘렸다. 3학년을 눈앞에 둔 어느 겨울 날, 토요일 밤마다 철야기도를 하기로 결심했다. 교회에서 혼자 눈을 감고 기도하고 있으면 누군가가 뒤에 서 있는 것 같아 몸서리칠 때도 있고, 자꾸만 스르르 감기는 눈꺼풀 때문에 몇 번이나 찬물로 세수를 하며 잠을 쫓을 때도 있었다.

그래도 늘 새벽기도까지 하고 자리를 떠났다. 동녘 하늘이 푸르스름해질 무렵 교회 문을 나서면 살갗을 에는 차가운 새벽바람이 나를 맞았다. 눈은 뻑뻑하고 콧등은 시렸지만 마음은 뿌듯함으로 가득 차올랐다.

대입 예비고사를 마치자 슬슬 입시가 고민되었다. 어느 대학에 지원해야 할지 고심하는 가운데 철야기도를 시작했다. 기도 중에 하나님의 음성을 듣게 되었다. 주님께서 의료선교사의 비전을 주셨다.

"하나님, 소원이 하나 있습니다. 저를 의과대학에 합격시켜 주시면 주님의 말씀을 따라 의료선교사가 되겠습니다."

기도하는 동안, 형용할 수 없는 감동과 떨림을 경험했다.

그러나 현실적인 문제가 있었다. 과학이었다. 국어, 영어, 수학은 나름 열심히 준비했지만 과학은 손도 대지 않고 있었다. 당시 서울에 있는 대학 가운데 오직 두 군데 의과대학만 과학 시험이 없었다. 경희대학교 의과대학에 지원했다. 합격자 발표날, 떨리는 마음으로 발표장에 갔다. 교회생활을 아무리 열심히 해도 대학에 떨어지지 않는다는 걸 보여 주고 싶었다.

발표장 게시판 앞에는 떨리는 마음을 추스르며 당락을 확인하기 위해 모인 사람들로 입추의 여지가 없었다. 사람들 사이로 고개를 빼들고 게시판을 쳐다보았으나 잘 보이지 않았다. 간신히 인파를 비집고 들어가서 내 번호를 찾았다.

'128번!'

두 눈으로 보고도 믿기지 않아 다시 쳐다보기를 서너 차례. 더 이상 의심의 여지없이 '128'이라는 숫자 세 개가 뚜렷하게 내 눈에 찍혔다. 주위의 소란스런 소리는 더 이상 들리지 않았다. 합격이었다.

기도와 소원, 하나님이 주신 사명과 대학 합격이 연이어 이루어졌을 때만 해도 내 신앙에는 흔들림이 없었다.

누가회 창설의 현장에서

경희대학교 서울 캠퍼스는 아름다웠다. 정문으로 들어서면 나뭇잎이 우거져서 산책하기 좋은 길이 펼쳐졌다. 풀 내음은 싱그럽고, 교정은 포근했다. 그러나 딱 거기까지였다.

입학식 날의 즐거웠던 기억은 곧 혼란으로 바뀌었다. 시위대는 구호를 외치며 주먹으로 허공을 갈랐다. 경찰이 정문 앞까지 들이닥치는 날도 있었다. 학교 앞 구멍가게 주인 아주머니는 시위만 벌어지면 혀를 차며 부랴부랴 가게 문을 닫았다. 또한 축제가 열리는 날은 각 대학 건물에서 쏟아져 나온 학생들로 교정이 시끌벅적했다.

시위와 축제는 내가 낄 자리가 아닌 것 같았다. 종종 외로움을 심하게 타는 날에는 '나는 왜 의과대학에 온 걸까' 하는 회의심이 들기도 했다. 나는 이런 기분을 떨치고 싶었다. 뭔가 많은 경험을 쌓고 싶었다.

그러다 본과 2학년에 재학 중인 믿음의 선배들과 인연을 맺게 되었다. 선배들은 한국기독학생회(IVF)에 나를 초청했다. 당시 경희대 기독학생회에는 의대, 치대, 한의대에 재학 중인 선배들이 모여 있었다. 선배들은 국내 의대생과 의료인을 위한 모임이 절실하다는 걸 느끼고 있었고, 어떻게 힘을 모을지 고민하고 있었다. 그렇게 시작된 운동이 한국누가회(KCMF)다. 누가회 초기에는 의대, 치대, 한의대가 힘을 합쳐 출범했으며, 후에 간호대가 참여하며 힘을 보탰다.

나는 헌신적인 선배들과 함께 매주 매달 편지를 써서 전국의 의과대학, 치과대학, 한의과대학의 기독학생회에 누가회의 탄생과 필요성을 알렸다.

1980년 2월, 과천 구세군교회에서 제1회 누가회 수련회가 열렸다. 69명의 대학생이 버스와 기차를 타고 전국에서 모여들었다. 인터넷도 없고, 휴대폰도 없던 시절이었다. 편지의 글귀만으로, 혹은 한 통의 전화를 받고 먼 길을 달려온 청년들이었다. 비록 69명밖에 안 되는 작은 숫자였지만 누가회의 창설 현장을 목격한 나는 그때의 감동이 아직도 생생하다. 내 인생에 작은 불씨가 지펴져 불꽃을 태우기 시작한 의미 깊은 전환점이었다.

누가회 모임에는 나를 이끌어 주고, 나를 받아들여 주고, 나를 이해해 주는 사람들이 많았다. 기독학생회의 송인규 총무님, 캠브리지 의대를 졸업하고 마산소아결핵병원에서 16년간 의료 사역을 하시던 OMF의

배도선(Peter Pattison, 영국) 선교사님, 성서유니온의 윤종하 총무님과 그 밖의 선교사님들, 그리고 경희대 선후배들……. 이들은 내 생애에서 지속적으로 영적 도전을 하도록 이끌어 주는 멘토와 지지자다.

"재두야, 잘못했다고 하면
내가 다 용서하마."

의과대학 공부를 마치고 경희대학교 부속병원에서 인턴 생활을 시작하며 사회에 첫발을 내디뎠다. 인턴 생활은 잠과의 전쟁이었다. 주치의를 따라 회진을 돌고, 환자를 돌보고, 수술실 보조로 참여하고, 중환자실로 달려가 생명이 끊어져 가는 환자들을 인공호흡하다 보면 하루가 어떻게 지나가는지 몰랐다. 성경을 묵상할 시간도 없었다. 기도를 하다가도 중환자실로 달려가기 일쑤였다. 머리만 대면 잠이 들었고, 흔들어 깨우는 소리에 소스라치게 놀라 일어났다. 주일도 지킬 수 없는 빡빡한 하루하루가 이어졌다.

소독약 냄새와 살을 가르는 수술실의 긴장감, 메스꺼운 중환자실의 냄새, 썼다 지웠다 알아보기 힘든 스케줄과 구겨진 하얀 가운, 각혈하는 환자와 간병인의 누렇게 뜬 얼굴, 출렁이는 링거액과 수술실의 눈부신 조명, 그리고 숨이 끊어져 가던 응급실 환자의 모습이 종일 머릿속을 떠나지 않았다. 눈을 감아도 피 냄새는 가시지 않았다. 퇴근도 잊은 채 당직을 서며 일했던 나는 그해 우수인턴상을 받았다. 하지만 교회와 성경, 기도는 내 안에서 조금씩 지워져 가고 있었다.

인턴을 마치고 내과 전공의로서 주치의 생활을 시작했지만 달라진 건 아무것도 없었다. 당시에는 목숨을 살리는 일이 영혼의 생명을 살리는 일보다 우선이었다. 1년차 때 가장 많이 드나들던 곳은 중환자실과 응급실이었다. 병실 문을 열면 생사를 넘나드는 환자들이 즐비했다. 한 번은 성형외과에서 패혈증 환자를 보내왔는데 증세가 심각했다. 나는 3개월간 병원에서 먹고 자면서 치료에 매달렸다. 다행히 병세가 호전되어 환자는 다시 성형외과로 가서 무사히 수술을 마쳤다.

나중에 그 환자가 나를 찾아왔다.

"성형외과 수술실에 들어가니까 의사 선생님이 그러시더라고요. '당신, 지옥 문 앞에까지 갔다 온 걸 아느냐, 닥터 심이 아니었으면 다시 돌아오기 힘들었다'고요. 고맙다는 말씀드리러 왔습니다."

환자와 목숨, 그리고 모자란 잠과의 전쟁이 1년간 지속되었다.

1985년 1월 3일, 병원 당직을 서던 날이었다. 환자 중에 혈소판감소증으로 고통받는 중환자가 있었다. 주치의가 보호자에게 "가망이 없다"고 말한 환자였다. 늦은 시각, 중환자실로부터 '환자가 잠을 많이 자고 깨지 않는다'는 연락이 왔다. 활력징후를 물어보니 괜찮다고 해서 직접 가서 보지 않았다. 그 후에 환자가 갑자기 호흡이 없다는 전화를 받았다.

급히 달려갔을 때는 이미 늦은 뒤였다. 조치를 취했지만 환자의 호흡이 돌아오지 않았다. '간호사에게 전화가 왔을 때 살펴볼 것을……' 하는 후회가 들었다. 보호자를 볼 낯이 없었다.

환자의 얼굴 위로 이불을 덮고 난 뒤 당직실로 돌아와 의자에 몸을 묻었다. 피로감이 몰려왔다. 의료상의 실수는 아니었다. 그러나 마지막까지 그를 돌보지 못했다는 죄책감이 비수처럼 파고들었다. 사람을 살리는 의사이고 싶었다. 나는 머리를 감싸 안고 몸부림을 쳤다.

새해가 밝았지만 내 마음은 거친 모래밭과 같았다. 신앙생활을 멀리하면서까지 의사 심재두가 되려고 발버둥쳤지만 내가 얻은 게 무엇인가? 나는 무엇을 구했는가? 목숨을 살리는 일은 분명 귀한 일이다. 그러나 이제 목숨조차 구할 수 없다면 내 손에 들린 청진기와 의사 면허가 무슨 소용인가? 손이 이토록 부끄럽고 민망할 줄은 몰랐다. 몸을 구하는 의료는 마치 돈만 있으면 행복을 살 수 있다는 말처럼 공허하게 들렸다. 의사란 필연적으로 치료의 실패와 환자의 죽음으로부터 자유로울 수 없지 않은가.

그런 생각으로 밤새 잠을 못 이루고 깊은 고통 가운데 있을 때였다. 갑자기 내 마음속에 하나님의 음성이 들렸다.

"재두야, 잘못했다고 하면 내가 다 용서하마."

고등학교 3학년 시절, 어느 고요한 밤 철야기도를 하던 나를 찾아온 그 음성이었다. 그동안 하나님을 떠났던 시간들이 눈앞을 스쳐 지나갔다. 울컥 목이 메었다. 무릎을 꿇고 두 손을 모았다.

하나님 앞에 얼마나 기도했는지 모른다. 눈물이 주르륵 흘러내렸고, 가슴에 걸렸던 많은 말들이 화수분처럼 쏟아져 나왔다.

그날 이후로 나의 척박한 마음 밭에 새로운 씨앗이 뿌려졌다.

✝
주님의 음성을 따라
의료선교, 준비된 길

"너는 돌아와 다시 여호와의 말씀을 청종하고 내가 오늘 네게 명령하는 그 모든 명령을 행할 것이라"(신 30:8).

의사를 포기하다

하나님의 음성을 들은 그날 이후로 나는 줄곧 어떤 삶을 살아야 하는지 하나님께 구했다. 겨울의 매서운 추위가 한풀 꺾이고 입춘이 지나도록 응답은 쉬이 오지 않았다. 그해 2월, 경희대 후배가 찾아왔다. 누가회 회원이었다.

"선배님, 누가회 모임에 오셔서 후배들에게 말씀을 나눠 주시면 좋겠습니다."

누가회 소식도 궁금했고, 후배들의 청을 거절하기도 어려웠다. 약속한 대로 모임에 참석했다. 당시 자리에 함께했던 후배들이 은혜를 많이 받았다며 2월 말에 한 차례 더 와달라고 부탁했다. 개학을 맞아 지방에 가 있던 학생들이 다시 서울로 돌아와서 첫 모임 때보다 더 많은 학생이 참석했는데 그때도 은혜를 많이 받았다며 기뻐했다.

"선배님, 그러지 마시고 3월이면 개학도 하니 누가회를 이끌어 주시면 안 될까요?"

그때 나는 알았다. 이게 하나님의 응답이라는 것을. 당시 경희대 누가회는 도약의 계기가 필요했다. 나는 누가회를 2년간 섬기게 되었다. 주말과 평일 저녁에 시간을 쪼개 후배들을 만나고 신입생을 전도하는 시간을 가졌다. 고민을 안고 나를 찾아오는 후배들도 있었고, 내가 하숙집으로 찾아가 만나는 후배들도 있었다. 낮에는 환자들의 육체를 돌보고 밤에는 후배들의 신앙을 돌보았다. 그 사이 경희대 누가회는 무성한 나무처럼 전성기를 맞았고, 나는 후배들의 버팀목으로서 행복하게 수련의 시절을 마칠 수 있었다.

이듬해 군의관으로 입대했다. 군의관 2년차에 해군본부에서 근무하고 있는데 중앙누가회에서 나를 찾아왔다.

"경희대 누가회의 부흥에 감명을 받았습니다. 사람들에게 물어보니, 심재두 선생이 2년간 큰 힘이 되었다고 하더군요. 경희대 부흥의 경험을 중앙누가회에도 나눠 주시면 어떨까 하고 찾아왔습니다."

당시 중앙누가회 대표간사로 섬기던 목사님이 중앙 모임 활동을 요청했다. 경희대 누가회를 2년간 섬길 때부터 이 길이 하나님의 뜻임을 깨달았던 나는 흔쾌히 응했다.

다만 전국에 흩어져 있는 대학교들을 다니기에는 시간적 제약이 따랐다. 그래서 여름과 겨울 수련회를 중심으로 활동하기로 했다. 틈나는 대로 각 대학교의 의대를 방문하여 말씀을 나누고, 소모임을 함께했다. 무엇보다 시간을 쪼개 후배 한 사람 한 사람을 만났다.

1991년, 누가회가 사역자 간의 갈등으로 어려움을 겪게 되었다. 사역 현장에서 함께한 누가회 일원으로서 무척이나 안타까웠다. 공동체의 한 지체로서 깊은 골을 메우기엔 역부족이었고, 서로의 상처를 알기에 내 마음은 더욱 아팠다. 가로등 없는 밤길을 걷듯 암담한 상황 속에서 하나님께 기도하며 인도하심을 구했다. 하나님은 내게 "공동체를 위해 삶을 내려놓으라"고 말씀하셨다. 쉽지 않은 결정이었지만 의사생활을 접기로 했다. 그분의 뜻이 그러하다면 순종하고 싶었다. 얼마 뒤 간사대표가 되어 누가회의 회복, 즉 공동체의 영적 부흥과 연합을 위해 최선을 다하기 시작했다.

당시 나는 두 아이를 키우는 가정의 가장이었다. 의사생활을 접자 가정을 경제적으로 책임지기 어려웠다. 그래서 매주 금요일 밤이면 성남에 있는 병원에서 야간 당직 근무를 섰다. 밤을 꼬박 새우고 성남에서 종로 5가에 있는 누가회 사무실로 출근했다. 매주 토요일에는 온 가족을 이끌고 전문인선교훈련원(GPTI)에 참석하여 선교 훈련을 받았다. 고등학교 시절, 하나님께 서원했던 선교 사역 훈련도 이 무렵 시작되었다.

누가회의 조직 업무를 처리하면서도 가장 중시했던 건 사람을 만나는 일이었다. 이화여자대학교 의대 캠퍼스를 맡아서 매주 모임에 참석하여 한 사람 한 사람 칭찬하고 격려하는 일을 지속했다.

누가회는 매년 여름과 겨울 두 차례에 걸쳐 학생수련회를 개최했다. 학생들이 학기 중에는 바쁘므로 수련회를 활용하여 믿음을 회복하고 공동체를 재발견하며 사명을 찾을 수 있도록 도와주었다. 2년에 한 번씩은 '선교'를 주제로 수련회를 개최했다. 수련회 마지막날 금요일 밤에는 헌신의 밤을 직접 인도하면서 의대생들에게 선교 사역을 소개했다. 그들의 가슴에 작은 씨앗 하나를 심어 주고 싶었다. 훗날 많은 이들이 누가회 수련회를 통해 선교사로 헌신하며 열매를 맺게 되었다. 무디의 헐몬산 집회 이후 학생자원운동(SVM)이 들불처럼 일어났듯이 우리도 각 학생선교단체의 활동과, 학원복음화협의회(학복협), 선교한국을 통해 영적 부흥이 일어나기를 기도했다.

당시 학생선교단체들은 열린 마음으로 힘을 모으고 있었다. 교회와 학생선교단체로 구성된 한국복음주의협의회(한복협)가 협력에 앞장섰다. 학생선교단체로 구성된 학복협의 7개 단체, 즉 한국대학생선교회, 한국누가회, 한국기독학생회, 기독대학인회(ESF), 죠이선교회(JOY), 학생신앙운동(SFC), 예수전도단(YWAM)이 정기 모임을 가지며 간사 양성에 힘쓰면서 각 대학의 복음화 운동을 서로 지원했다.

7개 단체의 연합운동은, 참여 학생들이 훗날 사회에 진출하면서 다양한 모습으로 선교에 참여하는 결과를 낳았다. 한국 선교사의 숫자가 이 무렵에 증가한 것이 우연은 아니다.

다른 한편으로 나는 헌신적으로 사역하는 간사들에게 복지가 필요함을 알고 있었다. 그래서 누가회의 주선으로 7개 단체의 간사들이 병원 진료나 치과 치료를 저렴하게 받을 수 있도록 커넥션을 구축했다. 또한 출판사를 소유한 단체가 서적을 발행한 경우, 간사들이 할인된 가격으로 구입할 수 있게 해달라는 공문을 보냈다. 이를 위해 각 단체의 간사임을 증명하는 아이디카드를 제작했다. 우리는 하나의 목적을 향해 달려가는 사역자로서 동역과 연합의 전성기를 경험했다. 또한 7개 단체는 2년마다 열리는 '선교한국'에서 중심 역할을 돌아가면서 맡기로 합의하여 학생 사역이 자연스럽게 선교로 이어지게 했다.

소중한 사람들, 소중한 경험들

내 인생에는 세 번의 중요한 만남이 있었다. 첫째는 초등학생 때 만난 하나님이고, 둘째는 평생의 반려자 아내와의 만남이며, 마지막은 의료인 모임인 누가회와, 나의 선교 사역을 지원해 준 원동교회와의 만남이다.

원동교회를 누가회와 함께 꼽은 이유는 이 두 곳이 의료선교의 모태가 되었기 때문이다. 원동교회는 대학 시절 잠시 다니다가 정신적 방황기와 맞물리며 발길을 끊은 곳이었다. 하루는 하나님께 기도하다가 문득 원동교회가 보였다. 주님을 깊이 체험한 후에 원동교회에서 다시 교회생활을 하게 되었다. 하나님이 가장 적절한 교회로 인도해 주신 것이 틀림없다.

원동교회에서 김경엽 목사님을 만났다. 목사님은 자나 깨나 선교 생각뿐이었다. 우리 가정이 선교에 뜻이 있다는 사실을 아신 뒤로는 예배 시간이나 새벽 기도회 시간에 수백 명의 성도들에게 우리 가정의 선교 사역을 널리 알리며 함께 기도로 힘을 모아달라고 요청하셨다. 얼마 뒤 우리는 김경엽 목사님과 원동교회의 축복과 격려 속에 평신도 선교사로 파송받게 되었다. 원동교회의 지원은 20년 넘게 지속되었다. 2007년에 정현민 목사님이 담임으로 부임하신 뒤에도 그 사랑과 열정은 변함없다.

선교사로 파송을 받고 영국으로 향하는 비행기 안에서 지난 시간을 되돌아보게 되었다. 수많은 경험 가운데 해군 군의관 시절이 떠올랐다. 1989년, 해군사관학교 4학년생들의 해외원양실습 군의관으로 지원하여 80일간 아시아와 중동의 여러 지역을 탐방할 기회가 있었다. 우리를 태운 해군 함정은 대만을 시작으로 말레이시아, 인도네시아, 파키스탄, 인도, 사우디아라비아 등 10개국을 방문했다. 정박지에서 각국의 사람들을 만나면서 문화적 다양성을 경험했다. 싱가포르로 향하던 중에는 아시아 최초의 복음선교선 한나호를 만나기도 했다. 한나호에 승선하고 있던 한국인 선교사들과 귀한 교제를 나누는 시간도 가졌다. 마침 누가회 출신 선배 의료선교사 부부가 한나호에서 의료 사역을 펼칠 예정이라 더 반가웠던 기억이 난다.

군의관으로 복무하던 시절에도 그랬지만 간사로 섬기던 시절에도 영어로 성경 공부를 할 기회가 있었다. 당시 OMF(Overseas Missionary Fellowship)의 한국대표 신이영 선교사와 블랙 선교사는 나의 영어 말문이 트이는 데 큰 도움을 주었다. 바쁜 시절이었지만 매주 화요일 영어로 하는 성경 공부를 잊지 않았다. 처음에 같이 시작한 사람들이 나오지 않을 때도 나는 빠짐없이 참석했다. 오히려 그날을 기대하며 기다릴 정도였다.

그러던 중에도 누가회 공동체를 향한 열정은 식지 않았다. 나는 신이영 선교사에게 한국누가회를 위해 OMF 배도선 선교사님이 초창기에 큰 역할을 하셨는데, 지금의 누가회 사역을 위해서도 OMF의 선교사가 큰 역할을 해주면 좋겠다고 요청했다. 그러던 어느 날 신이영 선교사가 호주 출신의 중국계 마금경 의료선교사의 사역 비전을 들려주었다. 그 이야기를 들은 나는 그분이 한국에 와서 누가회를 섬기면서 의료선교 동원을 하면 좋을 것 같다고 얘기했다. 그러자 얼마 후 신이영 선교사는 마금경 선교사가 한국대표로 한국에서 사역하는 데 서명을 했다. 그 후로 마금경 선교사는 한국에 와서 오랫동안 사역했다.

그가 한국에 왔을 때 나는 이미 알바니아로 떠난 뒤였다. 1995년 원동교회 50주년 기념식에 참석하기 위해 잠시 귀국했다가 서울누가회 모임에 참석하게 되었다. 그때 우리는 우연히 만나 서로 인사하고 교제를 나누었다. 그분은 한국에서, 나는 알바니아에서 하나님의 부르심을 따라 서로 다른 모양으로 살고 있지만 하나님 나라의 지체인 탓에 전혀 낯설지가 않았다.

아내,
나보다 나은 사람

선교 사역을 말하면서 아내를 빠뜨릴 수 없다. 아내는 내 삶의 반려자일 뿐 아니라 선교 사역의 가장 친근한 동역자다.

우리가 처음 만난 것은 아내가 예과 1학년생일 때였다. 처음에는 평범한 선후배 사이였고, 아내는 영적 돌봄의 대상이었다. 나는 그녀의 성경 공부 리더였다. 그런데 병원 인턴으로 한창 바쁘던 무렵 가끔 그녀가 마음속에 떠올랐다. 그녀를 만나러 의과대학에 갔다가 허탕을 치고 돌아온 다음 날 우연히 병원 복도에서 마주치게 되었다. 그녀의 친구가 입원해서 병문안을 왔다가 만나게 된 것이다. 또 한 번은 병원 신우회 모임을 마치고 계단을 터덜터덜 내려오는 길에 마주쳤다. 우연한 만남과 아쉬운 작별이 되풀이되자 아내가 내 마음에 둥지를 틀었다.

계속 마음이 쏠리던 나는 우연히 만난 병원 복도 끝에서 아내에게 평생 친한 친구가 되어 달라고 프러포즈를 했다. (사실 나는 잊고 있었는데 아내는 내가 프러포즈를 할 때 아내가 아니라 친구가 되어 달라고 했다고 나의 실수 아닌 실수를 가끔 상기시켜 준다.) 그날 이후 나는 해거름만 되면 도서관으로 달려가 공부하는 아내에게 음식을 사다 바치고, 늦은 밤까지 옆자리에 나란히 앉아 공부하다가 학교 뒤편에 있는 아내의 자취 집에 바래다주었다. 그렇게 지극정성으로 아내를 만나다가 내과 전공의 3년차 시절에 본과 4학년에 재학 중이던 어린 아내와 결혼했다.

연애할 때 나는 선교에 대해 이야기를 하곤 했다. 아내는 선교에 헌신하지 않았으나 기꺼이 나를 따라가겠다고 했다. 선교 관련 도서들을 읽어 보면, 아내도 함께 헌신해야 한다고 해서 고민이 되었으나 적절한 때에 그 마음을 주실 것을 믿었다. 1992년에 전문인선교훈련을 받을 때 아내는 선교에 헌신했다.

사실 나와 아내는 한국에서 대학병원 교수로 남을 수도 있었다. 당시에는 교수요원으로 지원하면 시간이 걸려도 결국에는 교수가 될 수 있었다. 아내의 전문과인 해부병리 분야에서는 더욱 그러했다. 공부도 잘하고 해부병리를 너무 좋아하는 아내가 선교로 인해 전문 과목을 내려놓을 때는 남편으로서 마음이 아프고 미안했다.

내가 오랫동안 지켜본 아내는 하나님 앞에 경건하고 정직하며 투명했다. 생각이 깊고, 직관이 뛰어나고, 통합성을 중요하게 생각하는 사람이라 삶의 균형이 잡혀 있었다. 또한 하나님을 향해서는 어린아이 같은 순수함이 있지만 사리 분별과 일처리에서는 똑소리가 났다.

알바니아에서 샬롬센터를 건축할 때였다. 아내는 기본 설계부터 방의 구조와 위치 선정, 심지어 페인트 색까지 미리 정한 뒤 건축업자를 시장에서 생선 고르듯 까다롭게 선택했다. 그리고 작은 돈 하나까지 놓치지 않고 모든 일을 꼼꼼히 처리했다.

아내는 알바니아어도 유창했다. 저녁마다 심방길에 나서면 한 집에서 두세 시간씩 머물며 대화를 이끌었는데 아내의 입에서 술술 흘러나오는 알바니아어를 듣고 있노라면 이 사람의 능력은 도대체 어디까지인지 궁금할 때가 많았다. 매주 토요일에 있는 어린이 모임에서 아내가 150명의 아이들 이름을 줄줄 외우는 모습을 보고 경이롭다는 생각까지 들었다. 영어 실력도 수준급이었고, 대화 소재를 찾는 재주도 뛰어났다. 한번 말문이 트이면 어디서 그런 화제를 꺼내는지 30분이고 1시간이고 대화가 끊기는 것을 본 적이 없다.

잊을 수 없는 결혼 주례사, 그리고 아딜래라는 이름의 과부

1987년 5월 23일, 성서유니온선교회 윤종하 총무님의 주례로 아내와 나는 결혼식을 올렸다. 윤종하 총무님은 '매일성경'을 국내에 처음 도입하신 분이다. 우리의 결혼식 주례도 그날의 매일성경 구절을 읽으면서 시작했다.

그날 본문 말씀이 열왕기상 17장이었다. 이것은 내가 경험한 인생의 중요한 퍼즐 한 조각이었다. 선교 사역을 통해 하나님이 베일을 벗기시고 그 퍼즐의 자리를 찾게 되었을 때의 감동은, 보이지 않는 하나님을 목도하는 소중한 삶의 모멘텀이 된다. 열왕기상 17장 말씀은 크게 세 단락으로 나눌 수 있는데, 이 이야기는 알바니아 선교 사역의 예고편이 되었다.

첫 단락은 1-7절이다. 선지자 엘리야가 아합에게 수년간 비가 내리지 않으리라 예언한 뒤, 요단 앞 그릿 시냇가로 내려가 살며 아침저녁으로 까마귀가 물어 온 떡과 고기, 시냇물을 먹으며 살았다는 내용이다.

알바니아에서 선교 사역을 하는 동안 나는 종종 이 말씀을 떠올렸다. 우리는 한국으로부터, 또 미국으로부터 많은 까마귀들의 지원을 받았다. 그리고 이름 모를 까마귀들로부터 지원을 받았다.

둘째 단락은 8-16절이다. 그릿 시냇가가 가뭄으로 바닥을 드러내는 대목이 나온다. 마실 물이 사라지자 하나님은 엘리야를 사르밧의 과부에게 인도한다.

우리의 알바니아 첫 열매는 과부였다. 알바니아 수도 티라나에서 남쪽으로 80킬로미터 떨어진 곳에 페친이라는 마을이 있었다. 우리는 그곳에 전도하러 갔다가 사고로 남편을 잃고 이슬람의 풍습에 따라 검은 옷을 입고 사는 과부 아딜래를 만났다. 그녀는 우리를 만나기 전날 꿈을 꾸었는데, 길에서 만나는 사람이 있으면 집으로 들이라는 계시를 받았다고 했다. 나는 집 앞에 서성이는 그녀의 모습을 보고 다가가 복음을 전했다.

아딜래는 예수님을 믿게 되었다. 이어서 두 딸 쟈미라와 에틀레바도 예수님을 영접했다. 페친은 이슬람 사회였지만 이 가정을 중심으로 '기쁨의 집'이라는 이름의 교회가 세워졌다. 훗날 작은 딸 에틀레바는 신학 공부를 마치고 고향 마을로 돌아와 교회 사역자가 되었다.

셋째 단락은 17-24절이다. 사르밧 과부에게는 아들이 하나 있었는데 병들어 죽었다가 엘리야의 기도로 다시 살아난다.

과부 아딜래에게도 독자가 있었다. 그의 이름은 가즈멘디였다. 아딜래는 아들의 개종을 두려워했다. 그래서 내가 찾아가는 매주 토요일에는 아들을 집 밖으로 내보냈다. 이슬람 사회에서는, 특히 남자가 기독교로 개종하면 외톨이가 되기 십상이다. 직업도 갖기 어려웠다. 아딜래는 아들이 살아가야 할 시간을 걱정한 것이다.

1996년 3월, 가즈멘디는 군에 입대를 했다. 한 달쯤 지났을까? 군대에서 연락이 왔다. 가즈멘디가 사고로 목이 부러져서 군인병원 중환자실에 입원했다는 것이다. 아딜래와 함께 급히 가 보니 이미 사지가 마비되었고, 숨도 쉬기 힘든 지경이었다. 당시 알바니아에는 변변한 인공호흡기 하나 없었다. 그날 저녁 나는 용기를 내어 가즈멘디를 만났다.

"가즈멘디, 내가 너희 집에 갈 때마다 복음을 안 들으려고 피하더니 이제는 더 이상 도망갈 곳이 없구나."

나는 침상에 힘없이 누워 있는 청년에게 예수님과 십자가에 달린 강도 이야기를 들려주었다. 그리고 웃으며 말했다.

"네가 예수님을 믿겠느냐?"

그는 눈을 깜빡이는 것으로 대답을 대신했다. 다시 한 번 가즈멘디의 마음을 확인한 뒤 두 손을 모아 간절히 기도했다. 기도는 눈물이 반이었다. 그가 죽지 않기를 기도했다. 동시에 그를 위해 천국의 자리가 마련되기를 기도했다. 몇 시간 뒤 가즈멘디는 십자가에 달린 강도를 따라 낙원으로 향했다. 그곳에서 예수님 품에 안겼으리라.

처음 만났던 그날부터 아딜래가 예수님을 받아들인 것은 아니다. 기도하며 고민하는 중에 하나님이 이 말씀을 기억나게 해주셨다. "누구든지 하늘에 계신 내 아버지의 뜻대로 하는 자가 내 형제요 자매요 어머니이라 하시더라"(마 12:50).

그 주에 다시 아딜래를 찾아갔다. 나는 아딜래를 나의 양어머니로, 그리고 쟈미라와 에틀레바를 나의 양자매로 삼겠다고 선언했다. 아딜래와 두 딸은 놀란 표정으로 나를 바라보았다. 그 일로 아딜래의 가정은 마음을 활짝 열었다. 그 안으로 예수님이 들어가셨다.

나의 사랑하는 알바니아

낯선 선교지 정착기

"건축자가 버린 돌이 집 모퉁이의 머릿돌이 되었나니 이는 여호와께서 행하신 것이요 우리 눈에 기이한 바로다"(시 118:22-23).

눈물의 땅

1993년 우리 가족은 동유럽의 낯선 땅 알바니아에 도착했다. 처음에는 사역지로 몽골과 우즈베키스탄도 함께 고려했다. 그런데 영국에서 타문화 훈련과 언어 교육을 받던 중 WEC(Worldwide Evangelization for Christ) 국제선교회 선교본부 도서관을 방문하게 되었다. 얼마 전까지 문호를 굳게 닫고 있던 알바니아에 대한 자료는 많지 않았지만 사진과 보도를 접하면서 하나님이 우리를 그곳으로 부르신다는 감동이 있었다. 이탈리아로 향하는 난민선에 힘겹게 매달려 있는 알바니아인들의 처절한 모습, 고아원과 병원에서 고통당하는 그들의 호소하는 듯한 눈빛을 보며 우리는 사단법인 한국해외선교회 개척선교부(GMP)의 제안대로 알바니아를 우리의 선교지로 품었다.

알바니아는 주전 9세기부터 역사에 등장한다. 로마 제국과 격렬한 전투를 벌였다는 이야기는 역사의 한 페이지에 기록되어 있다. 로마서에도 사도 바울이 언급하는 내용이 나온다. "그리하여 내가 예루살렘으로부터 두루 행하여 일루리곤까지 그리스도의 복음을 편만하게 전하였노라"(롬 15:19).

여기서 말하는 일루리곤이 지금의 알바니아다. 알바니아 민족은 한때 '일리리안'으로 불렸다. 알바니아의 남성 이름 가운데 '일리리'나 여성 이름 가운데 '일리리아나'라는 이름이 많은데, 이는 '일리리안'이라는 민족 명칭에서 유래한 것이다. 로마 제국이 기독교를 국교화하면서 알바니아도 기독교의 영향 아래 놓이게 되었다. 그러다 15세기에 이르러 오스만 투르크의 속국으로 전락했는데 1919년까지 500여 년간 통치를 받으면서 이슬람권으로 바뀌게 되었다. 다행히 일부는 신앙을 간직하고 있다. 현재는 가톨릭 교인이 10퍼센트, 정교 교인이 10퍼센트 남아 있다. 이웃 국가 코소보도 알바니아 민족으로 이들의 약 90퍼센트가 무슬림이다.

1-2차 세계대전의 소용돌이를 겪고 1945년 알바니아는 공산주의 국가가 되었다. 독재자 엔베르 호자는 철권통치를 펼치며 종교를 말살했다.

1967년에는 "알바니아에는 신이 없다"라고 선언했다. 엔베르는 국가를 완전히 고립시키는 정책을 펼쳐 국민을 가난에 신음하게 했다. 1984년 독재자가 죽은 후에도 알바니아는 여전히 공산국가였다. 그러다가 동유럽 국가의 민주화 대열에 뒤늦게 합류했다. 1992년 마지막 주자로 민주주의 국가로 체제를 갈아탔다. 공산주의 체제는 국민에게 많은 상처를 남겼다. 지금도 옛날 이야기를 하면 눈물을 훔치는 사람들이 많다.

우리가 도착했을 당시 알바니아는 공산주의 영향권에서 이제 막 벗어나기 시작한 세계 10대 빈국 가운데 하나였다. 감사한 일 중 하나는 알바니아가 북한과 외교관계를 맺었던 까닭에 한국어가 유창한 사람이 있었다는 점이다. 꾸이팀 쟈니는 한국어를 할 줄 아는 알바니아인이었다. 그는 우리가 자동차 운전면허와 체류 비자를 받도록 안내해 주고, 한국 문서를 알바니아어로 번역하는 일을 도와주었다. 한번은 의사 면허 때문에 발을 동동 구르던 적이 있었다. 그때 중국대사로 재직하던 그가 주중 알바니아 대사관에서 관련 서류를 공증해 주어 어려움을 면하게 되었다.

알바니아의 인구는 대략 440만 명으로 적은 편이다. 친분과 인맥을 중시하는 문화라서 한 사람만 잘 사귀면 줄줄이 연결되어 많은 사람을 알 수 있었다. 병원에서 일하며 쌓은 친분과 인맥이 오랫동안 선교 사역에 도움이 되었다. 알바니아 사람들은 이곳의 변덕스런 날씨처럼 금방 화를 냈다가 금방 화를 푸는 기질을 갖고 있다. 겨울이면 천둥과 번개가 치는 날이 많다. 세상이 무너질 듯 하늘이 울리고 비가 억수같이 내려도 사람들은 우산 없이 다닌다. 비가 내리면 처마 밑으로 들어가서 그치기를 기다린다. 처음에는 '왜들 저러고 서 있을까' 의아했다. 잠시 뒤면 하늘이 맑게 갰다. 아마도 기후의 영향을 받아서인지 알바니아 사람들 역시 큰소리로 싸우듯 논쟁을 벌이다가도 커피숍에 가서 차 한 잔 마시면 언제 그랬냐는 듯이 금방 웃고 떠든다.

전기와 물이
부족한 나라

초기 정착은 말할 수 없이 어려웠다. 영국에서 부친 짐이 제때 도착하지 않아서 오랫동안 피난민처럼 살았다. 집을 구하기도 힘들었다. 이곳은 전세나 월세가 없었다. 간신히 얻은 집은 화장실이 바닥에 구멍이 뚫린 터키식 양변기여서 아이들이 화장실에서 볼일을 보지 않으려고 했다. 게다가 물은 하루에 두 번만 공급되었다. 수도꼭지만 틀면 물이 콸콸 나오던 나라에서 살던 사람에게는 설거지 하나도 쉽지 않은 환경이었다.
    겨울이 되자 난방이 문제였다. 우리가 살던 집은 전기가 들어오지 않았고, 난방시설조차 없었다. 알바니아의 겨울은 비가 잦았다. 건조한 한국의 겨울과 달리 습한 알바니아의 겨울은 더 추웠다. 하수도 시설이 제대로 갖춰지지 않아서 비가 오는 날이면 물이 무릎까지 차올랐다. 하루는 마루에 뚫린 구멍으로 쥐들이 기어들어 왔다. 빗자루로 쫓기도 하고 고양이 소리를 내며 쫓았지만 밖이 얼마나 추운지 쥐들은 도망갈 기미가 없었다. 결국 끈끈이 함정을 풀어 간신히 쥐를 잡았던 기억이 난다.

아내는 알바니아 생활을 힘겨워했다. 한국에서는 의사로 살았던 아내가 낯선 이국에서는 철저히 가정주부로 살아야 했고 환경마저 다르니 일상생활 자체가 힘에 부친 것이다. 일반 가정집은 조그만 냉장고로 버틸 수 있지만 고기를 파는 정육점에는 상업용 냉장고가 없었다. 그래서 아침에 거리 한구석에서 소를 잡아 그날 다 팔아야 했다. 뼈를 자르는 기계가 없어서 고기를 뼈째 팔았다. 그러면 아내는 부엌에 서서 뼈를 발라내고 근막을 벗기는 등 고기를 다듬느라 장시간 고기와 씨름해야 했다. 고된 살림살이에 추위까지 닥치자 아내는 손목의 통증을 호소했다. 손목에서 시작된 통증은 팔꿈치를 거쳐 어깨까지 올라왔다. 아내는 밤마다 아프다며 눈물을 흘렸다. 겨울이 지나도록 통증은 나을 기미가 없었다.

선임 선교사가 도우미를 써 보면 어떻겠느냐고 제안했다. 그 선교사는 독신이었다. 한국에서도 가사 도우미를 쓴 적이 없고, 선교하러 온 우리가 생활의 편리를 구하는 일이 가당키나 한 걸까 고민되었지만 그렇다고 마냥 아내의 고통을 나 몰라라 할 수는 없었다. 아내와 상의한 끝에 사람을 구했다. '린다'라는 여성이 찾아왔다. 얼마 되지 않아 그녀는 교사로 발령을 받게 되었다. 그래서 자기 언니를 소개해 주었다. '불리야'라는 중년 여성이었다. 불리야는 우리와 지내는 동안 신앙을 갖게 되었고, 자기 딸과 조카에게도 예수님을 영접하게 했다. 훗날 이들은 티라나에서 시작한 소망교회의 귀한 성도가 되었다.

알바니아국립병원
생활기

우리는 알바니아국립대학 부속 호흡기병원에서 일하도록 허가를 받아 의료선교 사역을 시작했다. 그러나 처음부터 녹록하지 않았다. 당시 새로 임명된 젊은 병원장 하산은 처음 대면하던 날 눈을 가늘게 뜨고 내게 물었다.

"혹시 종교인이 아닌가요?"

과거 공산주의 체제 아래에서 태어나고 자란 알바니아인들은 종교에 대한 거부감이 많았다. 그래서 나는 한국에는 기독교인과 가톨릭 신자와 불교도가 많이 있으며, 한국은 종교의 자유가 있는 나라라고 설명했다. 그리고 함께 지내는 동안 한국의 누가회와 교회 활동에 대해 꾸준히 이야기해 주었다.

병원은 아주 오래된 건물이었다. 1층에는 의사실을 비롯하여 방사선

알바니아국립대학 부속 호흡기병원 의사들과 함께한 심재두 선교사(맨 왼쪽)

과와 검사실이 있었다. 2층에는 흉부외과와 수술실, 호흡기 중환자실이 있었다. 3층과 4층에는 호흡기 환자들의 입원실이 있었고, 4층의 격리된 공간에서는 결핵환자들이 치료를 받고 있었다. 각 병동에는 과장이 따로 있었다. 의사들은 과장 밑에 속한 교육부 교수요원인 의사들과, 보건복지부 등록 전문의로 나뉘었다. 전문의들은 환자 진료만 했다.

이곳에는 한국과 같은 전공의 제도가 없었다. 표면적으로는 전공의라고 불리는 이들이 있었다. 이들은 각 지역 병원에서 추천을 받아 강의를 듣는 대학생처럼 오전 늦게 출근하거나 오후에 일찍 퇴근했으며, 여름과 겨울에는 방학이라고 쉬었다. 3년 동안 기관지 내시경 실습이나 호흡기 기능 검사는 한 번도 하지 않았다. 마치 대학을 수료하듯, 시간만 지나면 형식적인 절차를 거쳐 전문의가 되어 보건복지부 소속으로 병원에 취직할 수 있었다. 그래서 실력을 갖춘 전문의를 찾아보기 힘들었다.

이들은 과장과 함께 회진을 돌다가 과장이 지시하거나 일주일에 한 번씩 하는 임상회의에서 결정된 치료방식을 그대로 따랐다. 이것은 알바니아가 공산주의 체제일 때부터 내려온 관행이었다. 당시 각 병원은 서기장을 중심으로 운영되었는데 서기장이 한 번 진단을 내리면 그 누구도 반론을 펼 수 없었다.

알바니아 병원의 표면적인 문제점은 주사기나 의약품 같은 물자 부족이었다. 그래서 네덜란드를 비롯한 유럽의 여러 원조기관에 도움을 요청하여 의료 물자를 공급받았고, 아주 급한 물품은 한국이나 유럽에서 구입하기도 했다. 물론 자금이 부족하여 필요한 만큼 사지 못할 때가 많았다. 당시 호흡기 중환자실의 환자들은 심한 호흡 곤란으로 죽을 날만 기다렸다. 병원에서는 산소와 경구용 호르몬제를 처치하는 게 전부였다. 다행히 한국과 미국에서 지원받은 호흡기 기관지 확장제와 분무용 스테로이드호르몬 약제를 사용하면서 환자들의 상태가 좋아졌다. 병원장과 의사들을 비롯하여 환자와 보호자들이 아주 기뻐했다.

그러나 병원이 처한 진짜 문제는 따로 있었다. 실력이 아닌 권위에 의존하는 구태의연한 사고방식, 즉 근원적인 문제가 병원 깊숙이 뿌리박혀 있었다.

1995년에 일어난 일이다. 미국 장학재단의 지원으로 윌리엄 하디슨이라는 소화기내과 교수가 알바니아 대학병원으로 파견을 왔다. 그는 나이가 지긋한 백발의 의사였다. 어느 날 닥터 하디슨이 내 아내를 찾아왔다. 당시 아내는 해부병리과에서 일하고 있었다. 닥터 하디슨이 찾아온 이유를 밝혔다.

"내가 보기에 암으로 의심되어 조직 검사를 요청하면 암이 아니라고 하고, 암이 아닌 것으로 생각되어 보내면 조직 검사에서 암이라는 결과가 나왔소. 지금껏 의사생활을 하면서 이런 경우는 드물었어요. 내 실력이 없어진 건지, 아니면 무슨 다른 문제가 있는 건지 확인하고 싶소."

아내는 닥터 하디슨의 요청에 따라 환자의 조직을 찾아서 정확한 진단을 언급해 주었다. 닥터 하디슨의 소견과 같았다. 그런데 공식적인 리포트에는 진단 결과와 다른 소견이 적혀 있었다. 어떻게 된 일일까?

사실 닥터 하디슨은 미국에서 은퇴를 앞둔 실력 있는 의사였다. 그는 나사렛대학 경영학과 교수였던 신앙심 좋은 아내와 함께 알바니아의 열악한 의료를 돕기 위해 온 터였다. 하지만 알바니아 의사들은 자신들의 무지가 드러날까 두려워하여 괜한 자존심을 내세우며 그를 배타적으로 밀어냈던 것이다.

병원 내 기류는 닥터 하디슨에게 좋지 않은 방향으로 흘러 갔다. 닥터 하디슨이 소외되자 그가 데리고 다니는 알바니아 전공의마저 혼자일 때가 많았다. 알바니아어가 미숙한 닥터 하디슨은 영어 통역을 도와줄 전공의 여의사 일리리아나를 데리고 다녔다. 그러나 알바니아 의사들이 닥터 하디슨을 멀리한 까닭에 일리리아나도 선배나 주변으로부터 소외되었다. 닥터 하디슨은 9개월의 짧은 교수생활을 마치고 미국으로 돌아갔다. 얼마 뒤 일리리아나는 닥터 하디슨의 초청을 받아 미국으로 건너갔고, 미국의사면허시험(USMLE)에 합격하여 샌디에이고 인근 병원에서 내과 전공의로 새로운 삶을 살게 되었다.

나도 이와 비슷한 경험을 한 적이 있다. 알바니아 의사들의 의료 수준을 높이고자 한국에 요청하여 의학서적을 전달받았다. 그런데 한국에서 보낸 책이 도착하자 부원장은 그 책을 자기 방으로 나르도록 지시했다. 그 때문에 젊은 의사들이 책을 보고 싶어도 볼 수 없었다. 정말이지 병원 측을 어렵게 설득하여 1996년에 병원 도서관을 열었다. 그 일로 부원장은 내게 원망을 품었고, 병원장이 핀란드로 연수를 떠난 3개월 동안 나를 쫓아내려고 무던히도 애를 썼다. 의료 기술에 대한 갈증이 있지만 그것을 독점하려는 권위주의가 알바니아 의사들의 성장을 가로막는 가장 큰 굴레요 장애물이다.

알바니아 탈출

1997년, 알바니아는 내전으로 심한 몸살을 앓았다. 신흥국가들이 건국 초기에 어려움을 겪듯이 알바니아도 공산주의 체제가 무너지면서 일대 혼란에 빠졌다. 초대 대통령과 수상이 부패에 연루되었고, 국가와 가정 경제는 파탄을 향해 치달았다. 한국의 계조직과 같은 사금융들이 원금의 몇 배에 달하는 이윤을 얻게 해주겠다며 국민의 돈을 모조리 긁어모았다.

1996년 부도 사태가 터지면서 국민의 개인 재산이 송두리째 사라지는 참극이 벌어졌다. 국민의 분노는 하늘을 찔렀다. 하루아침에 소중한 돈을 도둑맞은 사람들이 무리 지어 다니며 무기고를 탈취하고 상점을 약탈했다. 도로를 점거하고 지나가는 차량을 강탈하는 일도 빈번했다. 공권력은 바닥으로 떨어졌고, 치안은 부재 상태였다. 눈을 씻고 찾아봐도 경찰은 보이지 않았다. 국경을 지키는 군인도 없었다. 알바니아는 순식간에 무정부 상태가 되었다.

국민의 개인적 감정이 담긴 복수가 시작되었다. 곳곳에서 살인과 방화가 일어났다. 많은 사람이 죽음으로 내몰렸고, 밤 사이에 집을 버리고 도망치는 사람이 즐비했다. 내란이 일어난 지 1년 후 수도 티라나에 있는 공동묘지에 간 적이 있다. 알바니아 사람들은 묘비에 사진을 넣고 태어난 해와 죽은 해를 기록하는데, 1997년으로 기록된 사망 연도가 눈에 자주 띄었다.

변변한 전화기도 없던 시절이라 우리는 알바니아에 어떤 일이 벌어지고 있는지 정확히 알지 못했다. 내란 소식을 들은 뒤에는 이미 늦었다. 항공편과 배편이 모두 끊겨서 발만 동동 구르며 내전의 경과에 귀를 기울였다. 밤마다 총성이 끊이지 않았다. 개척선교부 알바니아 팀 12명은 순식간에 진퇴양난에 빠졌다.

며칠간 총소리를 들으며 두려움에 떨던 우리 12명과 가족들은 알바니아 선교사연합회의 도움으로 간신히 미국 대사관으로 피신했다. 다음 날 새벽, 미군 헬리콥터를 타고 이탈리아로 탈출할 수 있었다. 안전지대로 무사히 이동한 뒤 만감이 교차했다. 개척교회와 성도들을 버려두고 도망쳤다는 죄책감이 가슴을 짓눌렀다. 며칠을 고통과 기도 속에서 보냈는지 모른다.

마음이 차분해진 어느 날, 알바니아에서 있었던 많은 일들이 생각나기 시작했다. 1996년에 세례를 받고 이탈리아로 유학을 떠난 에리온이 떠올랐다. 알바니아는 교육 시스템이 무너져서 유럽의 장학금을 받아 자국 학생을 외국으로 유학 보내고 있었다. 공산주의 독재 시절 몰수당한 재산을 되찾은 어느 가정은 둘째 아들을 이탈리아 중부의 작은 도시 산베네데토에 보냈다. 그 아이가 바로 에리온이다. 그해 가을, 나는 독일 프랑크푸르트에서 차를 구입하고 돌아오다가 에리온을 만나기 위해 길을 돌아 산베네데토에 갔다. 학교 이름만 알고 있던 터라 사람들에게 길을 물어 기술학교를 찾았다. 뜻밖의 방문에 에리온이 깜짝 놀랐나 보다. 한동안 당황해하더니, 한참 만에야 반가워하는 얼굴로 돌아왔다. 비록 1시간이라는 짧은 만남이었지만 함께 기도하고 격려하기에는 충분한 시간이었다. 알바니아로 돌아오자, 에리온의 가족이 아이에게 전화를 받았다며 감사 인사를 전했다.

영국으로 간 미렐라도 떠오른다. 알바니아는 여건만 되면 외국으로 떠나는 것을 당연하게 생각할 만큼 빈곤에 시달렸다. 월급도 형편없어서 가족을 책임져야 하는 많은 젊은이들이 그리스나 이탈리아 등지로 원정 근로를 나갔다. 처음에는 주로 불법 체류자로 일했다. 그들의 불안정한 신분을 악용하여 돈을 빼앗는 업주도 많았고, 경찰에 붙들려 얻어맞는 일도 다반사였다. 심지어 다치거나 죽는 사람도 있었다. 알바니아에서 굶는 것보다 낫기 때문에 눈물을 머금고 외국으로 일을 나선 것이다.

미렐라는 홀로 딸을 키우는 이혼녀였다. 무슬림 사회인 알바니아에서는 남자가 여자를 쉽게 버렸다. 여자 혼자 아이를 키우는 일은 힘겨웠다. 그녀는 부모의 도움을 받아 영국으로 몰래 입국할 계획을 세웠다. 그러나 미렐라에게는 어느 것 하나 쉬운 일이 없었다. 정착할 때까지 버틸 수 있는 자금이 필요했고, 거주지와 일자리를 찾는 일도 혼자 감당해야 했다.

불법 체류를 지지할 수는 없었지만 우리는 미렐라를 적극 돕기로 했다. 자주 만나면서 우리가 살던 영국에 대해 알려주고 마침 갖고 있던 적은 금액의 영국 돈을 건네주기도 했다. 미렐라가 어렵게 영국에 도착해서 우리가 준 동전으로 도움을 주기로 한 분들에게 전화를 걸었다는 이야기를 전해 들었다. 그녀는 영국에 잘 정착했다.

알바니아국립병원에 출근하던 날들도 눈앞에 어른거렸다. 뭔가 의심하는 듯한 현지인 의사들의 눈초리, 환자를 직업적으로만 대하던 그들의 모습. 그러나 그들에게 조심스럽게 새로운 의학 모델을 소개하자 마치 가랑비에 옷이 젖듯 그들의 표정이 날마다 조금씩 신뢰의 얼굴로 바뀌어 갔다. 그 과정이 얼마나 즐거웠던가. 중환자실에 누워 있던 할아버지와 할머니들도 잊을 수 없다. 숨을 헐떡이는 그들의 손을 잡고 눈을 맞추며 안부 인사와 함께 몸의 상태가 어떤지 물으면 미소 지으며 대답했다. 그들과 함께하지 못하는 게 내내 미안했고, 다시 만날 날을 마음속으로 기약했다.

안식년과 미국 연수기

알바니아의 무정부 상태가 끝날 기미가 안 보이자 우리는 안식년을 당겨서 쓰기로 했다. 정해진 계획은 없었다. 부득이한 상황이므로 일단 시간을 갖고 계획을 세워야 했다. 그러다 우연한 기회에 아내가 미국 휴스턴의 엠디앤더슨 암센터의 해부병리과에 계신 노재윤 교수님과 연결이 되어 해부병리를 공부할 기회를 갖게 되었다. 나 역시 뜻하지 않게 같은 병원에 계신 이진수 교수님과 연결이 되어 종양내과에서 공부하게 되었다.

처음에는 잘 몰랐지만, 이 두 분은 의학계에서 명성이 자자했다. 게다가 휴스턴 서울침례교회의 안수집사였다. 우리는 그분들을 따라 그 교회에 다니며 최영기 담임목사님을 만났다. 당시 휴스턴의 서울침례교회는 한국의 구역모임 같은 목장모임을 매주 금요일마다 가졌는데 알바니아 사역으로 지쳤던 마음이 치유되는 시간이었다. 휴스턴을 떠날 즈음에는 알바니아를 위한 목장모임도 생겨서 큰 지원과 도움을 받았다.

안식년은 의사로서도 진전이 있던 시기였다. 아내와 나는 세계 최고의 암센터와 텍사스의료센터에서 공부할 기회를 가졌다. 아내는 해부병리과에서 여러 교수들에게서 배웠다. 매일 오후 2시에는 노재윤 교수님의 교육 시간인 슬라이드 컨퍼런스에서 실제적이고 정확한 진단 접근양식을 배울 수 있었다. 나는 주어진 6개월을 최대한 활용하기 위해 2개월은 폐암과 두경부암에서, 2개월은 방사선과의 흉부단층촬영 판독실과 주사기로 폐의 종양을 찔러 세포를 검사하는 중재방사선과에서, 그리고 남은 2개월은 호흡기내과에서 배우기로 계획을 세웠다.

미국에서 연수받는 동안 놀랐던 일 중 하나는 물자가 정말 풍요롭다는 점이었다. 대부분의 의료재료가 일회용이어서 개봉한 것들은 쓰레기통에 버렸다. 후천성면역결핍증이나 다른 감염성질환이 우려되어 철저히 폐기하는 것이다. 한국에서는 소독 과정을 거쳐 재활용하던 물품들이었다. 알바니아에 가져가고 싶었다. 그 분야를 담당하는 수간호사에게 가서 알바니아에서 사역하는 선교사라고 소개를 하고 폐기 처분을 하는 기자재들을 가져갈 수 있는지 문의했다. 수간호사는 흔쾌히 허락해 주었다. 중재방사선과에서 배우는 2개월이 지날 무렵, 20킬로그램이 넘는 기구들이 모였다. 알바니아로 가져가서 귀하게 사용했다.

연수받는 기간 동안 도서관에도 자주 드나들었다. 오후에 시간이 비면 논문과 의학 교과서를 읽고 필요한 내용을 복사해 두었다. 마침 부서에서 복사비를 지원해 주어 알바니아 사역에 필요하다고 생각되는 의학 정보를 모두 복사해서 정리할 수 있었다. 중앙도서관 외에 방사선과 관련 서적과 자료를 보관해 두는 작은 도서관이 있었다. 그곳에는 각종 필름과 슬라이드가 파일별로 정돈되어 있었다. 도서관 사서 다니엘라는 도서관 자료를 정리할 때를 대비하여 미리부터 버릴 자료를 꽤 많이 모아 두었다. 살펴보니, 알바니아에 매우 유용한 것들이었다. 그녀에게 허락을 구하고 책과 슬라이드를 챙겨 왔다. 미국을 떠날 때쯤 공항으로 가져갈 짐이 상당했다.

설상가상,
내전에 이어 난민사태까지

1997년 발생한 알바니아 내란과 무정부 사태는 안 그래도 어려운 나라에 큰 재앙이 되었다. 정치와 경제, 사회가 모두 무너졌고 화폐 가치가 바닥으로 떨어져 국민의 살림살이는 최악으로 치달았다.

일단 이탈리아로 탈출하여 한국으로 돌아와 사태를 지켜보던 나는 알바니아 개척 교회와 성도들에 대한 걱정과 죄책감으로 잠을 못 이루었다. 2개월이 흐른 뒤 결단을 내렸다. 아직은 내전과 혼란으로부터 회복되지 않았지만 성도들에 대한 부담과 리더로서의 책임감으로 알바니아로 돌아가기로 마음먹고, 아내와 상의하고 함께 기도한 끝에 나만 혼자 들어가기로 결정했다. 출국을 앞두고 아무도 모르게 유언장을 작성하고, 비행기에 몸을 실었다.

다시 찾은 알바니아는 곳곳에 내전의 참상을 고스란히 드러내고 있었다. 거리에는 인적이 드물었다. 상점은 거의 모두 파괴되었고, 건물 벽에는 총탄의 흔적이 그대로 남아 있었다. 공무원이나 경찰 제복을 입은 사람은 찾을 수 없었다. 예전의 모습을 회복하기까지 얼마나 많은 시간이 걸릴지 염려되었다.

집으로 돌아와서 살펴보니 다행히 도난당한 물건은 없었다. 동네에 남아 있던 신실한 이웃이 돌봐준 덕분이었다. 주일 모임을 재개하고 사람들을 다시 만났지만 평일에는 거리를 다니기가 쉽지 않았다. 무장 괴한들이 거리를 돌아다녔다. 중국 상점들도 모두 문을 닫았다. 뉴스에서는 연일 마스크를 쓴 무리가 곳곳에서 자동차를 빼앗고 물건을 약탈하며 서로 총격전을 벌이는 장면이 나오고 있었다.

알바니아 내란이 우리에게 가져다준 행운도 있었다. 교회 청년들과

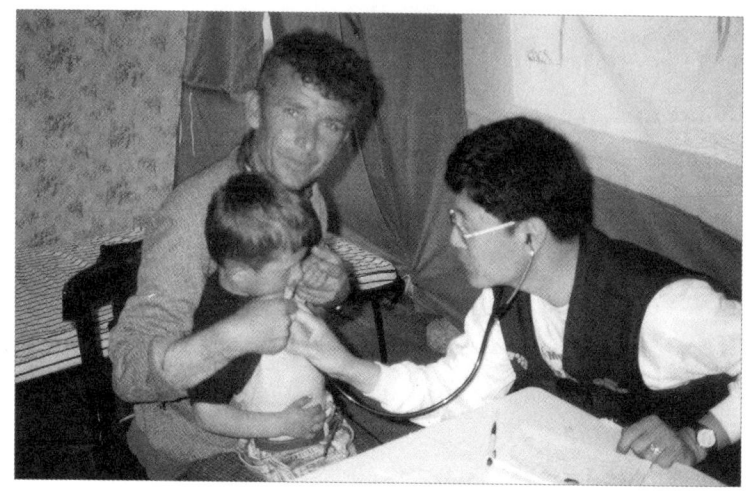
진료를 받고 있는 코소보 난민

의 사귐이었다. 밤이 되면 교회 청년들이 우리 집으로 찾아왔다. 우리는 함께 식사하고 이야기를 하며 말씀을 나누고 기도하는 시간을 가졌다. 우리가 알바니아를 탈출했던 과정과 미국 생활, 그리고 남아 있던 그들이 보낸 힘겨웠던 시간과 개인적인 고민을 나누며 서로를 깊이 이해하는 계기가 되었다.

알바니아로 돌아온 지 얼마 지나지 않아 코소보 사태가 발발했다. 그때가 1999년이었다. 구 유고슬라비아의 티토 대통령이 죽자 다민족 연방국가인 유고슬라비아에서 독립을 외치는 민족이 나타났다. 연방의 하나인 세르비아는 코소보의 독립을 반대하고 코소보를 자치구로 두었다. 먼저 공격을 감행한 건 코소보 해방군이었다. 그들은 독립을 외치며 세르비아 경찰을 공격했고, 이에 세르비아가 코소보 자치구의 마을을 침공하여 대량 학살을 저지르면서 코소보 사태로 번졌다.

전쟁과 학살을 피하여 60만여 명의 코소보 난민이 국경을 넘어 알바니아로 건너왔다. UN과 유럽을 비롯한 각국의 많은 NGO 단체들이 난민들을 도왔고, 알바니아에 있는 선교사들도 힘을 보탰다. 알바니아가 남을 도울 만한 처지는 아니었지만 코소보 인구의 80퍼센트가 알바니아 민족이었다. 알바니아 성도들은 코소보의 고통받는 사람들을 불쌍히 여기며 보살펴 주었다. 난민들의 먹고 자는 문제가 해결되면 그들의 두려워하는 마음에 평안을 주기 위해 복음을 전했다. 나는 알바니아와 코소보 사이에 자리한 국경도시 쿠커스와 수도 티라나를 오가며 난민을 돌보았다. 코소보 사태 소식을 듣고 한국의 의료진들이 속속 입국했다.

코소보는 잘 알려지지 않은 나라였다. 그런데 세르비아의 잔인한 학살과 만행으로 인해 코소보는 전 세계에 알려졌고, 코소보 선교에 대한 관심이 높아지게 되었다. 코소보 인구의 90퍼센트는 무슬림으로 그들이 복음을 전해들을 기회가 없었다. 알바니아에서 사역하던 선교사 중 일부는 사역지를 코소보로 옮기기도 했다.

샬롬, 이 땅에 평화가

클리닉 개원기

"평안을 너희에게 끼치노니 곧 나의 평안을 너희에게 주노라 내가 너희에게 주는 것은 세상이 주는 것과 같지 아니하니라 너희는 마음에 근심하지도 말고 두려워하지도 말라"(요 14:27).

세우기까지 5년 걸린 샬롬센터

알바니아국립대학 부속병원에 몸담고 있으면서 선교 사역을 하는 데는 한계가 있었다. 우리는 샬롬센터를 세울 계획을 갖고 있었다. 1996년에 알바니아 법원과 보건복지부에 한국-알바니아 건강법인을 재단으로 등록시켰다. 알바니아 내란으로 센터 건립이 잠정적으로 중단되었지만 1999년에 수도 외곽에 150여 평의 땅을 구입했다.

당시에는 외국인이 땅을 구입할 수 없었다. 아내가 해부병리과에서 근무하는 동안 병리기사에게 복음을 전했는데, 그녀의 신앙이 두터웠다. 그녀의 명의로 땅을 구입했고 우리가 그 땅을 대여하는 방식으로 2층짜리 건물의 건축 허가를 신청했다. 그때 많은 알바니아인들이 우리를 도와주었다. 변호사부터 공증인, 건축사, 설계사들이 어떻게 연결되었는지 모르지만 적절한 시기에 나타나서 건축 진행을 도와주었다.

허가가 가장 어려운 일이었다. 시공 허가는 떨어졌지만 전기와 수도 시설이 없다는 게 문제였다. 관청 담당자는 우리더러 직접 송전탑을 세우라고 했다. 불가능한 일이었다. 여러 모로 방법을 찾던 중, 가까운 곳에 곧 아파트가 들어선다는 사실을 알게 되었다. 아파트가 들어서면 전기가 들어오고 변전소도 설치된다는 얘기였다. 우리는 곧 아파트 건설업자를 찾아가 계약을 맺고 전기 문제를 해결했다.

상수도 문제도 쉽지 않았다. 매일같이 수도국을 드나들었지만 반 년쯤 지난 뒤에야 비로소 허가가 났다. 병원 부지에서 100미터가량 떨어진 곳에 수도관이 지나간다는 사실도 그때 처음 알았다. 곧 상수도 연결 공사를 시작했다. 중장비 기사가 불도저로 땅을 파다가 수도관을 터트려 온 동네를 물바다로 만든 적도 있었다. 동네 사람이 우리를 불법 공사자로 오해하고 수도국에 신고하는 웃지 못할 일도 벌어졌다. 다음 날 수도국 관리가 찾아왔는데 나를 보자마자 웃음을 터뜨렸다. 반년이 넘도록 매일 만나던 수도국 과장이었다.

준공 검사와 등기소 등록도 만만치 않았다. 준공 검사만 3년이 걸렸고, 등기소 등록은 1년이 넘게 걸렸다. 1999년에 땅을 매입했는데 등기를 마친 것은 2003년이었다.

허가를 받기 위해 3년을 하루같이 시청 주무부서 앞문에 서 있었다. 수개월이 지나자 '중국인이 매일 찾아온다'는 소문이 퍼졌다. 지나는 사람마다 호기심 어린 얼굴로 '무슨 일로 왔느냐'고 물었다. 그때마다 찾아온 사정을 설명했다. 나중에는 샬롬센터 건축에 대해 모르는 사람이 없었다. 한번은 시청 직원이 와서 내 이야기를 듣더니 자신이 가서 설명해주겠다고 했다. 내부 직원까지 나서는 바람에 샬롬센터 건축 허가를 담당했던 공무원이 많은 압박을 받았다고 한다. 마침내 준공 검사가 떨어졌다. 그 뒤에 진행된 등기 업무도 1년 이상 소요되었다.

클리닉 이름은 샬롬클리닉으로 지었다. 육체의 치료뿐 아니라 영육의 회복을 통해 알바니아의 모든 피폐함이 우리 주님의 샬롬으로 바뀌고, 클리닉이 주님의 목적에 맞게 쓰임받기를 바라는 마음으로 지은 이름이었다. 알바니아와 발칸 반도는 피와 보복의 역사를 갖고 있었다. 미움과 반목으로 전쟁을 벌였고, 무고한 사람들이 희생당하는 일이 반복되었다. 터키의 지배와 공산주의도 알바니아에 큰 상처를 남겼다. 게다가 1997년에는 내전까지 겪었으니 이 땅에 평화가 깃들 시간이 없었다. 알바니아의 모든 사람이 샬롬의 축복 가운데 평화를 맛보기를!

샬롬클리닉을
열어야 하는 이유

알바니아국립대학 부속병원에서 일할 때도 복음을 전하는 일에 게으르지 않았지만 샬롬클리닉과는 환경이 많이 달랐다. 대학병원에서는 진료가 주 업무였기 때문에 주말이라는 한정된 시간을 활용하여 성경공부를 하고 교회도 개척해야 했다. 샬롬클리닉은 의료와 복음을 접목할 수 있는 좋은 기회였다. 샬롬클리닉과 정부 의료기관에서 일할 때의 차이점을 다음과 같이 비교해 보았다.

	샬롬클리닉	현지 정부 의료기관
복음 전파의 자유	높다	낮다
복음 전파의 대상	상대적으로 적다	상대적으로 많고 다양하다
대상과의 관계	관계의 깊이가 깊다	관계의 깊이가 얕다
환자에 대한 책임	진단과 치료에 직접 관여	간접적인 방법으로만 참여
시간 사용	진료와 행정	진료와 원조 사역
의료 사역의 영역	확대 가능	거의 일정
의사들과의 관계성	좁고 깊다	넓고 다양하다
의료 서비스 / 검사	검사에 한계가 있다	검사 영역이 넓지만 허락을 받아야 한다
안식년	다른 의료인이 필요하다	관계성이 없어질 수 있다
재정 지출	인건비, 유지비, 약품비	약품비와 원조

병원의 규모와 책임 수준이 다르다는 점이 샬롬클리닉과 정부 의료기관의 가장 큰 차이인 것 같다. 그러나 짧고 가벼운 만남으로는 상대방에게 신앙을 온전히 전달하기는 힘든 것이 사실이다. 한 가지 덧붙이면, 대학병원은 겉으로는 무료 진료를 표방했지만 실제로는 환자들로부터 많은 액수의 뒷돈을 받았다. 가난한 환자는 진료를 받을 수 없는 현실이었다.

알바니아에서 의사가 되면 얼마 되지 않아 집을 사고 부자가 된다. 정부의 주요 부서에도 의료인이 많이 포진한 탓인지 의료계의 부정부패 척결은 요원해 보인다. 맹장 수술에는 300-400유로, 두경부 수술에는 1,000유로 이상을, 디스크 수술에는 800유로 이상을 의사에게 지불하는 것이 공공연한 비밀이었다. 알바니아 사회가 질서를 찾지 못하고 길을 잃었듯이 의료계의 부패도 갈수록 심각해졌다.

그나마 의사와 인연이 있는 사람은 무료로 진료를 받을 수 있었다. 가난한 이들 가운데 종종 내게 전화를 걸거나 방문을 요청하는 사람이 있었다. 이외에도 그리스정교병원에 근무하는 미국인 일반외과 의사에게 부탁하여 무료로 수술을 주선하기도 했다.

샬롬클리닉의 필요성은 알바니아의 의료 환경 문제와도 연관이 있었다. 큰 병원을 세우면 환자를 많이 수용할 수 있지만 유지하는 데 많은 비용과 에너지가 든다. 관련된 법과 제도로 인해 각종 문제에 봉착하고 직원을 비롯한 병원 관리의 어려움으로 복음 사역을 우선순위에 두기가 힘들다. 대학병원에서 일하면서 이미 경험한 것들이었다. 또한 우리가 속한 선교부에서도 큰 병원을 세우는 프로젝트를 꺼렸기 때문에 자연스럽게 클리닉으로 의견이 모였다. 입원 병동이 없는 외래형 클리닉으로 건물을 짓되 1차 의료기관에 필요한 검사실, 방사선과, 초음파, 내시경, 산부인과는 갖추기로 결정했다.

건축이 끝나자 곧바로 내부 인테리어를 시작했다. 한국으로 가서 필요한 장비와 물품들을 구입하여 배편으로 알바니아로 보냈다. 물품의 일부는 구입하고 일부는 여러 의료기관의 도움을 받았다. 미국의 한 구호기관에서는 컨테이너 가득 의료 물자를 지원해 주었다.

가까스로 클리닉이 모양을 갖추어 개원하게 되었다. 이제 마지막으로 남은 건, 운영 방침이었다. 나는 다음과 같이 9가지 항목을 작성했다.

첫째, 선교의 목적과 방향에 초점을 맞춰야 한다.

둘째, 현지 언어, 문화 및 의료에 대한 충분한 이해가 있어야 한다.

셋째, 현지 법인이지만 한국 법인의 지부 형식으로 한다.

넷째, 재정 사용은 입출입이 투명하고 공개되어야 한다.

다섯째, 규모는 가능한 작게 한다.

여섯째, 전체 예산의 60-70퍼센트가 준비되면 시작한다.

일곱째, 10-15년을 예측해야 한다.

여덟째, 유지하는 데 드는 재정에 대한 계획이 있어야 한다.

아홉째, 다른 의료선교사와 동역해야 하고, 후임 의료선교사도 준비해야 한다. 그리고 현지인 기독 의료인과 동역해야 한다.

샬롬클리닉은 9가지 운영 방침에 따라 진행되었다. 다섯째 항목 '규모'에 대해서는 이견이 있었지만 의료기관은 복잡한 구조이므로 규모가 크면 유지하기가 쉽지 않다고 판단했다. 규모가 커질수록 재정도 많이 필요했다. 규모가 작아도 얼마든지 의료선교의 목적을 충분히 이룰 수 있다고 생각했다.

2001년 3월 23일, 개원식이 열렸다. 한국에서는 원동교회 김경엽 목사님과 안희택 장로님이 참석했고 알바니아에서는 한국 명예영사이며 폭스바겐 알바니아 사장으로 우리에게 많은 도움을 준 아그론 파풀리, 티라나 시장이자 나중에 알바니아 총리가 된 에디 라마가 참석했다. 보건복지부 장관은 갑작스런 일이 생겨 참석하지 못했다. 에디 라마는 키가 장대같이 컸다. 한국에서 가져온 하얀 장갑이 손에 들어가지 않아서 반쯤 낀 채 손으로 가위를 들고 테이프 커팅식을 해서 보는 이들을 웃게 만들었다.

또한 선교사연합회 사무총장인 미국 변호사 출신의 밥 베이커, 클리닉에 책상을 비롯한 여러 사무기구와 기타 물품을 지원해 준 호프 포 알바니아(HOPE for Albania)의 관계자, 호흡기병원의 친구들, 개척선교부의 많은 선교사들, 알바니아 기독의사회 회원들이 참석하여 크게 축하해 주었다. 우리는 각 방을 보여 주며 샬롬클리닉의 비전과 미션에 대해 소개했다.

알바니아어로 "원동교회와 한국누가회가 알바니아 민족을 위하여 하나님께 드림"이라고 표기한 현판을 클리닉 입구 한쪽 벽에 설치했다. 마침내 샬롬클리닉에 오는 모든 이들에게 하나님의 이름으로 의료선교를 하게 되었다.

의료 서비스에
목말랐던 사람들

개원식을 하고 그 다음 주부터 환자를 받았다. 2001년 당시 알바니아에는 개인 클리닉이 드물었다. 샬롬클리닉이 진료를 시작했다는 소문이 퍼지자 환자들이 아픈 몸을 이끌고 찾아왔다. 인근에 사는 마을 주민뿐 아니라, 티라나와 타 지방에 사는 사람들까지 먼 길을 달려 병원 문을 두드렸다. 아침 8시에 문을 열기 위해 부랴부랴 병원에 가면 부지런한 환자들이 길게 줄을 서고 있었다. 클리닉 마감 시간인 오후 5시가 되도록 대기 환자는 줄지 않았다. 저녁과 주말에도 고통을 호소하는 환자들의 발길이 이어졌다.

알바니아에서 처방되고 있는 약들은 중국산과 인도산이 대부분이었는데 약효에 대한 불신감이 팽배해 있었다. 유럽산 약들은 구하기가 어려웠고, 가격도 비싸서 그림의 떡이었다. 그런데 샬롬클리닉에는 "좋은 약도 있고, 외국인 의사도 있다"는 소문이 돌면서 국경 근처에 사는 환자들도 먼 길을 마다않고 찾아왔다. 아주 늦은 점심, 때늦은 밤참 같은 저녁식사는 일상이 되었다. 클리닉까지 오기 힘들 만큼 건강이 나쁜 환자들은 왕진을 요청했다. 그러면 차로 꼬박 1시간을 달려 진료를 하고 돌아왔다. 왕진 환자들은 "가까운 거리니까 꼭 와 달라"고 전화를 거는데 실제로 가 보면 자동차로만 1시간을 달린 후 30분 넘게 걸어 들어가는 경우가 다반사였다. 그래도 방문을 요청하는 환자가 있으면 외면하지 않고 달려가서 진료하고 기도하며 복음을 전했다.

알바니아는 열악한 의료 환경 때문에 병을 앓는 사람이 많았다. 물론 최신 의료 기술로도 더 이상 손을 쓸 수 없을 정도로 몸이 망가진 환자도 있었다. 돈만 있으면 가까운 그리스로 건너가 치료를 받을 수 있는데 그렇게 하지 못하는 사람들을 보면 마음이 아팠다. 장애인들과 그들의 가족들을 보면 이들이 좋은 나라에서 태어났더라면 하는 안타까움이 일었다.

알바니아 환자들은 감염성 질환이 많았다. 예방 접종도 제대로 하지 못한 채 자랐고, 감기에 걸려도 충분히 쉬지 못하고, 적절한 1차 치료를 받지 못하니 폐렴으로 진행되었다. 또한 음식에 대한 위생관념도 부족하여 종종 장염이 발생했다. 특히 어린이들이 감염성 질환에 취약했다.

만성 질환자도 많았다. 짜게 먹는 식습관과 민주주의 사회가 되면서 늘어난 비만 때문에 35세 이후에 고혈압과 심장병을 앓는 환자의 비중이 많았다. 식수 때문인지는 불분명하지만 신장 결석으로 고생하는 환자도 적지 않았다.

알바니아는 공산주의 시절, 터널을 뚫고 기차 선로를 깔며 집단 농장에서 뼈 빠지게 일하느라 몸을 혹사한 사람들이 많았다. 이들은 팔과 무릎, 손마디와 어깨, 목과 허리에 통증을 호소했다. 여성은 특히 대가족 집안의 며느리로 들어와서 평생을 가사노동에 시달리느라 뼈마디가 욱신거리지 않는 사람이 없을 정도였다. 그렇게 나이가 들다 보니 관절이 퉁퉁 부었다며 통증을 호소하는 이들이 많았다. 이들은 오랫동안 진통제를 복용한 탓에 다양한 부작용도 갖고 있었다. 이런 환자들에게는 재활 치료나 다른 통증 치료가 필요했다. 이들을 위해 하나님께 기도하는 중에 경희대 한의학과 출신의 선교사가 알바니아로 오게 되었다.

환자 중심의
클리닉

2002년이었다. 누가회 한의사 후배가 알바니아 선교사로 파송받아 왔다. 그는 컨테이너 가득 침과 물리 치료 기구 등 의료 장비를 싣고 왔다. 안타깝게도, 가져온 한의 알약은 의료법 문제로 쓸 수 없었다. 하지만 침

샬롬센터 및 클리닉

술과 물리 치료를 통한 통증 치료는 효과가 탁월했다. 샬롬 팀의 약사인 선교사가 한의사 선교사를 도와 환자들에게 경피전기신경자극술과 기타 다양한 통증 치료를 처방했다. 환자들이 통증이 가라앉는 걸 분명히 느꼈는지 다음 날 다른 환자들을 데려왔다. 한의 치료술은 근육통 외에도 신경병증 환자와 디스크 환자에게 도움이 되었다.

샬롬클리닉이 자랑하는 분야가 하나 더 있다. 바로 치과다. 클리닉을 개원하기 전인 1995년에 경희대학교 치대 후배들이 의료봉사를 다녀갔다. 치과 치료는 큰 호평을 받았다. 2007년에 경희대학교 누가회 후배 치과 의사들이 다시 기술자를 대동하고 알바니아로 왔다. 이들은 클리닉에 마련된 치과실에 치과 의자 두 개와 치료에 필요한 세팅을 마치고 진료를 시작했다.

2008년에는 미국과 한국에서 단기 치과 팀이 원정 진료에 나섰다. 치과 진료는 인기가 많았다. 그도 그럴 것이 알바니아 치과 의사들은 문제가 있다 싶으면 무조건 이를 뽑았기 때문에 마흔 살에 틀니를 낀 알바니아 사람이 생각보다 많았다. 그나마 틀니가 잘 맞으면 좋겠지만 그렇지 못한 사람들은 통증 때문에 틀니 착용도 힘들었다. 알바니아인들에게 치과 사역은 긴 가뭄 끝에 내리는 단비같이 반가운 소식이었다.

우리의 이런 마음을 알았는지 2009년부터는 치과 선교사들이 많은 환자를 돌봐주었다. 그러나 치과 사역은 의사가 굳이 상주할 필요는 없다. 연간 횟수를 정해 치료해도 충분하다고 한다. 치과 의료봉사 팀이 올 때면 사전에 한국이나 외국의 치과 팀에게 연락을 취해 서로 시간이 겹치지 않게 조율했다. 또 매번 치료 팀이 올 때는 선임자가 남기고 간 의료 기자재를 쓰고 자신들이 가져온 것은 남겨 두고 가는 게 전통이 되었다.

복음을 전하는 입장에서 치과 진료가 지닌 장점이 있다. 어린이부터 어르신까지 모든 연령대의 환자를 받을 수 있으며, 말이 통하지 않아도 진료가 쉽다. 또한 면허를 내거나 치과실 설치가 어렵지 않아 의원보다 비교적 쉽게 개설할 수 있다. 재정적인 자립도 비교적 쉬울 뿐 아니라, 현지인 치과 의사나 치과대생을 가르쳐서 제자로 세우기도 좋다.

물론 한의과와 치과를 갖췄다고 끝은 아니다. 샬롬클리닉은 진료 부분에서 한계가 있다. 그렇지만 최선을 다하여 환자가 만족할 만한 클리닉이 되고 싶다. 나의 전공인 내과 환자가 아니더라도 환자에게 최선의 결과를 제공하고 싶다. 샬롬클리닉에는 종종 피부병 환자들이 찾아왔다. 스마트폰이 없던 시절이라 환자의 피부를 필름 카메라로 찍어서 한국의 피부과에 문의하여 소견을 들었다. CT의 경우, 웹하드에 데이터를 올리고 한국의 방사선과 의사에게 연락하여 이메일로 결과를 받았다. 정형외과와 신경외과 환자들은 1년 동안 예약을 받은 다음, 10-11월에 미국에서 온 의료 팀이 진료해 주었다. 그 덕에 많은 알바니아 사람들이 찾아왔고, 샬롬클리닉은 금세 유명해졌다.

샬롬클리닉이
처한 문제들

문화적 환경이 다르고 사회 질서가 무너진 나라에서 클리닉을 열고 의료 사역을 하는 일은 만만치 않았다. 정신적인 스트레스뿐 아니라 육체적인 에너지 소모도 많았다. 클리닉을 운영하면서 직원 관리, 한국과는 사뭇 다른 법률 문제, 환경적인 어려움이 가장 힘들었다.

클리닉의 모든 직원이 신앙을 갖기란 쉽지 않다. 직원 입장에서는 클리닉의 사명이나 비전을 남의 이야기처럼 받아들일 가능성이 크다. 오히려 병원 운영자인 선교사에게 더 많은 정확성과 포용성을 요구하는 경우가 많다.

알바니아 사람들의 역사적 특수성도 직원 관리를 어렵게 만드는 요인이었다. 그들은 공산주의 치하에서 살면서 좋지 않은 습성을 배웠다. 공산주의 체제에서 그들은 자아비판이라는 문제에 부딪쳤다. 자아비판을 통해 자기 죄를 인정하면 감옥에 끌려갔다. 그러나 끝까지 아니라고 잡아떼면 사람들에게 비판받을지 모르지만 최소한 감옥에는 가지 않았다. 이런 태생적 환경 탓인지 그들은 잘못을 지적받을 때마다 자신은 잘못한 일이 없다며 부인한다.

하루는 어느 선교사가 찾아왔다. 아내가 산부인과 여의사에게 진료를 받았는데 의사가 돈을 요구해서 주었다고 했다. 산부인과 여의사를 불러 물어보았는데, 자신은 절대로 돈을 받은 적이 없다고 끝까지 부정했다. 가슴 아팠지만, 우리는 그 의사를 내보낼 수밖에 없었다. 간호사가 말썽을 일으킨 적도 있었다. 그녀는 환자가 없는 오후 시간을 이용해 애인을 만나러 다녔다. 수차례 타이르고 지적해도 전혀 나아지지 않았다. 부득이하게 해고했는데 그녀의 애인인 듯한 남자가 찾아와서 난동을 부렸다.

병원 사무장도 잘못을 지적하면 화를 냈다. 우리는 환자의 이름에 따라 차트를 분류하도록 지시했는데 그녀는 이 분류법을 며칠 동안 반복해서 설명해도 잘 이해하지 못했다. 어디가 문제인지 지적했더니 그녀는 자신은 틀린 게 없다며 목청을 높였다.

의료법과 관련된 문제도 있다. 알바니아의 의사 면허에는 내과가 없었다. 그래서 보건복지부에서 내과 면허를 받을 때 설명하기가 쉽지 않았다. 한번은 조사관이 나와서 "왜 심전도 기계가 필요하냐, 검사실은 왜 있느냐" 등 당연하다고 생각되는 질문을 던져서 답변을 하느라 힘들었다. 그래서 한동안 면허가 취소된 적도 있었다.

의료법뿐만 아니라 세무 문제와 노동법, 위생법과 전기, 수도 관련 규정과 같이 풀어 가야 할 문제가 한둘이 아니었다. 검사물을 냉장 보관해야 하는데 밤에만 전기가 들어와서 클리닉 업무에 차질을 빚을 때가 있었다. 낮에는 전기가 안 들어와서 각종 검사와 방사선 촬영을 오랫동안 하지 못했다.

천사들이
찾아오다

과연 선교사 한 개인의 헌신으로 선교가 이루어질 수 있을까? 물론 선교에 헌신하고 파송받을 때까지 많은 도움을 받는다. 파송받아 나간 선교 현장에서도 다른 사람의 도움 없이 스스로 할 수 있는 일은 거의 없다. 그런 까닭에 선교 사역을 하는 동안 하나님이 많은 천사들을 보내 주셨다. 하나님이 보내 주신 천사들이 없었다면 샬롬클리닉은 알바니아 땅에 세워지지 못했을 것이다.

알바니아에 오기 전, 우리 가족은 영국에서 6개월간 머물며 선배 선교사들의 도움을 받았다. 당시 한국에는 알바니아에 대한 자료가 거의 없었다. 우리는 런던 바이블 칼리지에서 청강하고, WEC 본부에 가서 알바니아 자료를 모았다. 영국 선배 선교사들의 도움이 없었다면 불가능한 일이었다. 그때 우리가 도서관에서 찾은 자료가 '누가 알바니아를 돌보는가?'(Who cares Albania?)였다. 그 자료를 통해서 처음으로 알바니아 사람들을 만났다.

런던의 언어학교에 다닐 때였다. 우리가 알바니아로 선교하러 간다는 소식을 듣고 오스트리아에서 유학을 온 한 친구가 말했다.

"내 친구가 알바니아의 의사를 오스트리아 병원에 데리고 가서 공부하는 것을 도와준 적이 있어요. 당신들이 알바니아에 가게 되면 그분에게 연락해 놓겠습니다."

지나가듯 나눈 대화여서 까마득히 잊고 있었다.

드디어 알바니아에 도착했다. 미국 기독학생회의 선교사가 먼저 와 있었다. 그는 주중에 대학생을 대상으로 성경 공부를 인도하고 있었는데 나도 정기적으로 참석했다. 하루는 어느 대학생에게서 호흡기병원의 의사가 나를 찾는다는 소식을 들었다. 시간을 내서 그 의사를 만났다. 그의 이름은 율부샤티. 그는 병원 내과과장이며 오스트리아에서 공부했다고 자신을 소개했다.

"오스트리아에 있는 친구에게서 연락을 받았습니다. 아는 분이 알바니아에 오셨다고 하여 이렇게 뵙자고 청했습니다."

놀라운 일이 아닐 수 없었다. 율부샤티는 내가 훗날 호흡기병원에서 일할 수 있도록 자리를 알아봐 주었고, 나중에는 한국-알바니아 건강법인의 이사로 섬겨 주었다.

아내가 일할 수 있는 자리를 알아봐 준 천사도 있었다. 우리는 알바니아 입국 초기에 미국 오순절교회 선교사가 시작한 국제교회에 출석했다. 그곳에서 미국 출신의 선교사를 만났다. 그녀는 알바니아 대학병원의 미생물부에 몸담고 있으면서 네덜란드 선교회의 구호기관에서 의료 물품을 받아 기증하는 일을 하고 있었다. 그녀가 물품을 대학병원에 기증할 때 만나는 담당자가 병원 부원장이었다. 그녀는 우리를 그에게 소개해 주었다. 부원장은 내 아내와 같은 해부병리과 전문의였다. 그 일

해부병리과 의사들과 함께한 유소연 선교사(왼쪽에서 세 번째)

이 계기가 되어 아내와 나는 알바니아 의학협회에 정식회원으로 등록할 수 있었다. 1994년부터 아내는 대학병원 해부병리과에서 일하게 되었다. 나중에 이 대학병원은 '마더 테레사 대학병원'으로 이름을 바꾸었다. 마더 테레사는 알바니아인이다.

샬롬센터와 클리닉을 개원한 뒤, 가장 먼저 찾아온 이들은 전주 예수병원 팀이었다. 첫 의료 봉사를 시작한 2002년부터 11년간 전문의, 전공의, 간호사 및 직원들이 알바니아를 도우러 왔다. 이 기간 동안 100여 명이 먼 길을 날아왔다.

2001년 시카고에서 열린 코스타대회에 참석한 뒤 우리는 볼티모어의 빌립보교회를 방문했다. 공항에 여러 교인이 마중을 나와 있었다. 그중 박찬규 신경외과 의사도 있었다. 우리는 함께 식사를 하거나 교회에서 만나 교제하는 중에 알바니아 의료 사역의 필요성을 알렸다. 이를 계기로 빌립보교회가 알바니아 사역을 결정하게 되었다. 박찬규 의사가 의료 팀을 모아 알바니아를 방문하기 시작한 것은 2000년대 중반이었다. 매년 가을이 되면 정형외과 의료진과 간호사 팀이 함께 와서 군인병원 외상센터의 신경외과 과장과 함께 어려운 수술을 진행했다. 그들은 방문할 때마다 수만 달러가 넘는 신경외과 및 정형외과 장비와 물자, 약들을 기증했다.

2009년에는 휴스턴 베일러대학병원 신경외과 의사인 대니얼 김이 와서 알바니아 전국의 신경외과 의사를 대상으로 세미나를 열어 난이도 높은 수술법을 가르쳤다. 또한 보건복지부 장관을 만나 협력을 증진할 수 있는 방안을 논의했다. 나중에 안 일이지만, 대니얼 김은 의학 서적도 많이 집필한 유명한 신경외과 전문의였다.

볼티모어 빌립보교회의 의료 팀은 의료 봉사에 그치지 않고 교육과 교회 지원에도 큰 도움을 주었다. 2012년에는 마케도니아에 있는 알바니아계 병원의 신경외과를 방문했다. 이들은 알바니아를 넘어 발칸반도 전체에 의료선교를 부흥시킬 계획을 갖고 있다.

물론 이게 전부는 아니다. 샬롬클리닉은 수익을 내는 기관이 아니었기에 도움의 손길이 필요했다. 클리닉에 필요한 약들은 미국과 한국에서 다양한 방법으로 공급해 주었다. 미국의 여러 의료 팀과 한국의 예수병원을 비롯한 여러 병원과 의원에서 의약품을 제공해 주었다. 개인 자격으로 의약품을 보내 주신 분들도 있고, 한국에 다녀온 선교사들이 의약품을 받아 올 때도 있었다.

호프 포 알바니아를 만든 네덜란드 기관은 샬롬클리닉이 개원할 때 도와준 것 외에도 의약품을 비롯하여 의료기자재와 혈압기를 공급해 주었다. 클리닉 내에 샬롬교회를 시작한 뒤에는 OM(Operation Mobilization)과 YWAM 선교사들, 영국을 비롯한 여러 나라 선교사들이 찾아와서 도와주었다.

알바니아 선교사연합회에 속해 있던 많은 단체들도 직간접으로 힘이 되어 주었다. 영어를 가르쳐 준 선교사도 있고, 출판을 도와준 선교팀도 있었다. 선교사연합회 사무총장과 직원들은 1997년에 일어난 알바니아 내전 때 한국 선교사들이 탈출하도록 도왔고, 알바니아에서 사역하는 내내 선교사 비자와 이에 관련된 행정, 우편 업무를 지원해 주었다.

샬롬클리닉을 개원할 때 미국 MOM선교회(Messengers of Mercy)의 최순자 소아과 선생님과 여러 의사 선생님들이 알바니아까지 와서 도와주었다. 게다가 MOM선교회는 우리가 인터내셔널 에이드(International Aid)의 도움을 받을 수 있도록 지원해 주었다. 우리는 그 기관의 총재를 초청했고 MOM선교회 회원으로 시카고에 사시는 김현수 장로님이 총재와 동반해서 알바니아로 왔다. 마침내 그 단체는 우리를 지원하기로 결정했다. 다만 미국에서 알바니아까지 물자를 나르는 선적 비용은 우리가 담당하기로 했다. 기도 중에 휴스턴 서울침례교회의 최영기 목사님과 성도들에게 재정 지원을 부탁했다. 그러자 그 교회는 어느 주일의 오전예배헌금을 모아서 보내 주었다. 우리가 선교 사역을 하는 내내 마음과 정성을 기울여 아낌없이 지원해 주신 서울침례교회의 김진걸 목사님과, 목장의 기도와 사랑은 우리 가정에 든든한 버팀목이 되었다.

또한 그리스에서 사역하던 선교사 가정과 한인교회, 영국의 한인교회, 유럽 여러 지역의 한인교회와 선교사들, 목사님과 집사님들이 비행기를 갈아타기 위해 머물거나 이동 중에 도움을 주셨다. 그 외에도 여기에 언급되지 않은 많은 분들에게도 깊이 감사드린다.

맺음말

언더우드 선교상을 받으며

2002년 5월, KBS에서 전화 한 통이 왔다. '한민족리포트' 촬영 협조 건이었다. 알바니아로 전화를 거는 일조차 쉽지 않은 때였다. 어렵게 전화했을 테지만 나는 정중히 거절하고 싶었다. 조용히 선교 사역을 하고 싶었다.

"양승봉 선교사님이 강력 추천해 주셨습니다. 추천하신 분의 성의를 봐서라도……"

담당 PD의 입에서 불쑥 튀어나온 '양승봉'이라는 말에 생각을 바꿨다. 누가회 선배로 매우 가까운 사이였다. 선배의 추천을 무시하기 어려웠다. 그리고 네팔에 관한 한민족리포트의 방송을 본 것도 도움이 되었다. 무엇보다 어렵고 가난한 알바니아가 한국에 소개되어 도움을 받으면 좋겠다는 마음이 들었다.

며칠 뒤 한민족리포트 팀이 도착하여 밀착 취재를 시작했다. 취재 팀은 한시도 우리 곁을 떠나지 않고 카메라를 돌렸다. 샬롬클리닉 진료부터 동네 사람들을 위한 무료 진료, 호흡기내과병원의 중환자를 돕기 위한 출장 진료, 병원이 없는 시골 마을로 원정 진료를 다닐 때도 촬영 팀이 따라다니며 매순간을 화면에 담았다.

미디어의 힘은 컸다. 한민족리포트가 방영된 뒤 온라인 게시판에는 격려와 칭찬의 댓글이 많이 달렸다. 작은 형이 그 댓글에 대한 감사의 글도 올렸다. 대학 동기들은 내과 전문의가 된 후 종적을 감췄던 사람이 몇 년 만에 TV에 나온 게 놀라운 모양이었다. 나중에 경희대 누가회 의대생 후배에게서 전해들은 이야기가 있다. 나와 함께 전공의 수련을 받고 후에 교수가 된 어느 선배가 내과 강의 시간에 "전문의가 되었으면 일을 해야지, 외국에 가서 봉사하는 사람이 있는데 미친 것 아니냐"라고 말했다고 한다. 누가회 후배는 '심재두 선배를 두고 하는 말이구나' 하고 생각했다고 한다. 맞는 말이다. 심재두는 예수님께 좀 더 미치고 싶은 사람이다. 그래서 이 길이 주님께서 나를 부르신 좁은 길이라 믿고 감사하며 행복하게 걸어왔다. 사도 바울 역시 유다 총독 베스도에게 "네가 미쳤구나"라는 말을 들었다. 그것이 주님을 위한 일이라면 정말 큰 영광이다.

때때로 우리의 사역 현장을 방문해서 보고 귀히 여기는 분들이 있다. 2002년에 알바니아를 방문한 그리스 한국 대사는 우리가 펼치는 의료 사역을 보고 외교통상부에 상을 받도록 추천해 주셨다. 알바니아에는 한국 대사관이 없고, 그리스 대사가 함께 업무를 본다. 그로부터 10년 뒤 나는 대한민국 외교통상부의 표창장을 받았다.

2004년 2월에는 경희대학교 의대동문회가 주는 최고상인 의황상을 받았다. 알바니아에서 그동안 해온 사역을 소개하자 동문들이 뜨거운 박수로 격려해 주었다. 누가회 후배들도 참석한 자리라서 더욱 감사했다. 의자에 앉아 있는 동안 지난 시절이 떠올랐다. 학창시절, 의대 복음화를 위해 열심히 전도했다. 선교사로 나갔지만 졸업한 의대에 대한 영적 부담과 책임감이 가슴 한편에 자리하고 있었다. 하나님이 이런 자리를 통해 내게 기회를 주신 것 같아 감사하고 기뻤다. 그래서 답사를 하면서 감사의 인사와 함께 모두 예수님을 믿으시라고 전도했다.

15년간 쉬지 않고 의료선교 사역을 하다 보니, 다소 힘들고 지쳤다. 우리 샬롬 팀에 신선한 바람을 불어넣기 위해 새로운 사역을 시작할 무렵인 2009년에 한미제약에서 대한의사협회와 함께 시상하는 제2회 한미 자랑스런 의사상을 받았다. "울지 마 톤즈"로 잘 알려진 이태석 신부와 함께 공동 수상하는 영예를 안았다. 그동안 수고하고 짐 진 자들, 우리 샬롬 팀에 대한 보답이라는 생각이 들었다. 한미제약은 2012년에 알바니아 보건복지부를 통해서 대학병원 및 여러 산하병원에 35만 달러의 의약품을 기증해 주었다.

무엇보다 감사하고 무겁고 가슴 벅찬 수상은 2010년에 받은 제10회 언더우드 선교상이다. 학창시절, 연세대학교에 자리한 언더우드 박물관(선교사가 살던 집)을 방문한 적이 있었다. 그가 얼마나 조선을 사랑하고 헌신했는지, 죽기 전까지 연희전문학교 설립을 위해 얼마나 애썼는지, 조선 민족의 우수성을 해외에 알리기 위해 얼마나 노력했는지 그의 숨결을 따라 생각하며 눈시울을 적신 기억이 난다.

이 땅에서의 수상은 무거운 부담이다. 하지만 이 하나의 기념이 또 다른 누군가에게 작은 파문이 된다면 감사하고 영광스러운 일이다. 내가 받은 모든 상은, 원동교회와 누가회, 사단법인 한국해외선교회 개척선교부와 알바니아 개척선교부 선교사들, 우리 샬롬 팀 선교사들, 그리고 모든 후원자가 받아야 할 상이다. 더 나아가 우리 가정이 하나님이 부르신 이 길을 행복하게 걸을 수 있도록 우리를 받아주고 함께한 사랑하는 알바니아인들과 천국에서 공유하고 싶은 상이다.

안식년을 마친 후 지금은 국내에서 사역하고 있다. 하나님이 한국 의료선교의 새로운 도약과 활성화를 원하신다는 것을 깨닫고, 오랫동안 기도하면서 한국에 7000운동을 시작하라는 그분의 음성을 듣게 되었다. 엘리야 시대에 바알에게 무릎 꿇지 않은 7,000명이 생각났다. 그리고 가나의 혼인잔치에서 예수님의 어머니 마리아가 하인들을 준비시켰고 예수님이 준비된 하인에게 항아리에 물을 채우게 하자 그 물이 변하여 포도주가 되는 기적이 떠올랐다. 하나님은 7,000명을 모아서 그 하인들같이 준비시키라는 비전을 주셨다. 그래서 시작한 것이 7000운동이다. 의료선교에 관심 있는 사람과 헌신하고 있는 사람이 모여 선교를 도모하는 네트워크다. 하나님이 컴퓨터 전문가인 형제(이비인후과)를 만나게 해주셔서 홈페이지(www.7000m.org)를 열고 많은 기독 의료인들에게 이 운동을 알리고 있다.

갈 길을 알지 못하던 어린 시절의 서원기도를 들으시고 부족한 나를 세우시며 사용해 주신 하나님께 모든 감사와 영광을 돌린다. 보이지 않는 길을 어린아이같이 두렵고 떨리는 마음으로 걸으며 셀 수 없이 많은 실수와 과오를 범했지만 그런 나와 함께하신 하나님. 그분이 가장 소중히 여기는 일에 내 인생을 드리도록 이끄신 주님께 모든 감사와 영광을 돌린다.

인생의 현재라는 시점에서는 나 자신이 행동의 주체인 것 같다. 하지만 지나고 보면 내 삶의 방식이 일정한 흐름에 따라 그려지고 각 그림의 조각들이 하나씩 맞춰지면서 큰 그림이 있다는 사실을 깨닫게 된다. 살아 계신 하나님의 완벽한 섭리 속에서 내 삶의 주체는 내가 아니라 치밀하게 행하시는 하나님이심을 고백하게 된다. 조그맣고 주소가 분명치 않은 인생의 모든 에피소드가 시간이 흐른 후에는 정확히 자기 주소를 찾아가 주변의 삶의 조각들과 함께 빛을 발하게 된다. 선교하는 삶을 통해 이것을 깊이 경험하게 된 것은 내게 축복이자 감사였다.

양승봉 선교사는 부산대학교 의과대학을 졸업하고, 고신의료원에서 일반외과 수련을 마쳤으며, 김해 복음병원 외과 과장으로 일했다. 누가회를 통해 선교의 부르심에 순종하게 되었다. 신경희 선교사는 이화여자대학교 특수교육과를 졸업했으며, 부산구화학교 교사로 일했다. 양승봉 선교사 부부는 부산 삼일교회와 광안중앙교회의 파송을 받아 인터서브 선교사로 네팔에서 14년간 사역했고, 현재는 베트남 롱안세계로병원에서 사역하고 있다. 자녀로는 진모, 경모, 인모 세 아들이 있다.

04

나는
구멍 난 곳을
메우는 사람

양승봉 + 신경희

Letter from Overseas
나무로 바위를 깨는 법

10명의 일꾼이 통나무를 나릅니다. 한쪽 끝에는 뜻밖에도 한 명이 서서 온몸으로 통나무를 받치고 있습니다. 그의 어깨는 감당하기 어려운 무게에 짓눌려 있고, 다리는 부들부들 떨리고 있습니다. 얼굴에는 땀이 비 오듯 후드득 떨어지고 있습니다. 반대편에는 나머지 9명이 서 있습니다. 통나무가 가볍지는 않지만 비교적 수월하게 받치고 있습니다. 분명 10명이 하나가 되어 아름드리 나무를 나르고 있지만, 보기에 불편한 마음을 지울 수 없습니다.

오늘날 선교지의 상황도 이와 다르지 않습니다. 선교 자원의 배치는 심각한 불균형에 빠져 있습니다. 북위 10도와 40도 사이에 있는 국가들, 즉 북부 아프리카부터 극동에 위치한 나라들을 가리켜 '10/40 창'(10/40 Window)이라고 부릅니다. 이 10/40 창 안에 전체 미전도 종족의 80퍼센트가 모여 살고 있으며, 전 세계 빈국의 85퍼센트가 밀집되어 있습니다. 그러나 이 지역에서 사역하고 있는 선교사는 전체의 26퍼센트에 지나지 않습니다. 더욱 충격적인 것은 기독교 선교 자원의 98퍼센트가 이미 복음이 전해진 지역에 투입되고 있다는 사실입니다.

복음의 황무지가 발생하는 이유 가운데 하나는 선교사의 입국을 불허하는 나라가 존재하기 때문입니다. 어렵게 선교지에 들어가더라도 현지인들과 어울려 살기 힘들고, 복음의 열매를 얻기 어렵습니다. 이런 현실적 장벽 때문에 선교가 편중되는 현상이 생깁니다. 그러나 답이 없는 건 아닙니다. 선교의 역사를 돌이켜 보면 전문인 선교사, 특히 의료선교사는 늘 선교의 첨병이 되어 앞장서서 미전도 지역으로 들어갔습니다. 선교는 거부해도 의료와 교육을 원하는 곳은 많기 때문입니다.

전문인 선교는 종교적 배타주의를 갖고 있는 지역에 복음을 전할 수 있는 강력한 도구입니다. 선교 사역의 역사를 보면, 전문인 선교사들은 늘 적진 깊숙이 파고들어 아군의 교두보를 만들었습니다. 혹시 돌 깨는 기계가 없던 시절, 큰 바위를 어떻게 깨뜨렸는지 알고 있는지요? 바위에 홈을 파서 참나무 쐐기를 박은 뒤 물을 붓습니다. 물기를 머금은 참나무가 팽창을 거듭하면 제아무리 큰 바위라도 팽창의 압박을 견디지 못하고 쩍 갈라지게 됩니다. 전문인 선교는 비록 덩치는 작지만 집채만 한 바위를 깨뜨리는 참나무 쐐기와 같습니다.

우리나라에 신앙이 전파되는 과정도 다를 바 없었습니다. 1882년 조선은 문호를 개방했지만 외국 선교사는 입국할 수 없었습니다. 2년 뒤 대한민국 선교 역사에서 중요한 사건이 일어납니다. 당시 조선 정부의 고위 공무원 민영익이 갑신정변 때 큰 부상을 입어 생사를 헤매고 있었으나 어의 중에는 그를 구할 사람이 없었습니다. 그때 미국 대사관 공의 알렌에게 찾아가 지푸라기라도 잡는 심정으로 도움을 요청했습니다. 닥터 알렌은 서양의술을 사용하여 민영익의 목숨을 구했습니다. 대한제국 황제 고종은 알렌의 치료술에 감동하여 우리나라 최초의 현대식 병원인 광혜원(지금의 연세의료원)을 세우도록 지원했습니다. 이를 계기로 아펜젤러나 언더우드 같은 선교사들이 속속 입국할 수 있었습니다.

150년간 쇄국정책을 펼쳤던 네팔 역시 마찬가지입니다. 1950년에 네팔이 문호를 개방하자 선교단체 UMN(United Mission to Nepal)과 INF(International Nepal Fellowship)가 들어와 병원과 학교를 짓고 봉사 활동을 했습니다. 반세기가 지난 지금, 네팔인의 100만 명이 신앙을 갖게 되었습니다. UMN이나 INF 소속의 사역자들은 대부분 전문 직업인들입니다. 국제선교단체 인터서브(Interserve) 사역자들도 지난 150여 년간 10/40 창, 즉 이슬람권과 힌두권, 라마 불교권에서 전문 직업인으로 살면서 지금껏 복음을 전하고 있습니다.

10/40 창 지역에는 아직도 홀로 비지땀을 흘리는 선교사가 많습니다. 그들의 소중한 땀방울이 마른 흙에 떨어져 증발하기 전에, 또 복음에서 소외되어 살아가는 이들에게 한 방울 빗줄기를 내리기 위해서는 지금 누군가의 손길이 필요합니다. 이국에서 보내는 이 편지가 여러분의 결단에 조금이나마 자극이 되기를 멀리서 기도합니다.

칼을 놓기 싫었다

선교사가 되기 위해 내가 포기한 것들

"다만 우리에게 가난한 자들을 기억하도록 부탁하였으니 이것은 나도 본래부터 힘써 행하여 왔노라"(갈 2:10).

돕는 일의 즐거움

1980년 아주 추운 어느 겨울날이었다. 60여 명의 그리스도인 의대생들이 서울 근교에서 수련회로 모였다. 나는 부산의대 본과 2학년으로 가을 학기부터 기독학생회 회장직을 맡고 있었다. 제1회 누가회 수련회에 참석한 부산 의대생은 나 혼자였다. 그때 한 선교사의 선교 사역을 환등기로 보게 되었다.

화면에 등장한 곳은 필리핀의 원시 부락이었다. 원주민과 확연히 다른 얼굴을 한 사람이 16년간 그들과 함께 살아온 선교사였다. 그는 이 외딴 부족과 함께 살면서 복음을 전했다. 현지어도 익히고, 문자가 없는 그들을 위해 글도 만들어 주고, 성경도 번역했다. 그렇게 16년간 복음을 전한 끝에 마을 전체가 신앙을 받아들이게 되었으며, 나아가 부락 교회는 이웃 부족을 전도하는 주체적인 신앙인의 모습을 갖추었다.

'우리나라에도 아직 복음이 필요하며, 할 일이 많다'라고 믿고 있던 나는 해외 선교도 필요하다는 걸 알게 되었다.

외할머니부터 부모님 모두 교회에 다니셨다. 그래서 어릴 때부터 성경과 기도, 교회의 환경 아래에서 성장했다. 초등학교 시절 하굣길에 교회에 들러 기도하는 일이 자연스러웠고, 고등학교 시절 교회 고등부 회장직을 맡아도 부모님은 별로 걱정하지 않으셨다. 1976년 의예과에 입학한 뒤에도 성경 모임을 만들고, 시험 보랴 실습 다니랴 바빴던 본과 시절에도 기독학생회 모임에 참석했으니 교회를 빼고 내 성장기를 말하기는 어렵다. 그렇게 성장했으니 어쩌면 가난한 이웃을 도와야 한다는 생각은 자연스럽게 내 가슴에 자리를 잡은 것 같다.

난생처음 서원 기도를 드리면서 나는 가난한 사람을 위한 삶을 약속했다.

"하나님, 부산의대에 합격시켜 주시면 가난한 사람을 위해 살겠습니다."

가난한 사람을 위한 뜻과 달리, 내가 의대에 지원한 건 무슨 대단한 포부 때문이 아니었다. 가족 중에 의사가 몇 명 있어서, 그 삶을 조금 엿보기는 했다. 외할아버지가 평양의전을 다니다가 그만두셨고, 외삼촌 한 분이 외과 의사인데 내가 초등학교 시절 미국으로 떠나셨다. 하지만 내가 의대에 지원한 건 가족의 영향은 아니었다.

고등학교 3학년 1학기 때에는 농대 진학에 관심을 두었다. 하지만 여름방학이 되면서 공대로 방향을 틀어 한여름 무더위에 물 적신 수건을 어깨에 얹고 공부했던 기억이 난다. 당시는 적성이나 직업 탐색을 통한 진학 지도란 게 없었다. 학업 성적에 따라 지원 대학과 학과를 고르는 식이었다. 그렇게 별 생각 없이 성적에 따라 지원한 게 부산대학교 의과대학이었다.

하지만 가난한 사람에 대한 생각만큼은 어린 시절부터 줄곧 내 마음을 따라다녔다. 물론 할 수 있는 일이 많지는 않았다. 교회 고등부 회장을 할 때는 고등부 행사로 고아원에 방문하여 밥도 지어 먹이고, 아이들과 같이 놀아 주었다. 대학부 시절과 본과 시절에도 고아원 방문은 이어졌다. 개인적으로 집 근처의 고아원을 여러 번 방문하기도 했다.

그러다가 의술을 조금 익힌 뒤에는 내가 가진 재능을 나누는 방식으로 봉사활동을 다녔다. 대전에서 군의관으로 근무할 때, 과거의 부대 일지를 들추다가 이전 군의관이 일주일에 한 번씩 고아원 진료 지원을 나간 기록을 발견했다. 아주 좋은 기회라 생각하고 부대장의 허락을 받아 일주일에 한 번씩 대전에 있는 애육원을 방문하여 건강도 봐주며 아이들과 가깝게 지냈다.

의과대학을 다니던 시절에는 여름과 겨울에 농촌 봉사활동을 다녔다. 농촌 지역에 의료 시설이 턱없이 부족하던 때라 무의촌 진료를 나가면 1,000-2,000명씩 진료하곤 했다. 방학 40일 중에 30일은 봉사와 수련회 등으로 집 밖에서 지냈던 것으로 기억한다.

진료 봉사는 즐거웠다. 마치 천국에 온 것 같은 환희가 샘솟았다. 하나님의 백성이 함께 지내며 봉사하는 것이 마치 천국 생활을 미리 맛보는 듯한 기쁨이었다. 진료 봉사를 나간 마지막 학기에는 평생 이런 기쁨을 다시 맛보기 힘들겠다는 생각에 아쉬움이 들기도 했다. 물론 이 기쁨은 대학 시절 우연히 접한 필리핀 선교사의 이야기에 영향을 받아 네팔로 의료선교를 떠나면서 다시금 찾게 되었지만 말이다.

나의 마지막 여인

하루는 전공이 자기랑 너무 안 맞는다며 고민이라는 후배에게 전화가 걸려 왔다. 후배는 의대 진학에 대한 상담을 받고 싶어 했다. 당시 부산 삼일교회 대학부 리더인 나는 그 후배가 새신자 한 명을 교회로 데려온 사실을 알고 있었다. 지성적이고 품위 있는 분위기에 호감을 느꼈던 그 사람이 훗날 나의 아내가 된 신경희다. 좋은 기회라는 생각이 들어 후배와 그녀를 레스토랑으로 불렀다.

그날은 후배의 고민을 상담하는 자리였지만 아내가 전공하던 특수교육과 장애인에 대해서도 재미있는 이야기를 나눴다. 대화가 무르익을수록 그녀를 더 알고 싶다는 생각이 커졌다.

그녀는 무교 집안에서 자랐다. 대학에 입학할 때까지 교회 근처에는 가 보지 못했고, 성경도 본 적이 없었다. 그러다 대학 1학년을 마칠 무렵 친구의 권유에 못 이겨 어머니 몰래 교회에 첫발을 내디뎠고, 겨울 방학을 맞아 고향인 부산에 내려와 있었다.

성탄절이었다. 교회 가까이에 사는 모신희(Cecily Moar, OMF 소속) 선교사가 대학부 학생들을 집으로 초대했다. 그날 모임에 그 후배와 그녀도 참석했다. 즐거운 식사가 끝나자 선교사님의 제안으로 남학생 몇 명이 함께 설거지를 하고, 그녀는 친구들과 대화를 나누고 있었다. 몸은 부엌에 있었지만 내 마음은 마루에서 들려오는 목소리에 끌렸다. 접시를 헹구면서 들어 보니 그녀는 지혜롭게 대화를 이끌고 있었다. 모임을 마친 후 몇 명이 무리 지어 그녀를 집까지 데려다 주었는데, 한마디 던지는 농담조차도 재치가 넘쳤다. '야, 이거 보통내기가 아니구나!'

3학년 말 기말 고사를 치른 후 용기를 냈다. 단 둘이 만나고 싶었다. 약속 자리에 나온 그녀는 화장을 했는지 얼굴이 반짝반짝 빛났다. 처음으로 갖는 둘만의 시간이었는데 생각보다 말이 잘 통했다. 이후로 더 자주 만났다. 범어사에도 놀러 가고, 멀리 진주까지 장거리 나들이를 다녀

젊은 시절 아내 신경희와 함께

오기도 했다. 진주에서 돌아오는 길에 구약 이야기를 들려주었는데 귀를 쫑긋 세우고 경청하는 태도가 무척 마음에 들었다. 그녀는 대학교 2학년을 목전에 두고 있었고, 나는 본과 3학년을 마감하고 있었다. 겨울 방학이 끝나 가고 있었고, 그녀는 다시 서울로 올라가야 했다.

그녀의 신앙생활이 마음에 걸렸다. 기독학생회의 송인규 총무와 서문교회의 이태희, 이정희 형제에게 "이 사람을 신앙의 길로 잘 인도해 달라"는 장문의 편지를 썼다. 서울로 올라간 아내는 서문교회 대학부에 다니게 되었고, 이화여대 기독학생회에도 가입했다. 그녀는 서문교회와 기독학생회를 통해 신앙의 눈을 뜨게 되었다. 또한 하숙방에서 혼자 성경을 읽고 묵상하며 신앙을 키웠다. 그해 9월, 주님을 영접하고 그리스도인이 되었다. 나중에는 혼자 교정을 돌아다니며 전도할 만큼 신앙이 성숙해졌다.

본과 4학년은 의대생에게 가장 바쁘고 중요한 시기였지만 나는 틈나는 대로 연애하는 데 시간을 투자했다. 내가 서울로 갈 때도 있었고, 그녀가 부산으로 내려올 때도 있었다. 그녀가 부산에 오면 만사를 제치고 돌아다녔다.

그녀가 대학 4학년이 되었을 때 누가회 여름 수련회에 초대했다. 내가 어떤 사람이고 어떻게 살고 싶어 하는지 조금이나마 보여 주고 싶었다. 그 이후로 누가회 수련회에는 늘 그녀와 함께 참석했다. 이렇게 누가회는 아내의 누가회가 되었다.

1980년 12월에 그녀를 처음 만나서 1985년 1월에 결혼했다. 지금은 우리가 만난 지 35년이 되었다. 대학생활 5년 동안 두어 번 이성교제를 할 기회가 있었기 때문에 여자를 보는 눈은 어느 정도 있었다. 그녀는 나의 마지막 여인이 되었다. 그녀를 만난 이후로 다른 여자를 눈여겨본 적이 없다. 신경희는 세상에서 가장 아름다운 나의 여인이다.

존경하는 나의 친구
박 선생

고려대 의대에 재학 중인 박 선생을 처음 만난 건 1980년 제1회 누가회 수련회에서였다. 그때 수련회 참석자의 절반인 32명이 본과 2학년생이어서 우리는 한꺼번에 좋은 친구를 많이 얻었다.

본과 4학년 시절, 나는 가정의학과 예방의학을 다 배우고 싶다는 열망을 품고 있었다. 우선 둘 중에 무엇을 먼저 할지 고민할 때 박 선생은 내 옆을 지켜 주었다. 연세대 예방의학과 김 교수님을 뵐 때도, 전주 예수병원을 방문하여 설대위 선생님을 뵐 때도 박 선생이 내 고민을 다 들어 주었다.

인턴 시험을 앞두고 박 선생이 부산으로 내려왔다. 그는 마산 아동결핵병원에 계신 배도선 선교사님의 조언을 듣고, 부산 복음병원에서 수련의가 되기로 한 참이었다. 복음병원은 당시 250개 병상의 소규모 병원으로 수련받기에 적합한 환경은 아니었다. 반면 나는 서울대 윤 교수님의 조언에 따라 가정의학을 전공하기 위해 전주 예수병원에 가려던 참이었다. 박 선생의 길 안내를 해줄 겸 복음병원을 함께 방문했다. 하지만 우리 집 뒤에 있는 기도원에 올라가 기도하면서 깨달았다. 가정의학과 예방의학을 둘 다 전공하겠다는 건 욕심이라는 사실을. 내 욕심을 내려놓고, 분명한 뜻과 비전을 가진 박 선생을 도와 함께 일해야겠다고 마음을 다잡았다. 그렇게 전혀 계획에 없던 복음병원에서 친구 따라 인턴 생활을 시작하게 되었다.

복음병원에서 수련의로 지낸 5년은 축복의 시간이었다. 박 선생과 나는 인턴 시절 내내 같은 방을 썼다. 우리는 경쟁하듯이 매일 성경을 묵상했다. 병원 내에 복음 중창단을 만들어 매주 병실을 돌면서 찬양을 했다. 병원에는 신실한 간호사들이 많아서 금방 훌륭한 중창단이 만들어졌다. 1년에 한 번씩 '환자 초청 성가 발표회'도 열었다. 중창단에서 만난 병원 식구들로 인해 교제는 풍성해졌고, 그들은 초년 의사인 우리에게 든든한 지원군이 되어 주었다.

박 선생은 아이디어가 많았다. 인턴을 시작하고 얼마 되지 않아 이동 도서 사업을 제안했다. 입원 환자들에게 신앙 서적을 빌려 주는 일이었는데, 밑 빠진 독에 물 붓는 격으로 돈이 많이 들어갔다. 다행히 회원들이 십시일반으로 낸 회비로 좋은 신앙서적을 구입해 환자들에게 충분히 공급할 수 있었다.

"됐나?"

"됐다!"

박 선생과 나는 죽이 착착 잘 맞았고, 일도 신바람이 났다. 박 선생이 복음 중창단을 맡으면, 내가 이동도서 사업을 맡고, 해가 넘어가면 서로 자리를 바꿨다.

박 선생과 나는 학교를 졸업하면서 기독학생회 협동 간사가 되었다. 정식으로 간사 시험도 치르고, 임명도 받았다. 박 선생은 부산치대, 나는 고신의대를 섬기기로 했다. 정기적으로 두 학교의 기독학생회를 섬겼다.

'인턴이 시간이 어디 있다고 이런 일을 할 수 있느냐?'고 의문을 가질 법하다. 이게 끝이 아니다. 우리 누가회 1회 졸업생들은 서로 너무 보고 싶어서 1박 2일 수련회로 자주 만났다. 1년에 한 번이 아니라 봄, 여름, 가을, 겨울 네 번이나 만났다. 믿기 힘들겠지만 나와 박 선생은 비록 인턴 신분이었지만 네 번 모두 참석했다.

인턴 시절, 여름이 다가왔을 때 우리는 미리 수영복과 물안경을 준비했다. 아무런 문제가 없도록 일을 모두 마쳐 놓고 매점에서 주문한 김밥을 싸들고 옷 안에 수영복을 입은 채 점심시간이 되면 택시를 타고 송도 해수욕장으로 부리나케 달려갔다. 3분 만에 바닷가에 도착해서는 수영을 즐기고 바위에 걸터앉아 즐겁게 김밥을 먹었다. 그 순간이 얼마나 통쾌했는지 모른다. 점심시간이 끝날 때쯤 우리는 다시 택시를 타고 3분 만에 병원으로 복귀했다. 한번은 영국과 미국에서 선택 실습을 나온 여자 의과 대학생 2명과 함께 바다로 달려가서 수영을 즐기기도 했다. 세상에……. 치열함과 여유, 이 둘을 함께 맛보던 시절이었다.

박 선생과 나는 수련 기간 4년, 김해 복음병원 2년을 함께했다. 같이 일도 많이 했다. 김해 복음병원에서도 중창단과 신우회를 조직하여 활동했고, 누가회를 섬기는 일도 같이했다. 그러던 중에 박 선생은 학내 사태로 먼저 고신의대를 떠나 서울로 돌아갔고, 나는 얼마 뒤 선교사가 되어 네팔행 비행기에 몸을 실었다.

함께 어깨를 맞대며 지내는 동안 나는 친구에게 많은 것을 배웠다. 박 선생에게 '선교의 소망'에 대한 이야기를 들으면서 선교사로 나갈 용기를 얻었고, 성경학교(Bible College) 이야기를 듣고는 두 발로 찾아가 모자란 공부도 했다. 박 선생과 나는 멀리 떨어져 있지만 멀리 있는 것 같지 않다. 지금도 오며 가며 일 년에 한두 번은 꼭 만난다.

그는 실천력이 탁월한 사람이다. 인턴 시절도 그랬지만 지금도 여러 가지 중차대한 임무를 어깨에 짊어지고 있다. 전 한국누가회 회장, 아프리카미래재단 상임대표, 샘병원 병원장이면서도 의료선교협회 회장으로 섬기며, 한국에서 선교사들의 후원과 컨트롤 타워로서 활약하고 있다.

나의 스승,
장기려 선생님

중학교 2학년 때 장기려 선생님을 가까이에서 뵌 적이 있었다. 그때 선생님은 복음병원 테니스코트에서 테니스를 치고 계셨다. 흰 셔츠에 흰 반바지, 흰 운동화를 신고 테니스공을 쫓고 계셨는데 내 눈에는 천사가 내려와 운동하는 것처럼 보였다. 나중에 알게 된 사실인데, 선생님은 개성의 송도고보를 다닐 때부터 겨울 방학이 되면 논을 다져서 테니스장을 만들어 테니스를 칠 만큼 테니스를 즐기셨다.

중학교를 졸업하고 나도 테니스 라켓을 샀다. 학생 신분에 감히 사설 테니스장에는 출입을 못했고, 먼 곳에 있는 어느 고등학교 테니스코트를 찾아다녔다. 이후로 지금까지 40년이 넘도록 테니스를 치고 있다. 선생님의 제자 중 나만큼 테니스를 많이 친 사람이 또 있을까?

의과대학을 다닐 때도 가끔씩 선생님을 뵐 기회가 있었다. 교회 대학부에 있을 때는 선생님을 강사로 초빙하여 삶과 신앙에 대해 강의를 들었다. 세무사이던 아버지(고 양상현 장로)께서 청십자병원과 의료협동조합의 감사로 오랫동안 섬기셨던 터라 장기려 선생님과 친분이 있으셨다. 그런 연고로 선생님이 우리 집에 식사하러 오시기도 했다.

누가회 졸업생들이 졸업 여행 가운데 늘 빠뜨리지 않았던 일이 있다. 장기려 선생님의 숙소를 방문하는 행사였다. 우리 일행 중 한 명이 이런 질문을 던졌다.

"의사가 되면 돈을 많이 벌 텐데, 재물을 어떻게 관리하면 좋겠습니까?"

선생님께서 대답하셨다.

"어떻게 의사가 돈을 많이 벌 수 있습니까?"

"……"

장기려 선생님은 대한민국 최고의 의사였지만 평생 자신을 위해서는 넥타이 하나 사신 적이 없었다. 개인 소유의 집도 없고, 평생 자신을 위해 저축도 하지 않으셨다고 한다.

대학을 졸업하고 복음병원에서 인턴, 레지던트 수련을 받으면서 일주일에 한 번씩 선생님을 뵐 수 있었다. 선생님은 외과학 교실의 토요일 집담회 좌장을 맡으셨다. 먼저 예배를 인도하셨다. 평소 찬송을 좋아하시는 선생님은 맑은 목소리로 찬송을 인도하셨다. 어린아이처럼 맑은 영혼을 가지신 분이라는 생각이 들었다. 성경 말씀을 쉽고도 깊이 있게 풀이해 주셨다. 외과 의사이자 학자로서 수준 높은 집담회를 인도하셨다.

나는 선생님에게 직접 외과 수술을 배우지는 못했다. 그러나 선생님의 수제자 중 한 분인 박영훈 원장님의 수술을 보고 배우려고 노력했다. 복음병원에서 수련을 받을 때도 '내 병원'이라는 마음가짐으로 일했다. 장기려, 박영훈 선생님의 뒤를 이어 복음병원을 이끌어 가야 할 책임이 있다고 생각했다. 믿기 어렵겠지만 외과 수련 중 위절제술을 서른두 건이나 하고, 수련의가 써야 할 논문의 두 배가 넘는 논문을 썼다. 앞으로 외과 중 한 분야에 집중하면 대한민국에서 최고 수준에 이를 자신감도 있었다.

군대를 제대할 무렵에는 선생님이 일하시던 청십자병원에서 2개월간 몸담으며 가까이서 뵙기도 했다. 제대하고 김해 복음병원에서 근무할 때도 매주 토요일 집담회에 참석하여 선생님을 따랐다. 장기려 선생님은 내가 의사로서 따르고 싶은 삶의 모범이었다.

1995년 12월에 선생님은 천국으로 가셨다. 우리 가정이 네팔에 있을 때였다. 나보다 16년 선배인 이건오 선생님이 장기려 선생님의 마지막 제자라고 알려져 있지만, 나는 스스로를 선생님의 제자라고 생각하며 이를 자랑스럽게 여긴다. 나보다 10년 후배인 민요셉 선생도 자신을 선생님의 제자라고 생각하는 것 같다. 아마 선생님의 제자는 앞으로도 계속 늘어날 것이다. 선생님의 가르침과 삶을 배우고 따르려는 사람들이 있는 한 말이다. 우리 모두가 예수님의 제자이듯이.

주님,
제가 무엇을 드릴까요?

'저분들의 삶을 조금이라도 닮을 수 있다면…….'
너무도 아름다워 고결해 보이기까지 하는 분들을 만나면 '부족하지만 나도 저렇게 살 수 있으면 얼마나 좋을까' 하며 마음이 설렐 때가 있다. 내게는 헤일과 신시아 부부 선교사 가정이 그랬다. 이들 부부는 세상에서 가장 가난한 나라 네팔을 찾아가 그곳에서 의료기술과 복음으로 사람들을 섬기며, 하나님의 생생한 임재를 온몸으로 경험하고 있었다.

그들을 만난 것은 고신의료원에서 일반외과 수련을 마친 후, 전방과 대전에서 군의관으로 일할 때였다. 1988년 의정부의 다락방 수련장에서 열린 누가회 수련회에서 헤일과 신시아 부부 선교사를 만나게 되었다. 네팔에서 17년간 사역한 닥터 헤일과 신시아는 안식년을 맞고 있었다. 부부는 남루한 옷차림이었지만 눈빛에는 사랑을 베푼 자의 따뜻함과 힘든 사역을 견뎌 온 굳건함이 담겨 있었다.

1989년과 1991년 의료선교대회에 참석했다. 대회장 곳곳에 홍보지가 붙어 있었다.

"일반외과 의사를 찾습니다."

방글라데시의 강원희 선교사 후임으로, 그리고 인도네시아의 대사관 공의(公醫)로 일반외과 의사를 찾는다는 광고도 눈에 띄었다. 당시 대회에 참석한 사람 가운데 여건이 되는 일반외과 의사는 나밖에 없는 것 같았다. 하지만 아직은 때가 아닌 것 같았다. 수술 칼을 놓기가 싫었다. 이 땅에서 외과 의사로 대성하고 싶은 마음이 컸다.

1990년, 군 복무를 마치고 김해 복음병원에서 외과 과장으로 일한 3년의 세월은 또 다른 은혜의 시간이었다. 고신 의대의 발령을 기다리며 지내던 김해를 처음에는 잠깐 발을 담그는 곳이라고 여겼는데 그곳에서 인생의 방향을 바꾸신 하나님의 손길을 경험하게 되었다.

김해 복음병원에서 일할 때, 병원이 도심지에 있지 않아서 넓은 아파트를 사택으로 제공받고, 두툼한 월급봉투를 아내에게 건네는 재미도 쏠쏠했다. 경제적으로 넉넉해지자 손대접의 부담감도 줄었다. 우리 집에는 늘 손님이 끊이지 않았다. 적을 때는 한두 명, 많을 때는 수십 명의 손님이 찾았다. 선교단체 간사 수련회를 집에서 치를 정도였다.

영적으로도 풍성한 시절이었다. 아내는 부산 성서유니온에서 박상룡, 이승수 목사를 모셔다가 동네 주부들과 함께 매주 성경 공부 모임을 가졌다. 아내를 중심으로 큐티 모임도 만들어졌다. 매일 새벽 5시만 되면 동네 젊은 주부들이 현관문을 두드렸다. 말씀을 묵상하고 나누면서 깊은 교제가 이루어졌고 모임은 놀랍게 성장했다.

날마다 주님의 생생한 임재를 경험하던 시절이었다. 그러다 자연스럽게 '주님 제가 무엇을 드릴까요?'라는 기도를 하게 되었다. 인생의 절정기를 보내기 전에 하나뿐인 내 삶을 주님께 드리고 싶었다. 간혹 '나를 향하신 주님의 뜻이 혹시 해외 선교사는 아닐까?' 하는 생각이 스쳤다. 하지만 확실한 건 없었다.

하나님의 뜻을 알고 싶었다. 고난이 두려웠던 건 아니다. 어떤 길이어도 괜찮았다. 하나님이 나를 쓰시겠다는 확신만 있으면 족했다.

1992년 1월, 김해 복음병원에서 근무하던 시절에 네팔로 단기 의료선교 여행을 갔다. 네팔에서 선교 사역을 하시는 분들의 모습을 보면서, 또 신앙을 갖게 된 현지인들의 모습을 보면서 가장 먼 곳에서 이루어지고 있는 하나님의 역사를 몸소 체험했다. 그곳에 하나님이 계셨다.

네팔 선교 여행 후 마음이 달라졌다. '주님을 위한 길이 무엇일까?' 하며 조심스레 탐색하던 자세는 버렸다. 미래가 조금 더 가까워진 듯 기도하는 내 목소리가 떨렸다. "하나님께서 해외 선교의 일꾼으로 부르시면 순종하겠습니다."

아내에게 마음을 털어놓고 동의를 구했다. 아내 역시 해외 선교에 관심을 기울이며 기도에 동참했다. 우리는 부산 의료선교 훈련원 1학기 과정을 이수하며, 선교에 뜻이 있는 분들과 교제를 시작했다.

그해 여름 충남 부여에서 열린 누가회 수련회에 참석했다. 수련회 주제는 "그리스도인 의사의 영적 성숙"이었다. 나는 그곳에서 해외 선교에 우리 가족을 쓰기 원하신다는 하나님의 음성을 듣게 되었다. 해외 선교에 쓰임받는 것이 내게는 가진 재산을 모두 팔아 밭에 숨겨진 보화를 사는 일(마 13:44-46)과 같다는 확신이 들었다. "주님, 나를 보내소서!" 오직 한 가지 열망이 나를 사로잡았다. 수련회가 진행되면서 아내도 동일한 부르심을 들었고, 확신을 갖게 되었다. 부산으로 돌아오는 차 안에서 우리 부부는 선교사로 나가기 위해 필요한 일에 대해 의논하기 시작했다.

선교의 길을 택하면서
버려야 했던 것들

선교사가 되기로 작정하자 가장 먼저 부모님이 떠올랐다. 노년에 접어든 아버지와 어머니를 두고 떠나는 건 차마 못할 짓이었다.

개인적으로는 교수가 되어 학생들을 가르치고 싶다는 꿈을 접어야 했다. 군대를 마친 후 고신대학교 의과대학에 들어가 후배들을 지도하며 장기려 박사님의 뒤를 잇는다는 생각뿐이었다. 다른 길을 생각해 본

적이 없었다. 그러나 선교의 길이 열렸을 때, 둘 중에 무엇을 택해야 할지 고통스러울 정도로 힘들었다. 고민이 깊어진 건 선교와 교수 채용이 한꺼번에 가능해졌기 때문이다.

학내 사태로 지지부진하던 교수 채용 문제의 해결을 눈앞에 두고 있었다. "때가 되면 반드시 부르겠다"는 언질만 믿고 있었다. 분원에 해당하는 김해 복음병원에서 3년간 집도하면서도 단 한 명의 환자도 본원으로 보내지 않았던 건, 내가 여기 있으니 염려 말라는 일종의 시위였다. 그런데 막 꿈이 이루어지려는 순간, 전혀 다른 길이 내 앞에 나타난 것이다.

내가 해외 선교를 위해 떠난다는 사실을 알게 된 원장님은 학교에 들어와 1년간 일하면 병원의 직위도 유지하고, 병원 파송으로도 보내줄 수 있다고 하셨다. 하지만 그 1년의 머뭇거림이 나의 발목을 잡을지도 모른다는 데 생각이 미쳤다. 정중히 사양하고, 낙동강을 따라 차를 모는데 가슴이 아렸다. 교수직을 포기하는 게 얼마나 아쉬웠는지 선교지에서도 한동안 꿈에 고신대학병원이 나타났다. 아무리 애써도 교수실을 찾지 못해 안달하다가 잠에서 깨곤 했는데 온몸이 식은땀으로 흠뻑 젖어 있었다.

'지금부터 차츰 가난해지겠구나. 친구들은 지위와 경제력을 쌓아 가는 동안 나는 상대적으로 낮은 자리를 찾아가겠구나'라는 생각에 가슴이 저미기도 했다.

또 다른 어려운 점은 선교지에 있으면 의사로서 필연적으로 뒤처질 수밖에 없다는 생각이었다. 의술은 하루가 다르게 발전하는데 제3세계 시골구석에 박혀 있다 보면 도태되기 십상이다. 외과 의사로 대성하고 싶은 소망을 품었던 내게 학문적 소외는 말할 수 없이 아픈 일이었다.

지금도 가끔 돌아본다. 사방이 장애물투성이였음에도 왜 선교의 길을 택한 걸까? 헌신의 의지가 그만큼 뜨거워서? 아니다. 나는 마지막까지 결정을 미루고 있었다. 혹은 슈바이처 같은 위대한 인물이 되고 싶어서? 명의가 되고 싶다는 간절한 마음은 있었으나 인류애까지는 차마 떠올린 적이 없었다. 그렇다면 무엇이 나를 선교사로 만든 것일까?

그건 보이지 않는 손길 덕분이다. 우연한 기회에 접하게 된 필리핀 선교사의 슬라이드 한 편, 친구 박 선생을 통해 접한 선교 이야기, 어린 시절부터 갖고 있던 가난한 사람들을 위한 관심, 군의관 시절에 만난 네팔 선교사 부부까지 그들과의 만남은 하나님의 손길이 아니면 설명하기 어렵다.

물론 하나님은 일방적으로 헌신과 희생만을 요구하지 않으셨다. 내가 포기했다고 생각한 것보다 훨씬 풍성하고 다양하게 갚아 주셨다. 넉넉한 월급봉투 대신 평안한 마음을, 번듯한 진료실 대신 의사의 말 한마디를 '하늘의 명령'으로 알고 따르는 환자들을 주셨다. 최첨단 기술의 흐름에는 뒤처졌지만 선교 현장에서 칼끝으로 구해 내는 생명의 숫자는 훨씬 많았다. 물질적으로 넘치지는 않지만 영적으로는 넉넉해졌다.

삶의 고단한 과정에서 나는 늘 하나님의 임재를 피부로 체험했다. 주님께서 늘 우리를 지켜 주신다는 영적인 위로는 세상의 금은보화를 상쇄하고도 남는 보상이었다. 물질적으로도 자족을 알게 하실 만큼 채워 주셨다.

다만 사랑하는 가족과 떨어져 지내는 일만큼은 여전히 아쉽다. 부모님을 뵐 때마다 가슴은 여려진다. 다시 한 번 주님의 손길에 의지할 수밖에 없다.

수술이 많을수록 힘이 솟는 의사

네팔 적응기

"이 은혜는 곧 나로 이방인을 위하여 그리스도 예수의 일꾼이 되어 하나님의 복음의 제사장 직분을 하게 하사 이방인을 제물로 드리는 것이 성령 안에서 거룩하게 되어 받으실 만하게 하려 하심이라"(롬 15:16).

"당신은 우리의 기도에
대한 응답입니다"

아직 선교지가 정해지지 않았을 때다. 선교 준비를 하려면 뉴질랜드 성서대학(Bible College of New Zealand)이 괜찮다는 소개를 여러 번 받았다. 그곳에서 하나님의 인도하심을 받기 소망하며 2년을 예정하고 뉴질랜드 땅을 밟았다. 1993년 2월이었다.

　뉴질랜드에 머무는 동안 다양한 선교지와 의료선교 현황을 살펴볼 수 있었다. 그렇게 하나님의 인도하심을 구하는 과정에서 평소 관심 있게 지켜본 네팔이 가장 적합하다는 결론을 내렸다. 우리는 네팔에 많은 사역자를 보내는 인터서브의 가족이 되었다. 뉴질랜드를 떠나면서 우리는 하나님이 베푸신 '사랑의 빚'을 가득 안은 채, 네팔 사람들에게 그 빚을 갚아야 한다는 영적 부담감을 갖게 되었다.

뉴질랜드에서 훈련을 마친 우리 가족은 1995년 1월 네팔을 방문했다. 네팔 공항은 한산했다. 우리나라의 한적한 시골 기차역 같았다. 네팔의 수도 카트만두는 가난한 풍경이었다. 먼지가 풀풀 날리고, 하늘은 스모그로 뒤덮여 있었다. 그런데 도심 거리로 나서자 아내가 입을 열었다.

"이곳은 정말 나를 필요로 하는 것 같아요."

당시 아내의 마음속에 평안과 안도감 비슷한 것이 임했다고 한다.

네팔은 세계에서 유일한 힌두교 왕국이자, 세계에서 가장 가난한 나라 가운데 하나다. 기독교인이 전 국민의 1퍼센트에도 못 미치지만 선교한 지 40년 만에 세계에서 가장 빨리 기독교가 성장하는 나라가 되었다. 이제는 복음의 씨앗이 열매를 맺기 시작하고 있다.

우리 가정은 카트만두에서 버스를 타고 서쪽으로 11시간을 달려 탄센병원(129병상)에 도착했다. 버스 차창으로 바라본 네팔 농촌의 가난한 모습에 마음이 어려웠다. 탄센병원은 우리가 앞으로 일할 곳이었다.

"여러분이 이곳에 온 것은 하나님이 우리 기도를 들어주신 덕분입니다."

탄센병원 병원장은 캐나다 출신의 외과 의사였다. 병원장 부부는 우리를 반갑게 맞아주었다. 선교 경력이 20년 넘는 대선배들이 초보 선교사를 이렇게 환대하니 황공하여 몸을 어디에 두어야 할지 몰랐다. 그런데 얼마 지나지 않아 병원장이 왜 그렇게 우리를 반겼는지 깨닫게 되었다. 우리도 그들처럼 "이곳 탄센병원에 외과 의사를 보내 주세요" 하고 기도하게 되었다. 탄센병원은 단 한순간도 의사의 손길이 넉넉한 적이 없었다.

우리는 교회 구역예배에 참석하여 앞으로 함께 신앙생활을 하게 될 네팔 교인들도 만났다. 탄센에서 9년간 사역해 온 미국인 정형외과 의사 프레쉬만은 탄센의 명물인 스리나갓 공원으로 우리를 안내했고, 자기 집에 초대하여 식사를 대접해 주었다. 프레쉬만은 탄센병원에 정형외과를 정착시킨 분이었다. 멀리 인도에서도 그에게 수술을 받으러 올 만큼 명성이 높았다. 또한 캐나다에서 온 치과 의사 로버트와 그의 가족도 우리 마음을 탄센에 묶어 두는 데 한몫했다. 추운 겨울날 새벽 5시에 숙소를 출발하여 한 시간가량 울퉁불퉁한 돌길을 걸어서 버스 정류장으로 갈 때 로버트가 새벽길을 동행하여 우리의 무거운 가방을 나누어 들어 주었다. 우리 아이들도 로버트의 두 자녀와 함께했던 기억이 좋았는지 탄센행을 반겼다.

네팔의 실상을 접하게 되면 아내의 마음이 힘들어질까 염려했는데, 하나님은 아내에게 네팔을 사랑하는 마음을 주셨다. 하나님이 하시는 일은 사람의 걱정이나 기대와는 다르다.

우리 가정은 네팔을 방문한 후 한국에서 준비 과정을 거쳐 1995년 8월 네팔로 이사했다.

아빠,
월급은 누가 줘요?

"아빠는 그렇게 일을 많이 하는데 병원에서는 왜 월급도 안 줘요?"

초등학교 시절의 대부분을 탄센에서 보낸 둘째 아들 경모에게는 한 가지 불만이 있었다. 몸을 아끼지 않고 일하는 아빠가 병원에서 월급도 받지 못한다는 사실이 어린 아들의 눈에 부당하게 보인 모양이다.

탄센병원에서 나는 몸이 부서지도록 많은 외과 수술을 해야 했다. 인근에 수술병원이 없었기 때문에 멀리는 인도 국경이나 티베트 국경에서 걷고 걸어, 차를 바꿔 타면서까지 환자가 몰려들었다. 아마도 당시 수술 건수를 따져 보면 기네스북에 오르지 말라는 보장도 없을 것이다. 탄센병원에서 6년간 일하고 본국으로 돌아간 어느 영국인 외과 의사는 "수술이라면 징그럽다"면서 "외과는 그만두고 가정의로 전공을 바꿀 계획"이라고 했다.

스웨덴에서 온 한 가정은 남편이 외과 과장이었는데, 워낙 성실히 병원 일을 하는 탓에 가정과 아이들을 제대로 돌볼 시간이 없었다. 부인은 그게 늘 불만이었다. 네 명의 아이를 혼자 감당하기가 무척 힘들었던 게다. 결국 그 가정은 부인이 힘들어하여 선교지를 떠났다.

1996년에 어머니가 탄센을 다녀가셨다. 진료 한 번 받으려고 추운 겨울 새벽에 누더기 같은 담요를 걸치고 병원 앞에 줄지어 선 네팔 사람들의 모습을 보신 모양이다. 그 모습이 당신이 이북에서 피난을 왔던 부산 시절을 떠오르게 하셨는지 혀를 끌끌 차면서 안타까워하셨다. 피난민이 아침마다 줄지어 있던 1960년대의 부산 메리놀병원과 어쩌면 그렇게 똑같은지 모른다며 마음 아파하셨다.

메리놀병원, 일신기독병원 등 선교사들이 세운 수많은 병원은 그들이 일신의 안락을 뒤로하고 자신의 생을 불태웠기에 운영이 가능했다. 그 당시 우리나라가 그들에게, 혹은 그 병원들에 어떤 혜택을 줬을까? 우리 둘째 아들의 눈높이에서 보자면 당시 메리놀병원에서 일하고 있던 노란 머리, 파란 눈의 이방인들 역시 자기 몸을 돌보지 않고 일했을 텐데 과연 월급이나 받았을까? 병원에 필요한 기자재와 수술 도구들은 어디서 조달했을까?

탄센병원의 대다수 물자는 우리를 신뢰하는 교회의 헌금과 우리를 사랑하는 친구들이 하나님께 드리는 심정으로 바친 헌금으로 지원받았다. 내 친구 중 한 명은 그리스도인이 아니지만 우리가 하는 일을 귀하게 여겨 지난 20년간 적지 않은 액수를 변함없이 보내 주고 있다.

20여 년 전, 우리가 선교지로 나가기 전에 한 선배 선교사가 이런 말을 해주었다. "앞으로 보시면 알겠지만, 헌금할 만한 사람이다 싶은 사람보다는 생각지도 못한 사람에게서 헌금을 받게 될 겁니다." 우리를 후원해 주는 사람들의 이름을 보면 선교사를 먹이시고 선교를 감당하게 하시는 분이 하나님이심을 고백하지 않을 수 없다.

그래, 승봉아
칼 한번 실컷 잡아 봐라

나는 일반외과 전문의지만 탄센에서는 온갖 수술을 다 해야 했다. 가깝게는 산부인과, 정형외과, 비뇨기과 수술을 배워서 하게 되었다. 심지어는 신경외과, 성형외과, 안과, 이비인후과 의사가 감당해야 할 수술까지 도맡았다. 내가 못하면 환자나 가족들은 치료를 포기할 수밖에 없기 때문이다.

외과 의사들은 항상 부족했고 응급으로 수술해야 할 환자들은 넘쳤다. 여기서 일하는 외과 의사들은 지칠 때까지 칼을 놓을 수 없었다. 한 동료 외과 의사가 계산해 보니, 외과 의사 한 명이 일주일에 최소한 60시간은 일한다고 했다. 5-6명의 외과 의사가 1년에 크고 작은 수술을 8,000건 정도 감당하니 외과 의사 한 명이 1년에 큰 수술만 800-900건하는 셈이다. 그래서 많은 외과 의사들이 4-5년 정도 일하고 나면 지친 몸을 이끌고 귀국길에 오르곤 했다.

선교사로 헌신하기 수년 전부터 하나님이 나를 선교사로 부르시는 것을 알았다. 그러나 감히 선교지로 떠나지 못했던 이유 중 하나는 마음 깊숙이 "하나님, 저는 칼을 놓을 수 없습니다"라는 변명거리가 있었기 때문이다. 내가 알고 있던 대부분의 선교지들은 외과 의사가 큰 수술을 할 수 있는 곳이 아니었다. 그러나 이곳 탄센에서 1-2년을 지내며 하나님이 내 마음의 소원을 아시고 이루어 주셨음을 감사하게 되었다. 하나님이 마치 이렇게 말씀하시는 것 같았다.

"네가 칼을 놓을 수 없다고 그랬냐? 그래, 승봉아 칼 한번 실컷 잡아 봐라!"

나는 수술이 많을수록 기분이 좋아지는 의사였다. 그래서 내 전공인 일반외과 외에도 얼마든지 다양한 수술을 할 수 있는 곳으로 나를 보내신 것이다.

나는 어릴 때나 고등학교, 대학 시절이나 가난한 사람들에 대한 관심이 많았고 그들을 위해 살고 싶었다. 어린 내 마음 한 구석에는 '어른이 되어 도울 수 있을 때 세상에 가난한 사람들이 사라지면 어떻게 하나?' 하는 염려가 있었다. 하나님은 나를 온통 가난한 사람 천지인 이곳으로 보내 주셨다. 신기하게도 이곳 생활이 그리 힘들지는 않았다. 내가 만나는 대부분의 네팔 사람들은 가난했다. 그러므로 내가 행하는 모든 의료

행위가 가난한 사람들을 돕는 일이 된 셈이다. 내가 땀을 더 흘릴수록 더 많은 사람들을 돕게 된다. 나의 어릴 적 소박한 꿈을 하나님이 이렇게 이루어 주신 것이 참으로 감사하다.

적당히 포기하는
법을 배우다

네팔에 도착하고 나서 첫 5개월간은 오리엔테이션 기간이었다. 언어 습득이 중요하다고 판단하여 초기에는 선교관에서 공동생활을 했다. 우리 가족은 방 두 개짜리 연립주택을 배정받았는데 부엌이 없었다. 처음 몇 주 동안은 서양 음식과 네팔 음식으로 끼니를 해결했으나 나중에는 한국 음식이 너무 그리웠다.

다행히 어느 한국 사람이 보관하고 있던 가스 조리대를 임시로 빌릴 수 있었다. 하루는 저녁 식사 준비로 부산을 떠는데 가스가 똑 떨어져 버렸다. 네팔에서는 가스가 떨어지면 가스통을 들고 가서 충전해야 했다. 도시 가스라는 게 없었다. 인도에서 가스를 전량 수입했는데 공급량이 부족하면 한 달씩 기다려야 할 때도 있었다. 가스는 돈 있는 사람들이 쓰는 연료였고, 보통은 석유곤로나 나무를 쓰는 가정이 많았다. 어쨌든 밥을 지어야 하니까 가스통을 자전거 뒤에 싣고 나갔다. 하필 그날따라 비가 추적추적 내렸다. 질퍽한 비포장길을 걷는데 서글펐다.

네팔에서는 툭 하면 전기가 나갔다. 네팔의 주요 전력원은 수력발전이라서 비가 적은 계절이 되면 정전 횟수가 잦아진다. 그래서 집집마다 비상용으로 초를 준비해 둔다. 전기가 들어올 때도 누전이 많아서 그런지 늘 전압이 약했다. 전기 없이 사는 데 익숙한 네팔 사람들은 해가 떨어지면 서둘러 잠자리에 들었다. 하지만 늦은 밤까지 처리해야 할 일이 많았던 우리는 전기가 나갈까 노심초사했다. 특히 컴퓨터 작업을 많이 하게 되는 저녁에는 해거름과 함께 전압이 뚝 떨어져 컴퓨터를 쓸 수 없는 경우가 많았다.

네팔은 전압이 불안정하여 한국에서 가져온 전자제품이 차례로 고장나 버렸다. 친구들이 십시일반으로 돈을 모아 사 준 비싼 노트북이 작동을 멈추더니, 한국에서 애지중지 가져온 전축마저 고물이 되고 말았다. 현지에서 수리를 맡겨 보려고 무진 애를 썼지만 결국 한국으로 보내야 했고, 노트북은 세 번이나 왔다 갔다 하면서 아예 사용을 포기해야 했다. 인편으로 주고받아야 하는데 그 기간이 최소한 두세 달이 소요되니 감당할 도리가 없었다. 소 잃고 외양간 고친다고 나중에서야 전압 조정기를 달고 썼다. 심지어는 전기와 상관없는 카메라까지 망가졌을 때는 어이가 없었다. 습도 높은 네팔의 여름이 카메라까지 잡아먹고 만 것이다.

네팔에서 사역하던 첫 5년 동안은 한 번도 한국으로 전화를 걸지 않았다. 전화비가 너무 비쌌다. 겨우 3분 통화하는 데 한국 돈으로 만 원이 들었다. 이 금액은 네팔 초등학교 교사의 일주일치 봉급에 해당했다. 그래서 부모님께도 전화를 드릴 수가 없었다.

탄센에서는 전화는 물론이고 TV나 라디오도 없었다. 한국 소식을 실시간으로 접할 방법이 없었다. 유일한 정보통은 2-3주 늦게 한국에서 오는 주간잡지였다. 한국에서 IMF 사태가 터졌을 때에도 네팔 사람들이나 BBC 방송을 듣는 동료들이 소식을 전해 주어 알게 되었다.

이메일도 병원 컴퓨터를 통해 영어로만 주고받았다. 탄센에서 지낸 지 3년 정도 흐른 뒤 이웃에 사는 네팔 동료 의사가 집에 전화를 개설하면서 우리 집에도 전화선을 따 줘서 일부 개인 전화를 쓸 수 있었다.

전기가 없는 시골생활을 마치고 카트만두의 파탄병원으로 옮기고 나서야 난생처음으로 인터넷이라는 별세계를 구경할 수 있었다. 2000년 설날에 우리 집을 방문한 동료 선교사가 노트북을 이용해 한국에 전화 거는 모습을 접했을 때 그 신기함은 이루 말할 수가 없었다. 엄청나게 비싼 전화 요금 때문에 엄두를 못 내다가 거의 공짜나 다름없는 인터넷 전화가 있다는 걸 알고는 틈만 나면 전화를 돌렸다. 통화 품질이 떨어져서 천천히 또박또박 말해야 알아들을 수 있었지만 네팔에서는 경천동지할 변화였다.

그해 한국을 잠시 방문한 적이 있었다. 나는 병원 연수를 위해 한국에 한 달간 더 머물고, 아내와 아이들은 학교 개학 시기에 맞춰 네팔로 먼저 돌아갔다. 가족들보다 한 달 늦게 비행기를 탄 나는 다시 네팔 생활에 적응하느라 애를 먹었다. 네팔의 거리 풍경은 비위생적이었고, 생활은 불편했다. 다시 적응하기까지 두 달은 더 걸린 것 같았다. 아내도 네팔로 돌아왔을 때 무척 힘들었다고 한다.

　네팔에 적응한다는 것을 다른 말로 하면, 포기하고 산다는 말과 같다. 일이 안 풀리고 시간이 걸린다고 열을 내면 그만큼 자기한테 손해다. 생활환경이 척박한 곳에 뿌리를 내리려면 시간이 필요하다. 그러나 언제부터인가 우리에게 네팔은 한국이나 뉴질랜드보다 살기 좋은 곳이 되었다. 우리만 그런 게 아니었다. 네팔에서 사역하는 많은 동료들도 이와 비슷한 경험담을 나누곤 했다.

못난 비교의식

서구 선교사들은 대체로 검소하게 지내는 편이다. 사는 집도 소박하고, 자동차 없이 걸어 다니거나 자전거 혹은 오토바이를 탄다.
　물론 차가 있으면 편리하다. 그러나 차는 단순히 편리를 위한 수단이 아니었다. 네팔 교인과 우리 사이에 커다란 벽이 되기도 했다. 우리가 출석하는 교회에는 목사님 한 분만 오토바이를 소유하고 있었다. 그분은 신문사에 다니면서 생활비를 벌었고, 교회에서 사례비를 전혀 받지 않았다.

안식년을 마치고 네팔로 돌아오면서 나는 차를 구입할 생각으로 돈을 갖고 왔다. 하지만 아내는 내 생각에 반대했다.

"걸어 다녀도 되고, 자전거를 배워서 타고 다니면 충분해요. 굳이 차까지……."

운동 삼아 먼 거리를 걸어 다니는 선교사도 많았다. 미국에서 온 선교사는 간호대학에서 영어를 가르치는데 매일 한 시간 걸리는 거리를 왕복했다. 또 미국의 주립대학에서 경영학을 20년 넘게 가르쳤던 한국인 교수도 사무실까지 40분이 걸리는 거리를 걸어 다녔다.

우리는 그나마 가까운 편이었다. 집에서 병원까지는 걸어서 25분, 학교까지는 15분이 걸렸다. 처음에는 막내 인모가 자전거를 타고 학교에 가고 아내는 뛰다시피 자전거를 따라갔다. 등교와 하교를 시키려니 아내는 하루에 1시간을 꼬박 걸어야 했다. 날이 화창할 때는 괜찮지만 비가 내려 길이 질퍽거리거나 햇볕이 따가운 날에는 힘에 부쳤다. 평생 자전거라고는 타 본 적이 없는 아내가 마음을 굳히고 자전거를 배우기로 했다. 운동 신경이 둔한 편인 아내는 넘어지고 부딪치며 억지로 자전거를 배우더니 드디어 혼자 타기 시작했다. 얼마나 신이 났는지 처음에는 자전거를 타고 동네를 일주하기도 했다. 시장을 보러 가면 허리가 휠 정도로 물건을 자전거에 싣고 왔다.

그런데 문제가 생겼다.

아내가 울퉁불퉁한 좁은 길을 자전거로 아슬아슬하게 달려가는데, 젊은 선교사의 아내와 아이들이 자동차에 탄 채로 손을 흔들면서 지나가더란다. 겉으로는 웃으면서 손을 흔들어 주었지만 이 상황을 소화하기가 쉽지 않았다. 네팔 사람들과 마음의 거리를 좁히기 위해 자동차를 포기했는데, 떡 하니 차를 몰고 다니는 선교사를 보고 있자니 마음이 불편했던 것이다.

하루의 절반을 병원에서 지내는 나로서는 별로 주의를 기울이지 못한 일이었는데 서로의 생활을 들여다보아야 하는 아내로서는 마음이 상할 수밖에 없었다. 물론 나도 가끔씩 그런 상황을 겪기는 했다. 막내를 스쿠터에 태워서 한글학교에 데려다 주려고 길을 나서면 한국 사람들을 여럿 만나게 되는데 젊은 친구들이 큰 차를 타고 지나갈 때도 있다. 우리 병원에는 외과 의사가 나 말고도 4명이 더 있다. 모두 네팔 사람이고, 차 없는 사람은 나밖에 없다. 외교관이나 상사 직원으로 온 사람들도 때로는 걸림돌이 된다. 우리 선교사들과는 생활수준의 차이가 크기 때문이다.

마음이 계속 힘들어지는 것보다 차를 사는 게 나을지도 모른다. 다만 낮은 데로 임하시는 예수님의 삶을 본받으려는 생각에 참고 또 참을 뿐이다. 낮아지는 삶을 각오하고 선교하러 왔지만 못난 비교의식이 우리를 피곤하게 했다.

나를 지탱해 준 것들

뜻밖의 즐거움

"무릇 자기를 높이는 자는 낮아지고 자기를 낮추는 자는 높아지리라"(눅 14:11).

산골짜기의 테니스장

네팔에서 지내면서 여가를 즐길 수 있는 방법은 두 가지였다. 하나는 걷기였고, 다른 하나는 테니스였다. 네팔에서 처음 4년간 일했던 탄센병원에 신기하게도 테니스장이 있었다. 해발 1,400미터에 위치한 탄센에는 1만2천 명의 사람이 살고 있는데 이곳이 유일한 테니스장이었다. 테니스장은 비탈진 언덕에 세워져 있어서 장소가 협소했다. 공을 쫓다 보면 벽에 부딪치는 일도 종종 있었지만 이마저도 없는 것보다는 나았다.

테니스는 우리 가족에게 축복이었다. 동료들은 우리를 '테니스 가족'으로 기억하고 있었다.

테니스장은 테니스만 치는 곳이 아니었다. 쓰는 사람에 따라 축구장도 되었다가 농구장도 되었고, 배구장이나 배드민턴 코트도 되었다. 운동 종목이 다양하다 보니 콘크리트 바닥에도 다채로운 색깔로 선이 그어져 있었다. 축구 골대가 따로 없고 벽면에 그려 놓은 가짜 골대가 전부였다. 그래도 운동을 하다 보면 신기하게도 자기에게 필요한 선만 보인다.

나는 틈만 나면 운동할 기회를 만들었다. 가족에게 테니스를 가르쳐 가족끼리 복식 경기를 펼치기도 했다. 병원 안에 사는 네팔 아이들과 청년에게도 테니스를 가르쳐 주었다. 병원 관사에 사는 네팔인 직원과 그들의 자녀들도 테니스를 즐기게 되었다. 나중에는 병원 식구들을 모아 놓고 테니스 대회를 열기도 했다. 이 시절에 배운 실력으로 큰아들 진모는 뉴질랜드에서 고등학교를 다닐 때 테니스 대표선수로 활약하기도 했다. 네팔 촌놈치고는 출세한 셈이다.

이 테니스장이 없었다면 나의 탄센 생활은 무척 힘들었을 것이다. 탄센병원은 1957년에 설립되었는데 그때 2년간 일했던 미국 노신사가 와서 당시 사진들을 보여 주며 회고한 일이 있었다. 마을에서 3킬로미터가량 떨어진 황량한 언덕에 병원 골조가 들어서는 사진들이었다. 원래 이곳은 이리가 들끓는 지역이었다고 한다. 황량한 언덕에 작업실이 처음으로 지어졌고, 이 작업실 옆에 만든 테니스장에서 선교사들이 테니스를 치는 모습이 사진으로 남아 있었다.

병원 건축은 작업실부터 시작되고, 다음으로 테니스장, 선교사 주택, 그리고 마지막으로 병원이 들어섰다. 병원이나 주거 공간을 짓기도 전에 테니스장을 만들어 운동을 했다는 말은, 그들에게 숨 쉴 공간이 필요했다는 뜻이리라. 함께 사진을 보던 우리 가족은 탄성을 질렀다.

"와, 어떻게 40년 전에 이렇게 앞을 내다보는 눈이 있었을까?"

테니스 외에는 별다른 운동 취미가 없던 내게 이 테니스장은 생명수 같은 역할을 했으며, 가족에게도 축복이 되었다. 훗날 우리가 탄센병원을 떠날 때 동료들이 만들어 준 기념 책자에 보면 그들은 우리를 '테니스 가족'으로 기억하고 있었다.

비 온 뒤에
땅이 굳듯이

하루는 미국인 친구 데비가 대뜸 아내에게 이렇게 말했다.

"한국의 금전 가치가 점점 떨어지고 있으니 네팔 돈으로 바꿔서 갖고 있는 게 낫지 않을까?"

아내는 무슨 뜻인지 알아듣지 못했다. 그러다가 한국의 외환 위기 소식을 전해 들었다.

1997년 말, 우리나라가 외환 위기에 빠져 IMF 시대에 접어들게 되었다. BBC 방송을 들은 동료 선교사들은 우리에게 한국의 경제 위기 소식을 전해 주었다. 우리는 카트만두에 사는 한국 사람들을 통해서도 급변하는 한국의 상황을 조금씩 들을 수 있었다.

경제 위기는 현실적인 문제로 다가왔다. 부산 누가회는 1998년 1월 말에 단기 네팔 진료 팀을 파송할 예정이었는데 환율이 1달러에 1,300원이 넘자 포기하기에 이르렀다. 얼마 뒤에 본부에서 우리에게 보낸 생활비 내역을 받아 보고 충격을 받았다. 환율이 1달러에 1,900원이 넘은 것이다. 우리가 받는 생활비는 전과 같았지만 우리 구좌에서 떨어져 나간 돈은 두 배가 넘었다.

선교부는 환율 위기를 벗어날 때까지 생활비 지급을 70퍼센트 수준으로 낮추고, 1년에 네 번 지급하던 상여금을 전면 중단하기에 이르렀다. 네팔에서 열린 UMN 수련회에 인터서브 식구들이 다 모였는데 각 나라의 인터서브(17개국)에서 한국 인터서브를 돕기 위해 모금을 시작했다는 소식을 들었다. 얼굴이 화끈 달아올랐다. 그렇지 않아도 서구의 부자 나라에서 온 사람들과 함께 생활하면서 열등감을 느낄 때가 있었는데 이제는 공개적으로 도움을 받는 처지가 된 것이다. 한국 인터서브의 총무를 담당하던 영국인은 당시의 위기 상황을 심각하게 받아들여 국제 본부 회의에서 지원책 마련을 요청했다고 한다. 추가 도움이 없으면 한국 선교사의 절반은 철수해야 할지 모른다는 게 그의 요지였다.

같은 인터서브 선교사인 손 선생과 함께 이 문제를 의논했다. 우리나라가 어려울 때 각 나라의 인터서브가 도와주는 것은 감사한 일이다. 우리나라 말고도 몇몇 나라가 어려웠을 때 도움을 받았다고 하니 우리도 감사히 받자고 했다. 그러나 먼저 우리 안에서 자구책을 마련한 뒤 국제 본부에 도움을 청하는 게 순서가 아니었을까 하는 아쉬운 마음이 컸다. 그래서 손 선생과 내가 먼저 다른 선교사들을 돕는 일에 나서기로 뜻을 모았다. 다행히 두 사람 모두 재정적인 여유가 있어서 최소한의 여유 금액을 남겨 두고 내어놓기로 했다. 그렇게 모은 돈이 6,000만 원이었다. 한국 인터서브에 연락하여 국제 본부에 도움을 받기 전에 재정이 부족한 선교사에게 이 돈을 먼저 사용해 달라고 요청했다.

다른 한국 선교사들도 모두 긴축 생활로 접어들었다. 작은 집으로 이사하는 이도 있었다. 우리도 무엇을 줄일 것인지 의논했다. 시골 생활이란 게 헤프게 쓸 일도 별로 없지만 먼저 전기를 절약하고 집에서 휴지를 쓰지 않기로 했다. 방학을 맞아 집에 돌아온 진모가 황당해했다. 어떻게 사람이 휴지도 없이 볼일을 본단 말인가. 우리는 네팔 사람들처럼 물로 씻기로 했다. 네팔에서는 휴지를 생산하지 않고 태국이나 중국에서 수입하기 때문에 휴지 값이 비쌌다. 품질도 나쁜 휴지 한 롤 가격이 거의 쌀 1킬로그램 수준이었다.

인터서브 네팔 지역 대표도 우리에게 여러 번 괜찮은지 물어 왔다. 인터서브 식구들이 받는 생활비가 거의 기본 생활비인데 거기에서 30퍼센트를 절감한 수준으로 낮춰 받으니 생활이 가능한지 걱정한 것이다. 시골은 이럴 때 그나마 괜찮았다. 그러나 도시 선교사들이 처한 어려움은 훨씬 더 했을 것이다.

우리를 후원하던 한 교회 역시 외환 위기로 큰 어려움을 겪게 되었다. IMF 경제 위기 발발 직전 교육관을 크게 지었는데 제2금융권에서 빌린 돈의 이자율이 하늘 높은 줄 모르고 치솟아 교회가 감당하기에 벅찬 수준이 되었다. 그런 상황인데도 교회는 후원금 규모를 일정 축소했지만 끝까지 후원을 중단하지 않았다. 눈물겹도록 감사한 일이다.

IMF 경제 위기를 겪으며 인터서브 선교부를 바라보는 눈이 달라졌다. 이전까지는 선교의 한 수단에 지나지 않는다고 생각했는데 어려운 시기를 지나면서 그들이 동료요 식구라는 생각이 들기 시작했다. 지금까지는 서로 잘 알지 못하고 관심도 적었지만 이제는 서로 알고 도와야 한다는 생각이 절실해졌다. 나 개인을 위한 선교 후원뿐 아니라 인터서브 전체를 위해 뭔가를 해야 한다는 생각도 들었다.

IMF 위기 상황은 1년 이상 계속되었다. 1년이 지난 뒤부터는 재정에 여유가 되는 식구부터 생활비를 이전과 비슷하게 받게 되었다. 비 온 뒤에 땅이 굳는다. IMF 경제 위기는 선교사들이 힘을 합치는 계기가 되었다. 더욱이 감사하게도 환율 위기로 선교지를 떠난 선교사는 한 명도 없었다. 한국 인터서브는 각국으로부터 모두 2만 불을 지원받았으나, 만 불만 사용하고 남은 만 불은 국제 본부에 돌려주었다.

하나님의 작은 위로, 트레킹

네팔은 세계에서 가장 아름다운 설산을 코앞에서 즐길 수 있는 나라다. 지구상에 8,000미터가 넘는 산이 12개가 있는데 그중 8개가 네팔에 있다. 만년설로 뒤덮인 산들은 아름다움을 넘어 장엄함을 전해 준다.

네팔에서 일하는 많은 외국인들이 휴가를 내어 트레킹을 즐긴다. 트레킹이란 산 정상을 등반하는 것이 목적이 아니라 걸어가기 좋은 산길을 따라 경치와 풍광을 즐기는 것을 말한다. 하루짜리 코스부터 30일에 이르는 긴 여정도 있다. 전문 산악인은 등산 장비를 갖추고 6,000미터가 넘는 산에 오르지만, 일반인들은 보통 3,000-5,000미터 수준의 등산로를 오른다.

우리 가족은 네팔에서 지내는 동안 트레킹을 세 번밖에 하지 못했다. 아이들이 어렸고, 예상치 않게 막내가 태어나는 바람에 좋은 기회를 많이 놓쳤다. 하지만 세 번의 트레킹이라도 하지 않았더라면 네팔의 아름다움을 몰랐을 것이다.

첫 번째 트레킹은 1996년 가을에 감행했다. 네팔에서 일하는 한인 사역자들과 한인 교회 식구들이 함께 떠나는 단체 트레킹이었다. 트레킹이 처음인 우리 가족은 무척이나 설레었다. 네팔을 방문한 어머니를 모시고 갔기에 감회가 남달랐다. 연령대는 만 4세에서 71세에 이르기까지 다양했지만 70명이 모두 3,500미터의 높이까지 오를 수 있었다. 첫 2,200미터까지는 비행기를 타고 올라간다. 네팔의 휴양도시 포카라에서 비행기를 타고 좀솜에 내린 뒤 이곳에서 3,800미터 고지인 묵티낫까지 올라가서 하루를 묵고 다음 날 돌아오는 일정이었다.

설산으로 둘러싸인 계곡을 따라 올라가는 등산로는 마치 별천지 같았다. 어머니는 건강하셔서 별 탈 없을 줄 알았는데 일흔이라는 연세에는 다소 무리였던 모양이다. 어머니는 거의 모든 길을 말을 타고 올랐다. 묵티낫에서 일부 젊은이들은 5,416미터까지 올라가서 안나푸르나 일주 등산로의 가장 높은 고개(토롱곳)까지 다녀왔다. 나는 아이들과 함께 눈이라도 만져 보자고 4,200미터까지 올라갔는데 머리가 어지럽고 숨이 차는 듯하여 다시 내려오고 말았다. 해발 3,800미터에 자리한 여관에서 하룻밤 자는데도 고산증으로 머리가 띵해서 진통제를 먹어야 했다. 보통은 비행기로 좀솜까지 올라갔다가 일주일 정도 걸어서 내려오는 방법을 택한다. 이 방법은 초등학생을 둔 가정에서도 충분히 즐길 수 있는 코스다.

두 번째 트레킹은 1999년에 했다. 막내 인모가 만 두 돌이 되었을 때다. 처음에는 베이스캠프까지 가야 트레킹이라고 생각해서 엄두를 못 냈는데, 친구들의 경험담을 들으니 우리 가족도 못할 게 없을 것 같았다. 그래서 2,500미터까지 올라가는 4박 5일 일정을 잡았다.

막내 인모를 위해 어린이용 도꼬(네팔 사람들이 짐이나 사람을 나를 때 쓰는 등에 메는 망태기)를 빌리고, 비가 올 것을 예상하여 우비와 비닐을 준비했다. 포터 두 사람을 고용했는데 한 사람은 인모를 메고, 한 사람은 길을 안내하면서 우리 짐을 짊어졌다. 아침 7시에 길을 나섰다. 하루에 5-6시간 정도 걷고 숙박을 하는 일정이었다. 등산로가 시작되는 국립공원에 들어서니 우리가 살던 네팔과는 다른 풍경이 나타났다. 사람의 손때가 묻지 않은 자연이 그대로 살아 있었다. 우거진 삼림을 비집고 걷거나, 때로는 개울을 따라 발걸음을 내디뎠다. 가끔 비가 대지를 적시고 하늘은 구름으로 뒤덮여 있어서 트레킹을 시작한 사흘 동안은 설산을 볼 수 없었다. 하지만 산 아래를 내려다보거나 원시림 속을 걷는 것은 무척이나 즐거웠다.

만 두 돌이 된 인모도 도꼬를 타는 것이 쉽지는 않았지만 비교적 잘 적응했다. 만 열한 살, 열네 살이 된 아이 둘은 부모보다 훨씬 쉽게 산행을 즐겼다. 등산로를 따라 숙박 시설들이 즐비했다. 두 사람이 자는 방을 빌리는 데 한국 돈으로 2,000원 정도면 충분했다. 물론 나무로 된 딱딱한 침대에 얇은 요가 깔려 있는 수준이라, 옷을 잔뜩 껴입고 침낭 속에 들어가서 잠을 청해야 했지만 큰 어려움은 없었다. 매일 샤워도 할 수 있었다. 네팔의 시골에서 4년간 살아온 우리 가족에게는 그리 어려운 일이 아니었다.

산행 중에 사과를 사 먹는 일은 참 즐거웠던 일로 기억된다. 등산로가 고랭지 사과를 나르는 수송로였다. 그러다 보니, 길에서 사과 광주리를 메고 내려가는 사람들과 가끔 마주치게 되었다. 한 사람이 40-50킬로그램에 달하는 짐을 메고 5-6일씩 걸어서 시장에 배달하고 있었다. 우리가 살던 탄센이나 카트만두에는 푸석하고 오래된 사과밖에 없었다. 그래서 네팔에서는 아예 사과 섭취를 포기하고 있었다. 그런데 산으로 올라갈수록 싱싱하고 값싼 사과가 즐비했다. 첫날 우리 가족 5명이 자그마치 34개의 사과를 먹었다.

사흘째 밤을 지낸 우리는 새벽에 웅성거리는 소리에 잠이 깨어 밖으로 나갔다. 해가 뜨려면 아직 멀었지만 구름이 걷히자 하얀 설산이 시야에 들어오기 시작했다. 바로 눈앞에 거대한 설산이 서 있는 게 아닌가! 자연의 경이로움에 모두가 입을 벌리고 서 있었다. 지난 사흘 동안 한 번도 허락되지 않은 풍경이었다. 4-5일째는 하루 종일 만년설이 덮인 산들을 조망하면서 산행을 했다. 온 가족이 힘을 합하여 5일간의 산행을 마쳤다. 다 자란 것 같은 두 아들의 모습이 자랑스러웠다.

자고 먹는 것만 견딜 수 있으면 누구나 네팔의 환상적인 트레킹을 즐길 수 있다. 자연을 즐기기 위해 네팔에 온 것은 아니지만 우리는 하나님께 감사하며 네팔의 아름다운 자연을 즐겼다.

세 번째 트레킹은 막내 인모가 초등학교 4학년이 되었을 때 갔다. 드디어 우리 다섯 가족이 제대로 된 트레킹을 즐기게 된 것이다. 8박 9일 일정으로 해발 4,130미터에 이르는 안나푸르나 베이스캠프에 올랐다. 쉬운 산행은 아니었지만 한 가족으로 큰일을 성취해 낸 큰 기쁨을 누렸다.

힌두 사제가
그리스도께로

"저, 잠깐만요. 제 얘기를 들려드려도 될까요?"

중년의 네팔 사람이 일어나서 잠깐 자기 이야기를 들어 보라고 한다. 외국 선교사들은 이 사람이 누구인지 잘 몰랐지만 네팔 사람들은 차림새를 보자마자 그가 힌두 사제임을 알아차렸다. 모두 자리에서 일어나려고 하다가 다시 자리를 잡고 앉는다.

그는 자기 아들이 심한 상완복합개방골절로, 멀리서부터 여러 병원을 거쳐서 탄센병원에 오게 된 사정을 말했다. 탄센병원에서 3주 넘게 지내며 두 번의 수술을 받았고 이제 회복되어 퇴원한다고 했다. 이번이 자신이 참여한 세 번째 예배이자 병원에서의 마지막 예배라고 했다.

우연히 참석하게 된 첫 예배에서 "예수님은 어떤 분이신가?"에 대한 설교를 듣고 강한 의문을 갖게 되었고, 예수님이 누구인지 알고 싶은 마음에 병원에 꽂혀 있는 모든 전도지를 종류별로 가져와 하나도 빠뜨리지 않고 읽었다고 한다. 그리고 두 번째 예배에서는 한 소아과 의사가 전한 짧고 단순하지만 강력한 복음의 메시지를 듣게 되었다. 그리고 마지막 세 번째 예배에서는 한 네팔 전도자가 전한 "예수님을 주인으로 받아들이라"는 평범한 설교에 반응하여 예수님을 자기 주인으로, 하나님으로 받아들이기로 했다는 것이다. 그리고 함께한 많은 네팔 사람들에게 기독교가 참 진리이며 예수님만이 참 신임을 증거했다. 힌두 사제이자 많이 배운 사람인 자신이 모든 전도지, 소책자, 성경을 면밀히 읽고 상고하여 이르게 된 결론임을 다시 한 번 강조했다. 그는 "앞으로 마을에 돌아가면 큰 어려움이 있을 것으로 예상되지만 예수님만을 신으로 믿고 따르겠다"고 고백했다. 곁에 있던 그의 아들도 일어나 아버지가 예수님을 따른다면 자기도 그분을 주인으로 섬기고 따르겠다고 했다.

다음 날 이 힌두 사제와 아들은 집으로 돌아갔다. 성경과 많은 소책자들을 잔뜩 들고서 말이다. 이후로 그들의 소식을 듣지 못했다. 그는

네팔 사람들에게 전도지를 나눠 주는 신경희 선교사

신앙을 지키기 위해 많은 희생을 치러야 할 것이다. 힌두 사제라는 직업을 그만두어야 할 것이고, 당장 생계를 이어 가는 일에 어려움이 있을 것이다.

이 일은 병원에서 전도 집회를 3년간 이끌어 온 기독신우회 회원들과 선교사들에게 큰 격려가 되었다. 최근 들어 전도의 열매를 맺지 못하는데 계속 전도 집회를 열어야 하는가에 대해 부정적인 의견들이 오가고 있었는데, 하나님이 우리의 어리석은 전도를 사용하고 계심을 확인하는 시간이었다. 그리고 더욱더 하나님을 의지하며 이 일을 계속해야 함을 깨닫게 되었다. 병원에 비치된 전도지나 소책자를 통해서도 하나님은 자신의 백성들을 부르고 계심을 더욱 확신하게 되었다.

네팔 의료보험 사업에
촉매가 되다

1995년 네팔에 들어와 환자를 돌보면서 마음 한구석에 늘 아쉬움이 있었다. 네팔에는 의료보험 제도가 없기 때문에 아프면 모든 치료비를 본인이나 가족이 고스란히 부담해야 했다. 그러다 보니, 치료를 차일피일 미루면서 병을 키우는 경우가 많았다. 병이 커지면 치료비에 대한 부담도 가중되어 치료를 포기하거나 장애를 안고 살다가 죽어야 했다. 치료비 때문에 소나 전답을 파는 사람도 있었고, 빚을 지고 평생 가난하게 살아가는 사람도 많았다. 우리나라도 1980년대 이전에는 이와 비슷한 형편이었다.

처음에는 재정적인 여유가 있는 네팔의 기관을 찾아가 의료보험 사업을 하도록 설득했으나 별 반응이 없었다. 나 역시 문제의식만 갖고 있을 뿐 도무지 엄두를 내지 못하고 있었다. 그런데 이건오 선생님이 2007년에 『장기려, 그 사람』이라는 책을 네팔로 한 권 보내 주었다. 그것이 전환의 계기가 되었다. 책을 꼼꼼히 읽으며 용기가 생겼다. '나와 같은 외과 의사인 장기려 선생님이 1968년에 청십자의료보험을 시작하셨는데 나도 네팔에서 한번 따라해 봐야겠다'는 생각이 들었다. 결국 나는 개인 자격으로라도 의료보험 사업을 시작하기로 결심했다.

장기려 선생님이 부산에서 시작한 청십자의료보험 사업을 어릴 때부터 봐 왔기에 그대로 따라하면 어느 정도 성과를 거둘 수 있으리라 기대했다. 1989년 전 국민 의료보험이 실시되기 전까지 청십자의료보험 조합은 21년 동안 23만 명의 부산 시민을 섬겨왔으며 한국에서 의료보험을 시작하고 정착시키는 데 지대한 공헌을 했다. 나는 청십자의료보험에 대한 자료를 모으기 시작했고 도움을 줄 이들도 찾아보았다. 그렇게 해서 2007년 9월에 '네팔 의료보험 연구소'를 먼저 열었다. 경험이 전무했기에 그렇게 하는 게 좋을 것 같았다. 한국에서 2명의 연구원이 왔고, 네팔에서 1명의 연구원을 고용했다. 12월에는 제1회 의료보험세미나를 열었다. 2009년 3월에는 연세대학교에서 관련 교수님을 초빙하여 제2회 세미나를 개최했는데 의료보험 관계기관에서 50여 명이 참여했다.

지속적인 연구와 두 차례의 세미나를 진행하면서 우리는 네팔에서 부분적으로 진행되고 있는 의료보험의 실태를 파악했고, 네팔 내 외국 단체들과 교류도 시작했다. 한국의 해외원조기관 한국국제협력단(KOICA)이 이 사업에 관심을 갖게 되어 2010년 11월에 1차 네팔의료보험사업(HIMAL)을 시작했다. 서울대학교 산학협력단(보건학과)이 발주를 받아 한국에서 4명의 전문가를 파견하고 네팔 연구원을 4명 채용했다. 2010년 12월부터 2012년 11월까지 코이카 1차 사업으로 네팔 건강보험의 타당성을 조사하고 다섯 군데의 지역을 선정하여 다음와 같은 일을 진행했다.

- 한 지역당 1,000가구씩 5,000가구에 대한 기초 조사
- 의료보험 교육, 연수회(4회), 한국 연수(15명)
- 지역별 의료보험 착수
- 운영 프로그램 개발
- 운영 내규집 발행

사업의 결과는 놀라웠다. 이미 의료보험을 시행하고 있던 지역에서 의료보험 가입자가 20-50퍼센트 증가했다. 그리고 두 지역에서는 새로이 사업을 진행하는 중이다. 현재는 코이카 2차 사업으로 네팔 보건인구부(MOHP)와 함께 광역의료보험 타당성 조사를 진행하고 있다.

2008년 네팔에서 건강보험 사업을 시작할 때만 해도 네팔 보건인구부나 세계보건기구(WHO), 독일 원조기관(GTZ)이나 세계은행(World Bank) 모두 회의적이었다. 하지만 지금은 보건인구부 차관을 위원장으로 한 국가의료보험위원회가 구성되었고, 건강보험이 국가의 기간 정책으로 격상되어 진행되고 있다. 내가 이 변화를 주도했다고 할 수는 없으나, 네팔이 중요한 국가 정책을 수립하는 중요한 시점에 코이카가 이 변화의 중심 역할을 할 수 있도록 촉매 역할을 한 것은 분명하다.

2011년, 장기려기념사업회에서는 네팔의 건강보험 사업을 더 잘하라는 뜻으로 '제6회 성산 장기려상'을 내게 수여했다. 나도 그 뜻을 받들어 그 일을 더욱 열심히 하려고 했다. 그런데 건강상의 문제로 네팔로 돌

아가지 못하는 바람에 적극적으로 참여할 수 없어 죄송스럽게 생각한다. 앞으로도 기회가 닿는 대로 장기려 선생님이 진행하신 건강보험 사업을 따라해 보고 싶다.

선교는 하나님이 하시는 일

방송과 책

"나의 하나님이 그리스도 예수 안에서 영광 가운데 그 풍성한 대로 너희 모든 쓸 것을 채우시리라"(빌 4:19).

KBS '한민족리포트'에 방송되다

"당신은 천사입니다, 네팔의 슈바이처, 성인."

"자랑스런 한국인, 한국인임이 자랑스럽다."

사람으로서는 도저히 받을 수 없는 찬사들이 제작사 홈페이지에 계속 올라오고 있었다. '네팔의 생명전선 지키는 한국인 의사 양승봉'이라는 제목으로 네팔에서의 활동을 소개하는 방송이 2000년 KBS에서 세 차례나 방영되었다. 세계 속의 자랑스런 한국인을 소개하는 '한민족리포트'라는 특별 방송에 내가 선정된 것이다.

　3명의 제작 팀이 인도를 통해 네팔로 입국했다. 연출, 조연출, 사진작가는 우리와 함께 일주일을 지냈다. 그 일주일 동안 30분짜리 테이프 38개를 촬영했다. 그동안 바쁘다는 핑계로 비디오 촬영을 거의 하지 못했는데 좋은 카메라로 자세히 찍어 주니 좋았다. 그러나 저작권 문제 때문에 촬영한 영상은 받지 못했다. 일주일 동안 에너지 소모가 너무 커서 제작 팀이 떠날 때만 해도 내가 잘한 일인지 몰라 '다시는 찍지 말아야겠다'고 생각하기도 했다.

　방영이 된 다음 날부터 한국에서 많은 전화가 걸려 왔다. 한 여성이 네팔 사람들을 위해 500만 원을 보내겠다며 계좌번호를 물어왔다. 아내는 그분이 당연히 기독교 신자일 거라 여기고 어느 교회에 다니시는지 물었는데, '불교 신자'라는 답변이 돌아왔다. 얼마 뒤 500만 원이 송금되었다.

　여러 사람들이 그 방송을 통해 자기 삶을 돌아보는 것 같았다. 예수님을 믿지 않는 사람들이 더 많은 감동을 받는 것 같았고, 기독교에 대해 긍정적인 반응을 보였다. 재미있는 일화가 하나 있다. '한민족리포트'에 소개되는 대다수가 선교사인지라 누군가가 방송을 제작한 회사의 홈페이지에 기독교 편향적인 방송이라는 비판을 올렸다. 그러자 한 사람이 "나도 불교 신자인데 그런 어리석은 소리 말라. 그 사람은 돌아온 부처다!"라는 댓글을 달기도 했다.

마침 한국에 갈 일이 있어서 제작 팀을 만나게 되었다. 그동안 '한민족리포트'의 평균 시청률이 4퍼센트 정도로 점점 떨어지는 추세였는데, 내가 나온 방송의 시청률이 8퍼센트대를 찍은 뒤로 많이 올라갔다고 한다. 시청률보다 더 중요한 것이 점유율인데, 점유율이 25퍼센트였다. 과거 방송 3사를 합해서 월드컵 경기 방송의 점유율이 40퍼센트인 것에 비하면 정말 높은 수준이었다. 반응이 좋아 재방송을 두 번이나 했다고 한다.

방송 제작자는 네팔에 도움이 되기를 바라는 마음으로 의료 기자재가 부족한 상황을 강조하는 내용을 싣기도 했다. 특히 나와 가장 가까웠던 미국인 동료 외과 의사 태드가 수술 기구를 펴 놓고 우리의 필요를 잘 호소했다. 방송이 나간 뒤 네팔을 돕는 일에 많은 사람들이 동참하기 시작했다.

평소 네팔에 많은 관심을 갖고 탄센병원에 초음파 기계를 비롯하여 여러 기자재를 보내 준 강의권 의사(부산의대 24회 대학 동기)가 있다. 그는 탄센병원이 메디슨에서 만든 초음파 기계를 사려고 한다는 소식을 듣고, 부산의대 동기들을 독려하여 1,800만 원이 넘는 돈을 모금해 주었다. 네팔에서 사려면 4,000만 원 정도 하는 초음파 기계를 메디슨의 도움을 받아 탄센병원에 기증하게 되었다. 메디슨은 두 대의 산소분압측정기도 기증했다. 산소분압측정기도 수술 환자에게 꼭 필요한 기계라서 구입을 위해 병원에서 모금을 하던 중이었다.

또한 여러 교회와 개인으로부터 2,000만 원이 넘는 헌금을 받아 네팔의 환자들과 의사 훈련, 선교사 자녀학교를 위한 기금으로 사용하기도 했다. 고등학교 동기(부산고 29회)들은 내가 나온 방송을 녹화하여 동기 400명 전원에게 돌려서 보게 한 후, 650만 원 정도를 모금해 주었다. 이 돈으로 네팔에서 중고 미니밴을 구입하여 병원 일과 사역에 쓰게 되었다.

우리를 그동안 후원해 온 교회에 방송 녹화 테이프를 하나씩 보내 드렸다. 몇몇 교회에서는 예배시간에 설교 대신 전 교인이 시청하기도 했다. 고신의대에서는 수업 시간에 방영했다고 한다. 후원하는 교회나 친구들에게 우리가 말이나 사진으로 다 전달할 수 없었던 사역 현장의 모습이 생생하게 전달되었다. 이를 통해 선교 사역에 대한 관심이 커졌다.

특히 부모님을 비롯하여 많은 가족이 방송을 통해 위로를 받게 되어 감사했다. 네팔에 선교사로 온 뒤로 늘 가족에게 미안한 마음이 있었다. 방송이 나간 후 가족들은 우리를 더욱 자랑스럽게 여겼다. 2001년 1월 부산의대 총동문회에서 '자랑스러운 동문상'을 세 사람에게 수여했는데 방송 덕인지 내가 봉사상을 받게 되었다. 졸업생을 배출한 지 50여 년 만에 처음 수여하는 귀한 상을 내게 준 것이다. 내가 한국에 나갈 형편이 되지 않아서 나 대신 아버님이 손바닥만 한 금메달과 상패를 받고 수상 소감도 말씀하셨다. 부모님이 많이 기뻐하시고 아들을 자랑스럽게 여기게 된 것이 너무나 감사하다. 하나님이 그분의 방식대로 효도

할 수 있게 해주셨다고 생각한다.

　방송이 나간 뒤, 1980년 의과대학 시절 제1회 누가회 수련회에 참석했던 때의 일이 떠올랐다. 저녁 기도회 시간에 하나님께 마음을 열고 기도하는 중, 20년 뒤의 내 모습을 그려 보았다. 하나님이 낮은 곳에서 섬기는 내 삶을 기뻐하시는 모습을 떠올렸던 기억이 난다. 하나님이 선교지에 나온 나를 이런 방식으로 격려하시는 듯하여 감사했다.

네팔에서 하나님이
행하신 일의 기록

'한민족 리포트'가 방영된 뒤에 한국의 한 시청자(그냥 '최 선생'이라고 하자)로부터 연락이 왔다. 자기 후배가 쓰라고 준 돈이 있는데 네팔을 위해 사용하고 싶다고 했다. 자초지종을 들어 보니, 그 돈은 최 선생을 위해 사용하는 것이 후배의 뜻에 맞는 것 같았다. 그래서 정중히 사양했다. 그러나 최 선생은 후배가 준 500만 원에 자기 돈 100만 원을 더해서 네팔을 위해 써 달라며 600만 원을 보냈다. 받기에 무척 황공했으나 감사히 받았다. 이 돈은 선교사 자녀학교에 기증했다. 학교에서는 이 후원금으로 농구장을 짓고, 강당에 음향 시설을 마련했다. 이 선교사 자녀학교에서 우리 세 아이가 공부했다. 전체 학생의 약 30퍼센트가 한국 아이들인데 한국인들의 기여도가 낮아 늘 빚진 마음이 있던 차였다.

2003년 한국을 방문했을 때 최 선생을 처음으로 만났다. 글을 쓰는 사람이었다. 만날 당시는 독립적으로 책을 번역하는 일을 하고 있었다. 그동안 선교지를 많이 방문하며 선교사들과 인터뷰도 하고 선교에 관한 글도 계속 써 왔다고 했다. 앞으로 성실하게 일하는 선교사들의 책을 만들어 많은 사람들과 나누고 싶다고 했다. '한민족 리포트'를 보고 첫 번째로 양승봉 선교사의 책을 쓰고 싶다고 했다.

나는 소박하게 누가회를 통해 출판하여 주변 사람들과 나누어 읽는 것으로 만족한다고 말했다. 하지만 최 선생은 좋은 경험은 무릇 더 많은 사람과 나누는 것이 좋다고 나를 설득했다. 특히, 양승봉 개인의 이름이 드러나기보다는 오직 하나님의 이름이 드러나는 책이 되기를 원한다고 강조했다. 나도 충분히 동의했다. 지금까지 써 온 글들도 '하나님이 네팔에서 행하신 일'에 초점을 맞추었는데, 더 초점을 맞추어야겠다고 생각했다.

뉴질랜드에서 두 번째 안식년을 보내면서 내가 쓸 수 있는 모든 글을 다 쓰고 원고를 넘겨주었다. 최 선생은 원고를 정리하여 출판사를 찾았다. 생명의말씀사에서 출간하기로 하고, 편집은 최 선생이 맡았다. 그 후 최 선생은 네팔을 방문하여 한 달 정도 머물면서 내가 쓴 글을 바탕으로 인터뷰를 진행했다. 인터뷰 형식이었지만 우리는 온갖 얘기를 즐겼다. 어찌된 일인지 작가 앞에서는 말문이 터졌다.

제법 시간이 흐른 뒤 『나마스떼, 닥터 양!』이라는 제목으로 책이 나왔다(현재는 개정되어 『히말라야, 네팔에 희망을 심다』라는 제목으로 변경되었다). 서울과 부산에서 출판기념회를 가졌다. 네팔과 뉴질랜드에서도 조촐하게 기념하는 자리를 마련했다. 책 출판과 더불어 여러 기독 매체들과 기자 회견도 하고, 방송에 출연하기도 했다.

네팔을 소재로 삼은 국내도서가 드물기 때문에 네팔을 방문하는 사람들이 입문서로 읽는 것 같고, 많은 선교사와 선교지망생이 읽는 것 같다. 이 책에서 우리의 이야기는 20퍼센트 정도이고, 대부분은 네팔에서 하나님이 행하신 일을 기록했다.

내가 쓴 글은 다듬어지지 않은 원석이었지만, 최 선생의 손을 거치면서 보석이 되었다고 생각한다. 최 선생의 손을 거쳐서 다른 선교사들의 책들이 계속 나올 것으로 기대한다.

"네팔인과
가장 가까웠던 선교사"

네팔에서 생활한 14년을 돌이켜 보면, 처음 4년은 시골에 위치한 탄센병원에서, 마지막 10년은 수도 카트만두에 위치한 파탄병원에서 일했다.

탄센병원에서의 삶은 외과 의사로서 상당히 만족스러웠다. 외과 의

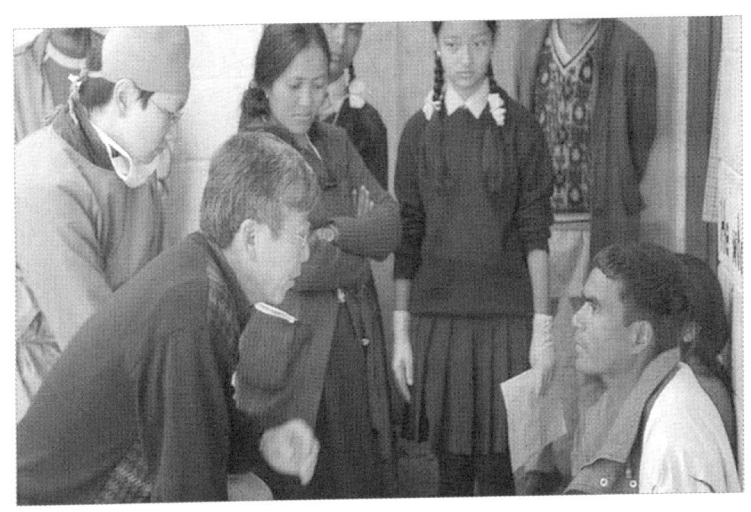

네팔 사람들과 대화를 나누고 있는 양승봉 선교사

사의 손길이 필요한 가난한 환자들이 많았기에 열심히 일한 만큼 가난한 사람들을 도울 수 있었다.

처음 탄센에 도착하여 일을 시작했을 때, 나보다 4-5년 먼저 와서 일하던 서양 출신의 외과 의사들은 나보다 수술 범위가 훨씬 넓었다. 선배 의사들은 새로 온 후배에게 부담을 주지 않으려고 "당신이 자신 있게 할 수 있는 것만 수술하라"고 했다. 그러나 외과 의사들이 함께 일할 기회가 거의 없어서 선배로부터 기술을 전수받을 기회가 제한되어 있었다. 고작 한두 번 구경하고, 책을 읽으며 공부한 다음에 곧바로 수술 현장에 투입되었다. 수술을 돕는 간호사나 보조원에게서 많은 것을 배우기도 했다. 먼저 와서 일하고 있던 외과 의사들이 모두 떠날 계획이라서

2년 뒤면 내가 최고참 외과 의사가 되어 지금의 외과 수준을 유지해야 할 것을 생각하니 마음에 큰 부담이 되었다.

외과 과장을 하던 스웨덴 출신 요한이 떠났다. 나보다 10년 이상 연상인 미국인 의사 태드가 외과 과장이 되었으나 몇 달 지나지 않아 심장에 이상이 생겼다. 태드가 본국에서 수술을 받고 반년간 요양을 하게 되어 내가 과장 일을 맡게 되었다. 결과적으로 탄센병원을 떠나기 전까지 내가 외과 과장의 책임을 지게 되었다.

외과 과장은 외과 업무뿐 아니라 여러 행정적인 일들도 감당해야 했다. 매주 두세 차례 열리는 외과 내 의학 집담회, 업무 회의, 병원의 여러 중요한 회의에도 참석해야 했다. 대부분의 회의가 영어로 이루어지기 때문에 제법 긴장이 되었다. 하지만 시간이 지나면서 생각 외로 이 일을 즐기면서 잘하고 있다는 느낌이 들었다.

나는 책임과 권한을 나누었다. 수련의 지도를 포함한 학술 활동은 미국인 외과 의사 태드에게, 의사들의 외래 및 수술, 당직 일정을 짜는 것은 호주인 외과 의사 데비드에게, 수술환자 통계 및 감염, 합병증 감시는 호주인 외과 의사 닐에게 맡겼다. 이렇게 일을 분담하자 진행이 순조로웠고, 모든 외과 의사가 각자 책임과 권한을 갖고 일하니 만족해했다.

나는 매주 수요일에 열리는 외과 업무 회의를 주관하고 보고서를 작성하여 회람했다. 많은 정보를 숙지하고 회의를 주관하자 전에는 영어가 안 되어 놓쳤던 회의 내용을 꼼꼼히 챙길 수 있었고 흥미도 붙었다.

이 일을 통해 서양 사람들의 장점도 몸으로 배우게 되었다. 모든 회의 내용을 문서로 남기고, 잘한 것이든 못한 것이든 모든 것을 드러내 놓고 의논하고 격려하며 시정해 가는 것을 배웠다. 또 내가 부족함을 느꼈기에 가끔씩 병원장이나 진료부장과 어려운 문제들을 의논하고 자문을 구하면서 이들과 깊은 교제를 하게 되었다.

네팔 사람들과 회의를 할 때는 통역이 필요 없을 정도로 나는 네팔어에 능숙했다. 특히 네팔 직원들과 조정이 필요한 사안이 있을 때는 한 사람씩 만나서 이야기를 취합하여 동의를 이끌어 냈다.

기숙사 생활을 하던 아이들과 함께 살기 위해 카트만두로 자리를 옮겨야 할 때가 왔다. 탄센에서 함께 일하던 동료 선교사들이 환송회를 열어 주었다. 진료부장을 하던 미국인 의사 레스가 동료들을 대표하여 덕담을 해주었다. 그는 "네팔인과 가장 가까웠던 선교사"로 나를 기억한다고 했다. 사역지를 떠나는 선교사에게는 더할 나위 없는 칭찬이었다.

서양인 동료 의사들에 비해 부족하다고 느끼며 조금은 외롭게 지냈는데, 오히려 이러한 약점으로 인해 네팔 사람들과 가깝게 지낼 수 있었던 것 같다. 사실 피부색이 같은 아시아인이어서 받은 혜택이기도 하다. 문화와 생활 습관, 음식 등 비슷한 게 많아서 큰 노력 없이도 가까워질 수 있었고, 우리말 구조와 비슷한 네팔어도 쉽게 배울 수 있었다. 그래서 이들과 좋은 관계를 맺을 수 있었다.

특히 9.11 테러 사건 이후로 백인에게 혐오감을 느끼는 무슬림 국가에서 한국 선교사가 할 일이 많아졌다고 생각한다. 한국 그리스도인들이 이러한 축복을 많이 누리게 되기를 바란다.

네팔 의사들과
싸우지 않은 이유

2002년, 카트만두의 파탄병원에서 2년간의 사역을 마치고, 안식년을 2년 정도 예상하고 네팔을 떠나게 되었다. 물론 우리는 다시 네팔로 돌아올 생각이었다. 그러나 네팔의 정국이 불안하기 때문에 우리가 돌아올 수 있을지 아무도 장담할 수 없었다. 그래서 조금은 어색했지만 환송하는 모임을 가졌다. 마침 탄센병원의 진료부장인 레스가 카트만두에 나올 일이 있어서 가족과 함께 환송식에 참여했다.

우리의 삶을 회고하는 시간에 파탄병원 원장 마크는 자신이 11년 동안 파탄병원에서 많은 외국인 의사들과 일했는데, 그중에서 "네팔 의사들과 싸우지 않은 유일한 선교사 의사"로 나를 기억한다고 말했다. 사실 대부분의 서양 외과 의사들은 파탄병원에서 무척 힘들어했다. 나를 제외한 5명의 외과 의사는 모두 네팔 사람이었다. 외과 과장도 네팔 사람이고 나 역시 그 과장 밑에서 일했다. 그들은 네팔에서 특별히 선택받은 사람들이라 자존심이 강하고 권위적이었다.

내가 파탄병원에서 일을 시작하게 되자 주변에서 염려를 많이 했다. 일을 하면서 갈등도 많았다. 탄센병원과는 환경이 달랐다. 탄센병원에서는 외과 의사들에게 어느 정도의 책임과 권한을 주었기 때문에 모두가 동등한 위치에서 소신껏 일할 수 있었다. 그러나 파탄병원은 외과 과장이나 팀장이 모든 권한을 갖고 있었다. 내가 진료한 환자라도 마음대로 수술 일정을 잡지 못하고 과장의 허락을 받아야 했으며, 수술실에서도 과장이 정해 주는 대로 수술해야 했다. 때로는 골치 아프거나, 시간이 많이 걸리거나, 귀찮은 수술을 떠맡기도 했다. 모두가 꺼리는 화상 환자는 주로 내 차지였고, 복잡하고 규모가 큰 수술도 자주 맡았다.

나는 다른 외과 의사들에게 이래라 저래라 요구하지 않았다. 조용히 지내면서 구멍 난 곳을 메우려고 노력했다. 탄센병원에서 1년 이상 시행하여 좋은 결과를 얻었던 수술 합병증, 감염에 대해 감시하고, 회의에서 토의했으며, 통계를 내어 축척하는 일을 시작했다.

파탄병원은 네팔에서 가장 훌륭한 병원 중 하나였기에 모든 외과 의사들은 학술 활동을 활발히 해야 했다. 네팔에서는 별로 연구가 되어 있지 않은 위암 분야에 관한 연구를 초기부터 시작했다. 네팔의 병원들은 위암 수술에 대한 바른 이해와 경험이 부족했다. 나는 위암 수술에 경험이 많은 편이고, 잘할 수 있는 분야이기에 기여하고 싶었다. 그래서 외과 학회 때마다 발표를 하고, 네팔 외과 학회지에 계속 연구 논문을 올렸다. 또한 파탄병원이 주변의 대학병원들과 함께 수련의를 훈련했기에 파견을 나오는 외과 수련의들을 가르치는 일에도 시간을 투자했다.

시간이 지나면서 네팔 외과 의사들과 친해지고, 점점 더 자유롭게 환자들을 볼 수 있게 되었다. 내가 그곳을 떠날 때는 성대한 환송식을 열어 주며 꼭 다시 돌아오라고 했다. 우리의 약함을 들어 쓰시는 하나님께 감사드린다. 우리를 당신의 축복의 통로로 써 주시기를!

맺음말

네팔에서 베트남으로

『나마스떼, 닥터 양!』이 출간된 때는 우리의 선교 사역과 삶이 여러 가지 면에서 순항하던 시기였다. 가족의 건강도 좋았고, 생활도 안정적이었다. 병원 일도 체계가 잡혔고, 이동 진료 사역의 열매도 상당했다. 네팔 교회를 섬기는 일도 보람되고, 네팔 내의 교민 사회나 선교사 사회에서도 인정을 받고 있었다.

책 출간으로 인터뷰 요청이나 강의 요청도 많았다. 2000년에 KBS에서 공중파로 우리의 삶이 방영된 것보다 영향력이 더 크게 느껴질 정도였다. 책이 나오기 바로 전, 2007년 12월에는 EBS '명의'에 소개되면서 여러 가지로 상승세를 탔다. 소위 비행기를 탄 기분이었다. 아마 그 비행기를 계속 탔더라면, 비행기가 대기권을 통과하여 우주로 나가 미아가 되었을지도 모른다.

인기가 하늘을 찌르던 2008년, 가족 내의 큰 어려움이 하나둘 몰려오면서 정신적인 스트레스가 육체적인 연약함으로 이어졌다. 게다가 네팔에서 사면초가의 상황을 견디지 못하고 2009년 6월 안식월을 맞아 귀국했다. 하지만 귀국 후 형편은 더 어려워졌고, 결국 네팔로 돌아가지 못한 채 한국에서 4년을 지내게 되었다.

우리 가정은 '아시안 미션'의 도움으로 서울의 선교관에 머물면서 회복기를 보냈다. 아내는 차기 사역을 염두에 두고 이화여대 특수교육과 대학원에서 공부를 하기 시작했고, 나는 17년 만에 한국의 병원으로 복귀하여 외과 의사로 일하게 되었다.

2012년 2월까지 병원 일을 하고, 7월에는 네팔로 돌아갈 계획이었다. 그런데 갑작스럽게 목 디스크로 수술을 받게 되었다. 지금 돌이켜 보면, 보존 요법으로 치료해야 했다. 빨리 회복하여 병원에 복귀하고 네팔로 돌아갈 생각에 서둘러 수술을 받은 것이 화근이었다. 합병증으로 생각되는데, 수술 후 음식을 삼키지 못하여 죽을 고생을 했다. 육체적으로나 정신적으로 통제 불능의 상태로 몇 달을 보내야 했다. 그럼에도 불구하고 네팔로 가는 일을 계속 진행했다. 늦어도 8월에는 네팔로 들어가려 했다. 중학교 3학년인 막내 인모의 학교도 전학 절차를 밟았고, 짐들도 수차례에 걸쳐 네팔로 보낸 상태였다.

네팔로 떠나기 전에 아내의 경추 디스크가 어떤 상태인지 보려고 MRI를 찍게 되었다. 그런데 뜻밖에도 아내의 목에서 설갑상선 낭종이 발견되었다. 수술을 하지 않고는 네팔로 갈 수가 없었다. 수술을 했지만 심각한 합병증이 발생하여 회복 기간이 길어지면서 결국 8월 네팔 행을 포기하게 되었다.

하지만 여전히 네팔로 돌아갈 것을 기대하고 있었다. 네팔 의료보험 사업이 2008년부터 코이카 사업으로 진행되고 있었는데 2012년 10월에 마지막 워크숍이 열려 네팔을 방문했다. 2주간 네팔에 머물며 의료보험 사업을 돌아보고, 앞으로의 사역을 염두에 두고 여러 사람을 만나고 기관들도 둘러봤다. 그러나 차를 타고 네팔의 울퉁불퉁한 길을 달렸는데 몸의 고통이 엄청났다. 또한 카트만두에 뒤덮인 먼지 때문에 두 눈을 제대로 뜰 수 없었다. 5-6년 전에 시작된 안구 건조증이 점점 심해져서 건조하고 먼지가 많은 네팔에서는 생존이 위협받을 수준이라는 생각이 들었다. 아내의 건강을 봐도 열악한 네팔에서는 생활하는 것이 어려울 것 같았다. 1993년 선교사로 헌신하여 한국을 떠난 이래로 한 번도 철수를 생각해 본 적이 없었는데, 더 이상은 힘들겠다는 생각이 들었다.

결국 2013년 1월 아내와 함께 네팔로 가서 집을 정리하고 나오게 되었다. 네팔어나 영어도 익숙하고, 아는 사람도 많고, 할 수 있는 일도 많았는데 어쩔 수 없이 네팔을 떠나야 했다. 다행히 네팔에서 시작한 의료보험 사업은 우리의 기대보다 훨씬 잘 풀렸다. 2차 사업(2013-2015년)이 순조롭게 진행되고 있다.

우리는 한국에서도 선교사의 삶을 내려놓을 수 없어 선교 일과 병원 일을 병행하는 길을 선택했다. 인터서브의 부대표 및 고신 선교부의 의료 자문 역할과 함께, 대전의 한 요양병원에서 일을 시작했다. 그때 네팔 선교사로 같이 일하던 최 선생으로부터 베트남에 다녀온 이야기를 들게 되었다. 베트남은 길도 좋고, 먼지도 적다고 했다. 베트남이라면 나나 아내의 체력으로도 버틸 수 있겠다는 생각이 들었다. 한국에서 병원 일을 시작했지만 부지런히 베트남으로 갈 길을 알아보았다. 베트남의 롱안세계로병원과 의사소통을 하게 되었다. 당시 나는 서울에서 대전까지 출퇴근하면서 무리하고 있었는데, 아내와 의논하면서 결국 베트남으로 탐방을 가자고 뜻을 모았다.

우리 네 가족은 3월 23일부터 일주일간 롱안세계로병원과 베트남의 호찌민을 방문했다. 이어서 나는 중부 베트남 다낭과 캄보디아의 수도 프놈펜을 방문했다.

베트남은 인구가 9,000만 명으로 공산주의 국가다. 불교가 우세한 나라이며, 기독교인은 1.5퍼센트(160만 명) 정도다. 경제가 급속히 성장하고 있고 가능성이 많은 나라이지만 국민 소득은 2,000달러에 불과하다. 그리스도의 사랑의 손길과 복음이 필요한 나라이며, 한국인과 비슷한 국민성을 가진 나라이기도 하다.

베트남은 의료선교가 필요한 나라이면서 네팔에 비해서는 길이 잘 닦여 있으며, 덥고 습한 열대기후 조건이 나의 안구 건조증이나 우리 부부의 건강에 적합한 나라라는 생각이 들었다. 우리 부부와 막내 인모는 7월에 베트남으로 이사를 했다.

롱안세계로병원은 베트남 호찌민에서 서쪽으로 한 시간 반 정도 떨어진 롱안성에 위치해 있다. 부산세계로병원이 지원하고 있으며, 50병상 규모로 2007년에 종합병원으로 개원했다. 현재 15명의 한국 사역자가 선교병원 공동체를 형성하여 65명의 베트남 직원들과 함께 일하고 있다. 롱안병원은 일반 환자 진료 외에도 선천성 심장병 환자 수술 지원, 악안면 기형 수술, 사랑의 집 짓기 사업, 한글학교 사역, 장학금 사역 등을 하고 있다. 또한 베트남 중부 거점도시 다낭에 작은 병원을 열려고 준비하고 있으며, 장기적으로는 라오스 개척을 위해 기도하면서 준비하고 있다.

이제 베트남에 온 지 2년이 지났다. 온 가족이 잘 정착하여 생활하고 있다. 집이 시골 같은 변두리에 있어 공기가 좋고, 주변에 운동 시설도 있어 우리 부부의 건강이 계속 좋아지고 있다. 6년 넘게 고생하던 안구 건조증도 많이 회복되었다. 하루 종일 수시로 넣어야 했던 인공 눈물을 사용하지 않은 지 10개월이 지났다. 깨끗하고, 덥고, 습한 베트남의 공기가 도움이 된 것 같다. 경추 디스크 수술 후 환자를 수술하거나 일상 생활을 하는데 제한이 많았는데 지금은 거의 다 회복된 것 같다. 조심스럽게 테니스를 다시 치기 시작했다. 지금은 아무런 제약 없이 코트 구석구석을 누비고 있다.

아내도 완전히 회복되지 않은 몸으로 이곳에 왔으나 꾸준히 운동하여 전보다 건강하고 활발해졌다. 열심히 베트남어 공부를 하며, 주부 대상으로 말씀묵상 모임을 인도하고 있다. 앞으로 베트남 성서유니온과 베트남 교회를 도우려 한다.

선교사로 헌신한 부모를 따라 많은 곳을 돌아다녀야 했고, 부모와 늘 떨어져 지내야 했던 큰아들 진모는 뉴질랜드에서 약사로 안정적으로 일하고 있다. 둘째 아들 경모는 어려서부터 하고 싶었던 비행조종 훈련과정을 곧 마치게 되며, 한 항공사의 비행조종사로 일할 예정이다. 막내 인모는 떠나기 싫었던 네팔과 한국을 부모를 따라 떠나야 했으며, 그 동안 이 학교 저 학교 옮겨 다니며 마음 고생을 많이 했다. 그러나 지난 2년간 베트남에 잘 적응하여 지금은 고등학교 졸업반이 되었다. 온 지 얼마 되지 않았지만 학급 대표가 되어 학생회 임원으로, 고엽제 환우들을 돕는 3개 고등학교 연합 봉사단체인 스마일 뱅크(Smile Bank)의 회장으로 1년간 섬기고 있다. 2.5킬로그램의 미숙아로 네팔의 시골 탄센에서 태어났지만 이제는 학교 수영 대표선수로, 농구 및 육상 선수로 활약하고 있다.

우리 부부의 건강 때문에 네팔을 떠나야 했지만 다시 베트남에서 건강을 회복하고 일할 기회를 주신 하나님께 감사하다. 롱안병원에 유익한 의사가 되어 병원을 세워 나가는 데 최선을 다할 것이다.

네팔에 갈 때 우리의 기도 제목은 한결 같았다. "하나님, 저희에게 일할 기회를 주십시오. 복음을 전할 기회를 주십시오." 지금 베트남에서도 동일한 기도를 드리고 있다. "주님, 저희에게 다시 기회를 주십시오." 네팔에서 우리를 써 주신 것같이 베트남에서도 써 주시기를 기도한다.

의료선교사들의 헌신과 기여에 감사하며

— 이상규

아픈 자의 벗이 되어

의료선교 활동은 교회나 선교단체가 행해 왔던 가장 고귀한 봉사다. 예수 그리스도께서 보여 주신 모범이자 기독교적 사랑과 자비의 행위다. 19세기 이후 아시아와 아프리카 여러 나라에서 일한 의료선교사들의 봉사는 놀라운 결과를 가져왔다. 의료선교사들은 목사선교사들과 함께 일하기도 했지만, 목사선교사들이 들어갈 수 없거나 활동이 제한된 곳에서 선교의 길을 평탄케 하는 역할을 감당했고, 기독교에 대한 오해와 편견을 불식시키는 역할을 수행했다. 더 나아가 인간이 당하는 고통과 아픔을 치료함으로 복음의 위력과 기독교적 사랑을 보여 주었다. 의료활동은 교육활동과 더불어 가장 환영받는 사역이자 가장 효과적인 선교의 방법이다.

한국의 경우도 예외가 아니었다. 1884년 미국 북장로교 소속 첫 의료선교사로 알렌(Horace Newton Allen)이 입국했다. 그는 최초의 거주선교사다. 이후 한국에는 330여 명의 의료선교사들이 들어와서 30여 개 처에 병원을 설립하고 의료활동을 전개했다. 1907년에는 한국의료선교사협의회가 조직되었다. 이들은 상호 연합하여 의료활동을 전개하여 우리나라 근대 의학의 발전과 의학 교육에 크게 기여했다.

연세대학교 교수였던 홍의섭 박사는 기독교가 한국에 끼친 영향은 '혁명'에 해당한다고 말한 바 있다. 실제로 기독교는 한국사회 전반에 지대한 영향을 끼쳤다. 특히 보건 의료분야에서 그러했다. 1890년대 조선인의 평균 수명은 남녀 평균 40세 정도에 불과했고, 영유아 사망률이 매우 높았다. 이런 현실에서 서양 의술은 한국인의 삶의 질을 변화시켰다.

헤론(Heron), 홀(W. Hall), 랜디스(E. B. Landis), 오웬(C. C. Owen) 등의 의료선교사는 과로와 격무로 한국에서 순직했다. 한국에서 세상을 떠난 선교사의 자녀도 적지 않았다. 조선에서 태어난 윌리엄 홀의 아들 셔우드 홀(S. Hall)은 캐나다에서 의사가 되어 돌아와 2대에 걸쳐 의료선교사로 헌신했다. 알렌, 빈톤(Vinton), 하디(Hardie), 화이팅(Henry Whiting)은 의료선교사로 들어와서 일정 기간 후에는 전도사역에 전념했다. 한국에 온 첫 간호선교사는 1891년에 영국성공회가 파송한 히스코트(Heathcote)였다. 1897년에는 쉴즈(Esther L. Shields)가 와서 간호교육을 시행하여 한국의 간호사 양성을 주도했다.

의료선교는 궁극적으로 복음 증거를 위한 것이었다. 한국에서도 우리의 위대한 의사이신 예수 그리스도가 보여 주신 고통당하는 자에 대한 사랑과 연민은 복음운동의 강력한 방법이었다. 과거에는 서양 의료선교사들에게 우리가 혜택을 입고 의학교육을 받았다. 이제는 한국인 의료선교사들이 세계 도처에서 활동하며 현지인들을 섬기고 있다. 한국의 첫 거주선교사 입국(1884년) 100주년을 전후하여 한국에서도 해외 선교사에 대한 자각과 각성이 일어났고, 의료선교 자원자가 일어나 해외로 파송되었다. 이 책은 해외에서 기쁨으로 섬기고 있는 네 분의 의료선교사 가족의 활동을 소개하고 있다. 값없이 받은 복음을 위해 값없이 섬기는 이들의 이야기에 귀 기울여 보기 바란다.

이상규 목사(고신대학교 신학과 교수, 교회사학)